다문화주의는
국가 자살이다

다문화주의는 국가 자살이다

초판1쇄 발행 2023년 8월 25일

지은이 신만섭 오세라비 류병균
발행인 홍영태
편집장 주요셉
발행처 도서출판 국민북스
서울시 송파구 거마로 41, 303동 613호
전화 02-443-3753
이메일 woodstick123@naver.com
편집처 세줄기획

ISBN 979-11-983899-0-9 03300

값 20,000 원

*저자 초청 강의 원하는 단체 · 교회는 연락주시기 바랍니다.

다문화주의는
국가 자살이다

신만섭 오세라비 류병균 공저

도서출판 국민북스

박한수 목사(제자광성교회, 일산기독교연합회장)

"그들이 평안하다, 안전하다 할 그 때에 임산한 여자에게 해산의 고통이 이름과 같이 멸망이 갑자기 그들에게 이르리니 결코 피하지 못하리라"(살전 5:3)

겉으로 보기에는 별 이상 없는 세상을 살아가고 있다. 문화는 발전하고, 교통과 주거생활도 발전하고 있다. 특히 IT분야의 발전 속도는 상상을 초월하여, 사람들을 만족시키고 있다. 물론, 적잖게 염려의 소리도 있으나 이미 편리함과 속도에 맛들인 사람들은 이 경고들을 무시한다.

지금은, 어느 때인가? 그 어느 때보다 위기의 시기이다. 모든 사람들이 인지하지 못하는 가운데, 주님의 재림이 가까이 왔다는 징조들이 셀 수도 없이 나타나고 있다. 특히, 전쟁보다 무서운(전쟁은 피해를 가늠이나 하고, 향후 복구라도 할 수 있다지만), 보이지 않는 영적전쟁, 사상전쟁, 진리와 거짓의 이념 전쟁은 한번 밀리면, 향후 회복이 불가능하다.

예를 들어, 인구소멸은 돈으로, 과학으로 정치로도 해결되지 않는다. 이러한 중차대한 때에 외세로부터 어둠의 세력이 밀려오고 있다. 마치 대한민국을 타겟으로 삼은 것처럼 우는 사자의 괴성을 지르면서, 때로는 평화의 가면을 쓰고 기만을 하면서 밀려오고 있다. 한심한 것은 우리 정치권이나 제도권에서 아무런 대책을 세우지 않을 뿐 아니라, 오히려 그들을 향하여 우호적이라는 데 문제가 심각하다. 그런데도 정치권은 어떤 안전장치나 심도 있는 논의도 없이 나라의 빗장을 열어 주려는 오판을 하려고 한다.

이러한 위기의 시간에, 참으로 적절하고도, 귀한 책이 나왔다. 수고와 용기에 찬사를 드린다.

'다문화주의'는 이미 독일(2010년), 영국(2011년) 등에서 실패를 자인한 정책이다. 인구와 노동력의 문제를 자국의 노력으로 해결하지 않고, 당장 손쉬워 보이는 이민정책을 섣부르게 시행한 결과 지옥(?)을 경험하고 있는 것이다. 이미 선진국 대열에 들어선 서구의 강력한 나라들도 힘을 쓰지 못하고 실패한 정책이 어설픈 다문화 정책이다. 그런데 역대 정부들이, 그리고 제동을 걸지 않으면 향후 집권하는 모든 정부도 다문화 정책이 마치 대단한 해법인 양 사용하게 될 정책이 될 것이다. 이에 눈먼 자의 눈을 열고, 귀가 닫혀버린 자들에게 귀를 열게 하기 위하여, 본서를 발행했을 것이다.

여러 가지 척박하고 어려운 상황에서도 기꺼이 대한민국의 미래를 위해서 수고해주신, 세 분 저자들의 노고에 다시 한 번 감사를 드리며, 이 책을 기쁜 마음으로 추천하는 바이다.

이용희 교수(바른교육교수연합 대표)

영국 런던 시장은 파키스탄 무슬림이다. 영국의 스코틀랜드 자치정부 수상도 파키스탄 무슬림이다. 영국에서 두 번째로 큰 도시 버밍엄도 전 시장이 무슬림이었고, 무슬림 이민 문제로 진통을 앓고 있다. 많은 백인들이 무슬림들을 피해 이사를 가고 있다는 것이다. 심지어는 이민을 가는 사례도 나온다. '굿바이 도이칠란트'라는 독일 TV 프로그램에 이러한 내용이 나온다. 영국, 프랑스, 독일 정상들은 각각 유럽의 다문화 정책이 실패했음을 자인했다.

영국인이 인도나 중국에 가서 살아도 인도인이나 중국인이 될 수 없다. 그런데 유럽인들은 전 세계 사람들이 유럽에 오면 유럽인이 될 수 있다고 믿었다. 유럽 내 무슬림들은 절대로 유럽 문화에 동화되면 안 된다고 철저하게 가정교육과 종교교육을 시키고 있다. 더글러스 머리가 쓴 '유럽의 죽음'은 유럽 문명이 자멸의 길로 치닫고 있다고 말한다. 지금부터 이민자 수를 통제해도 이미 늦었다. 유럽 백인들은 합계출산율이 약 1.5명 정도인데(종족 보존을 위해서는 합계출산율이 2.1명이어야 함), 유럽 내 무슬림들은 한 가정 당 보통 6명 이상을 낳고 있다. 그래서 조만간 유럽화되지 않는 무슬림들이 유럽의 다수가 되는 날이 올 것이다.

2022년 말 기준 국내 체류외국인은 약 225만 명으로 전년 대비 약 15% 증가했다. 1991년부터 도입된 외국인 노동자 수입정책으로 외국인들이 국내에 유입된 이후 2000년대 넘어서서 가파르게 외국인 유입이 증가하고 있다. 외국인 노동자 이외에도 '국제결혼, 난민신청, 외국인 유학생, 재외동포 방문취업 등의 형태로 장기체류'하고 있는 실정이다. 난민신청제도를 악용하여 난민을 신청한 이후 국내 체류하며 노동자로 일하는 경우도 있고, 지방자치단체에서 국제결혼하는 주민들에게 1인당 500~1000만 원의 지원금을 지급하자 국제결혼 중개업소가 3000여 개 이상 난립하여 '사실상의 매매혼, 위장결혼, 사기결혼'이 횡행하고 있다. 2021년 국내 외국인 유학생 중 44.2%는 중국인이다. 저출산으로 인한 학령인구미달로 지방대학이 정원을 채울 수 없게 되자 중국과 베트남 같은 아시아 국가 학생들을 통해 학교 정원을 채우고 재정을 꾸려가고 있는 상황이다. 문제는 우리말로 대학수업을 받을 수 없고 심지어 학생 신분으로 돈을 모으기도 하는 학생들이 거의 대부분임에도 불구하고 유학생 비자를 남발하고 있다는 것이다.

외국인 노동자가 필요한 이유는 우리나라의 노동력이 부족하기 때문만은 아니다. 우리나라 젊은이들이 3D 업종을 피하기 때문이다. 최근 윤석열 정부는 이민청에 대한 제안을 하고 있다. 최근 한동훈 법무부장관은 "(외국인) 비자 정책은 평등이나 공정의 영역이 아니라 국익의 영역이다. 국익의 관점에서 출입국 이민 정책을 검토하겠다"고 했으며, "이미 출산 장려만으로 인구 절벽을 극복하기에는 늦었다"고 위험하게 말했다.

다문화정책의 문제점은 이미 드러난 사실이다. 아직도 이를 잘 모르는 공직자들이 있다면 최선을 다해 일깨워야 한다. 그러나 가장 중요한 문제는 세계 최악의 저출산 상황 속에서 출구를 제시하지 않는 반대는 설득력이 없다. 한국교회는 저출산과 3D 업종을 회피하는 한국 근로자들의 노동 자세 등을 해결할 수 있는 방안을 모색하고 국민과 정부를 이해시킬 만한 해답을 제안해야 한다.

이러한 시점에서『다문화주의는 국가 자살이다』라는 책이 나오게 된 것은 한국 사회와 교회에 매우 다행한 일이다. 현 시국의 위험성을 통찰할 수 있는 이 책을 한국교회 성도들과 온 국민들이 읽고 올바른 여론이 형성되어 우리나라는 '유럽의 자멸'과 같은 상황이 재현되지 않도록 해야 할 것이다. 이 책의 내용을 읽고 나누고 많은 이웃들에게 적극 추천하여 국가적으로 깨어나야 한다. 그리고 타개책을 모색하기 위해 온 교회와 정부가 함께 힘과 지혜를 모아야 할 절실한 때이다.

조배숙 변호사(전 국회의원, 복음법률가협회 상임대표)

한동훈 법무부 장관이 2022년 5월 17일 취임사에서 "이민청 설립 검토를 포함하여 이민정책을 수준 높게 추진해 나갈 체제를 갖추겠다"고 발표한 이래, 찬반의 의견이 대립하고 있다.

법무부 당국자들과 면담을 해보면, 저출산, 고령화와 3D업종 기피 현상으로 산업현장에서 일손이 부족한데 이를 해결하는 것은 외국인 인력밖에 없고, 또한 이민정책도 불가피한 것이 아니냐는 입장을 갖고 있는 듯하다.그러나 저출산에 대해 제대로 해법을 찾아내어 해결책을 시도하거나, 청년 실업률이 높은 상황에서 산업현장으로의 젊은 인력 유입을 유인할 수 있는 방법을 모색하거나 하는 등의 자체 노력 없이 너무나 쉽게 외국인 유입 정책, 이민정책으로 결론을 내고 있는 듯하다.

이는 아주 위험한 생각이다. 유럽은 인도주의적 차원에서 대규모 이민과 난민을 받아들였지만, 이주민들은 유럽 국가의 국적을 취득했음에도 그 국가의 정체성에 자신을 동화시키지도 않았고, 자신들의 전통을 포기하지도 않았다. 그래서 종교와 가치관의 충돌 등으로 갈등과 극단적인 테러가 빈발하여 사회 불안을 야기하는 등 많은 문제로 홍역을 앓았고, 그 결과 유럽은 '유럽의 자살'이라는 말로써 유럽의 다문화주의 실패를 선언하였다.(헝가리의 경우 빅토르 오르반 총리가 유럽난민 수용을 거부하여 비난을 받았지만 헝가리는 유럽이 겪는 홍역에서 비켜나 있는 것은 참고할 만하다.)

이런 유럽의 예에서도 보듯이, 온정적 인도주의에 입각한 외국인 정책은 현실 세계에서 우리 국민들에게 재앙이 될 수도 있다는 것을 마음에 새기지 않으면 안 된다. 국가가 존재하는 이유는 국가의 정체성을 유지하고 자국민을 보호하기 위함이다.

그런 의미에서 이 책은 순진하고 어설픈 다문화주의, 외국인 유입 정책이 불러일으킬 예상되는 심각한 문제에 대해 경각심을 불러일으키고, 이 문제에 대해 우리가 어떻게 대처해야 할 것인지 깊이 생각하고 올바른 정책을 세우는 데 큰 역할을 할 것으로 생각된다.

이 책이 널리 읽혀지고 특히 정책입안자들에게 읽혀지기를 기대한다. 그리하여 우리나라가 유럽의 전철을 밟지 않고 다문화주의를 슬기롭게 극복하는 나라가 되었으면 한다. 국가의 미래를 걱정하면서 이 귀한 책을 쓰신 세 분 저자의 수고에 다시 한 번 감사드리고 이 책을 기획하고 이 책이 나오기까지 수고를 아끼지 않으신 국민주권행동의 홍영태 공동상임대표님의 노고를 치하드린다.

정일권 교수(전 숭실대학교 기독교학대학원 초빙교수, 유튜브 21세기 인문학 '정일권박사TV')

『다문화주의는 국가 자살이다』의 출간을 축하드린다. 21세기 인구소멸 위기에 직면한 대한민국이 이제는 철 지난 독일 68 다문화주의가 대안인 것처럼 주장하는 것은 뒷북이다. '열린 국경' 다문화주의를 주장했던 일부 독일 지식인들에게는 우크라이나 전쟁은 자신들의 낭만주의적이고 유토 피아주의적 환상을 깨우는 찬물이었다. 독일에서 가장 대중적으로 잘 알 려진 철학자 페터 슬로터다이크(Peter Sloterdijk)는 성급한 다문화주의를 비판 하는 대표적 학자다.

2017년 독일 주류 언론 슈피겔은 슬로터다이크와 인터뷰했는데, "철학 자 페터 슬로터다이크는 민족, 정체성 그리고 전통에 대한 모든 암시들을 인류에 대한 범죄로 규정하는 좌파들을 비판한다. 그들 좌파들의 '경솔한 보편주의'(der frivoler Universalismus)가 민주주의의 업적들을 위험에 빠뜨린 다"라는 문장으로 슬로터다이크와의 인터뷰를 전체적으로 요약했다. 슬 로터다이크는 독일 메르켈 총리의 '열린 국경' 정책을 비판하고 독일의 자 기파괴(Selbstzerstörung)를 경고하면서 이러한 자신의 입장을 '좌파보수주의 적'(linkskonservativ)으로 표현했다. 그는 "경솔한 보편주의가 조그만한 개선 을 성취하기 위해서 주요한 업적들을 위험에 빠뜨리고 있다"고 비판한다.

독일의 교육학자 요제프 크라우스(Josef Kraus)도 독일의 경우 적절한 민족주의가 자리잡지 못하고 극우적인 독일 민족주의와 민족주의 혐오라는 두 극단 사이를 왔다 갔다 했다고 바르게 분석한 바 있다. 좌파 독일 국제사회주의(칼 막스의 공산주의)는 국제적 사회주의 운동으로서 민족국가 해체를 주요한 목적으로 삼는다. 독일 68운동권 중심으로 구축된 사회주의적-유토피아주의적-다문화주의적 유럽연합과 그 유럽인권법원에 대한 비판적 성찰은 최근 증가하고 있다.

　21세기 유럽은 이제 더 이상 좌파 유럽이 아니다. '좌파 유럽은 없다. 좌파 조국이 없는 것처럼'이라는 흥미로운 제목으로 독일 녹색당 창립 멤버였던 라이너 트람페어트(Rainer Trampert)는 2008년 금융위기 이후로 국가들의 연합체인 유럽연합이 어떤 성격과 어떤 의미를 지니는지에 대한 논쟁이 날카로워지게 되었다고 주장했다. 아직도 20세기 후반 풍미했던 독일 프랑크푸르트학파의 비판이론이 말하는 문화막시즘과 좌파담론이 유럽의 대세라고 생각하는 것은 착각이다. 21세기 68세대는 점차 황혼기에 접어들었고 89세대가 주도하기 시작했다. 서유럽 68세대들은 문화막시즘에 근거해서 유토피아주의적 다문화주의 정책을 추진해왔고 그 맥락에서 열린 국경 자유주의(open-border liberalism)를 주장해 왔는데, 동유럽 국가들은 서유럽 68세대가 헤게모니를 장악한 유럽연합과 유럽인권법원이 민족국가를 가정과 함께 해체대상으로 삼는 것을 거부하고 저항하는 것이다.

　89년 사회주의 붕괴 이후 체제경쟁에서 패배한 이데올로기인 사회주의가 소멸된 것이 아니라, 정치경제학 영역에서 주로 문화영역으로 후퇴해서 문화막시즘의 이름으로 사회주의 성정치와 생태사회주의로 변신해서 여전히 영향력을 확대하고 있다. 다문화주의는 글로벌 좌파의 어젠다로서 선전되고 있다는 사실을 기억해야 한다. 주디스 버틀러도 글로벌 좌파의 관점에서 이슬람 무장테러단체인 하마스와 헤즈볼라를 지지해서 큰 논란을 일으켰다.

최근에는 프랑스 마크롱 대통령과 프랑스 고등교육혁신 장관 등이 프랑스 대학사회와 지식인 사회에 침투한 '이슬람좌파주의'(Islamo-gauchisme)에 대해서 깊게 비판한 바 있다. 실제로 독일과 프랑스를 비롯한 많은 유럽 지식인들이 이슬람좌파주의와 얽혀있는 유토피아주의적 다문화정책으로 인한 '유럽의 자살', '프랑스의 자살' 그리고 '독일의 자살'(틸로 자라친)을 우려하고 있다.

대한민국의 자살을 비판적 현실주의의 관점에서 우려하면서 낭만주의적이고 유토피아주의적 다문화주의를 비판하는 이 책 『다문화주의는 국가 자살이다』를 적극 추천한다.

홍영태 발행인(도서출판 국민북스, 국민주권행동 공동상임대표)

최근 프랑스 남동부 대표적 관광지인 얀시 호수에 있는 한마을 놀이터에서 6월 8일 칼부림 난동이 벌어져 3살 이하의 어린아이 4명과 성인 2명이 상해를 입었습니다. 그런데 이들 피해자 중 3살 안팎 어린이 2명과 성인 1명이 위독한 상태인 것으로 전해져 주변인들에게 안타까움을 자아내고 있습니다. 이 사건에 대해 특별히 주목할 점은 해당 범인이 범행대상을 성인들은 물론이고 생후 22개월 아기를 포함하여 3살 이하의 어린아이까지 삼았다는 것이고, 더 충격적인 것은 이 범인이 30대 시리아 출신 난민으로 스웨덴에 망명신청 중에 프랑스에 들어와 이런 범행을 저질렀으며 범행 동기 자체도 불분명한 묻지마식의 혐오범죄라는 것입니다.

한편 이 범죄로 인해 다문화주의에 물들어 있던 피해국인 프랑스는 물론 다른 유럽 제국들에게도 큰 충격을 주었을 뿐 아니라, 무분별한 난민제도에 다시 한번 경종을 울리는 사건이 되었습니다.

그러나 본 사건에 앞서 선제적으로 국가적인 위험성에 대해 2022년 프랑스 대선의 유력 후보였던 에릭 제무르는 2014년에 발간한『프랑스의 자살』이라는 책에서 예언적으로 말하기를 "프랑스는 이민자, 동성애 등의 문제로 자살의 길을 걷고 있다"고 경고했습니다.

또한 영국의 젊은 언론인이자 정치논평가 더글라스 머리의 2017년 화제작 『유럽의 죽음』에서는 통제가 불가능할 정도로 급증하는 무슬림을 필두로 한 대규모 이민은 유럽의 인구 변동과 범죄 증가, 사회 전체의 이슬람화로 전개되었고, 또한 무슬림들의 이슬람종교에 대한 투철한 신념은 서유럽의 기독교와 민주주의를 기반으로 한 사회를 무너뜨리며, 이로 인한 갈등구조에서 야기되는 테러와 범죄를 유럽 좌파 정치가들에 의해 정치적 목적하에 감춰지고 은폐되면서 결국 유럽제국은 네오막시즘에 의한 다문화정책과 이슬람의 헤지라(이주정책)로 무너지고 죽어가고 있다며 유럽인들의 각성을 촉구했습니다.

그러나 2010년경에 이미 유럽의 정상들은 다문화정책으로 인한 폐해가 너무 심하여 이로 인한 국민들의 반발로 인해 정권유지가 위협받자 "다른 문화가 공존하는 독일식 다문화주의는 실패했다"고 한 독일의 앙겔라 메르켈 총리를 필두로 프랑스의 니콜라 사르코지 대통령도 "프랑스에서 다문화정책은 실패했다"고 발표했습니다. 이렇게 독일, 프랑스, 영국 등 유럽의 좌파 정치지도자들이 모두 다문화정책에 대해 실패를 인정하게 되었습니다.

유럽은 이처럼 실패한 다문화 정책을 중단하고 있는데 우리나라는 어떻습니까?

대한민국은 과거 미국, 독일, 유럽, 중국 등으로 이민자를 내보내던 송출국가였지만, 경제발전과 저출산 고령화 추세로 인한 외국인의 유입이

2007년 100만 명을 넘기다가 2018년 예멘 난민사태와 2021년 아프간 난민 390명을 특별기여자로 특별법까지 만들어 이주시키는 등 급진적 다문화코드의 이주정책으로 인해 외국인 불법체류자를 포함하여 230만 명이나 국내에 거주하는 외국인 수입국가가 되었습니다.

특히 윤석열 정부가 새로 들어섰지만 여전히 다문화정책을 펴고 있어 아쉽습니다. 송출국 중 중국은 전국에 20개 이상의 차이나타운 건립과 공자학원으로 한국 속국화 침략을 노골화하고 있고, 이민과 난민으로 한국의 이슬람화를 추구하는 국내의 무슬림들은 전국에 23개 이상의 모스크 건립 및 수많은 기도처를 세우고 있어 국가안보의 위험성 증대는 물론 정치적으로 테러나 소요 등 사회 불안 요소가 잠재적으로 고조되어 가고 있다는 점이 매우 우려됩니다. 그보다 더욱 심각한 것은 대한민국의 주인인 자국민이 외국인에 대한 특혜로 역차별당하는 것입니다. 외국인 중에서도 국내 거주인구 120만 명에 달하는 중국인들에게는 상호주의와 거리가 먼 선거권 부여와 건강보험, 부동산특혜 등에서 자국민보다 더한 특별대우를 해주는 데 문제가 있습니다.

그뿐만이 아닙니다. 외국인들, 특히 중국인들과 무슬림들의 범죄와 사건이 증대되고 있고, 최근 베트남인과 태국인 등의 마약 파티와 같은 일탈행위는 물론, 중국인들의 초등학교와 학원가에서의 마약 판매는 경악할 수준입니다. 그럼에도 불구하고 외국인 차별과 혐오금지 명목하에 이들의 중대범죄들이 언론과 미디어에서 감춰지고 은폐되고 있어 우려됩니다. 유럽에서 벌어지던 현상과 똑같은 일이 대한민국에서 벌어지고 있다는 얘기입니다.

한 예로 대구 대현동 주택가 한복판에 이슬람 모스크 건립으로 대한민국 주민과 이슬람 유학생 간 갈등의 결과로 법적 분쟁까지 갔는데, 결국 재판부는 주민의 생존권과 행복추구권을 침해하고 거짓과 허위로 진술한 외국인인 무슬림의 손을 들어주었던 것입니다.

이처럼 서구제국이 다문화정책을 실패로 자인하고 폐기하고 있는 마당에 우리나라는 거꾸로 전 영역에 걸쳐서 문화사대주의에 편승하여 매국적인 사법부를 포함해서 국가인권위와 법무부, 지방자치기관과 대구경찰청 등에 PC주의와 네오막시즘의 유령이 서성이며 국민을 주인으로 섬기기는커녕 역차별하는 상황으로 전개되어 전 국민을 실망시키고 격분토록 만들었습니다.

따라서 우리 〈국민주권행동〉은 이런 국민에 대한 역차별과 PC주의에 입각한 다문화주의의 망국적 폐해를 직시하고, 국가의 안보와 국민의 안전을 위해 단호하게 대처하기 위해 이민법과 다문화주의의 전문가이신 신만섭 박사와 오세라비 작가 그리고 류병균 대표를 공동집필진으로 모시고 『다문화주의는 국가 자살이다』를 도서출판 국민북스에서 발간하고자 하며, 다음과 같이 외치고 싶습니다.

"국민이 먼저다! 대한민국의 주권은 대한민국 국민에게 있다!"

목차

1부: 다문화 국가? 순진함과 어설픔 신만섭 박사

I. 다문화 국가?

II. 순진함과 어설픔

3부: 국가 안에서의 다문화주의는 반역(反逆)이다 류병균 대표

1부
—
다문화 국가? 순진함과 어설픔

다문화 국가? 순진함과 어설픔

신만섭 박사

'다문화 국가? 순진함과 어설픔'을 펴내며

본고의 집필 의도는 다음 세 가지다.

첫째, 한국에서 개념정리도 없이 아무데나 갖다 붙이기식으로 쓰이고 있는 다문화, 다양성 용어를 독자들이 이해하기 쉽게 각종 사례를 들어 바로잡고자 함에 있다.

둘째, 다민족화, 다문화에 대한 한국 다문화주의자들의 나이브한 감성 자극적 접근 방식이 장차 사회적, 정치적, 더 나아가 국제관계적 측면에서 어떤 양상을 초래할지에 대한 인식이 거의 없음을 지적하고자 함에 있다. 이는 지정학적으로도 어려운 위치에 놓여있는 한국이 반드시 고려해야 할 조건임에도 불구하고, 경제논리까지 단순 합리화시켜(인구, 노동력 문제) 한국식 '다민족 다문화'를 돌진적으로 밀어붙인다는 것은 매우 위험함을 경고하고자 하는 것이다. 세계적으로 권위있는 스톡홀름 전략문제연구소(SIPRI)의 연간보고서를 보더라도, "1989년부터 2000년 사이에 일어난 무력 분쟁은 총 111건으로 이 중 7건만이 국가 간의 전쟁이었고, 나머지는 다민족 국가 내에서 일어난 내전"이다. 지금도 이 추세는 크게 달라진 게 없다.

셋째, 과거 소련·동구권의 퇴조 말기, 세계 흐름에 감이 없던 학생운동권, 재야세력들이 그랬듯이, 세계적으로 (이민, 난민 유입 등) 다문화 현상이 끝물을 타고 있는 시점에서 한국이 이를 역류하며 오히려 열을 올리고 있는데, 세계 다문화가 어떤 식으로 돌아가고 있는지 그 실상을 국가별 사례로 예시하였다. 이는 한국인들이 아직 많이 모르는 다민족다문화, 또는 다민족일문화 국가들에서 어떤 일들이 벌어지고 있으며, 이들 국가가 어떤 복잡한 상황에 처해 있으며, 대처에 있어서 어떤 어려움에 처해 있는지를 독자들에게 실감나게 보여주기 위함이다. 현장감을 높이기 위해 많은 사진을 실어놓았다.

본고는 독자들이 부담 없이 읽고 쉽게 이해할 수 있도록 에세이 형식을 취했으며, 전반부는 다민족다문화에 대한 개념 이해와 한국의 사례, 중반부는 유럽의 사례, 그리고 후반부는 제3세계의 사례 순으로 글을 전개했다.

I. 다문화 국가?

1. 다문화국가?

"오늘날 전 세계 사람들 95%는 다문화국가에 살고 있다. 다문화국가 내부는 서로 다른 종족·문화·언어·종교로 파편화되어 있다."[1]

위 다문화국가 성격 규정은 틀렸다. '다문화'와 '국가'는 양립하기 어렵다. 국가는 '국민국가'를 말한다. 지구상 200여개 국민국가들은 일정한 영토 내에 배타적 주권을 가진 정치적 통합공동체다. 하나의 민족으로 구성된 국가가 있고 여러 민족으로 구성된 국가도 있다.

정확히 말하면, 지구상 국가의 95%는 '다문화 국가'가 아니라 '다민족 국가'다. 다민족 국가 중 일문화 지향 국가들이 있다. 국가 내 종족과 종교는 다르지만 문화와 언어를 하나로 동화(assimilation)시키는 정책을 추구하는 프랑스와 중국 등이다. 이들 국가들은 다민족이지만 다문화는 그리 반기지 않는다.

다민족이면서 다문화를 수용하는 나라들도 있다. 대표적인 나라가 미국이다. 그러나 미국은 초강대국 위치에서 고대 로마제국을 모방한 강력한 애국주의가 바탕에 깔려있음을 알아야 한다.

과거 왕조권력의 패권적 이합집산에 의해 합의로 된 다민족 다문화 국가도 있다. 영국, 벨기에, 스페인과 스위스가 그렇다. 하지만 스위스를 뺀 나머지 국가들은 분리주의[2]로 몸살을 앓고 있다.

러시아와 유고 연방은 역사적으로 반강제적인 통합이 이루어진 다민족 다문화 국가다. 유고연방은 90년대 비극적 해체의 결말을 보았고, 러시아 연방 일부 역시 분리주의 움직임이 강하다.

제3세계 국가, 특히 동남아시아, 중동아시아, 아프리카 국가들은 과거 식민지 제국들의 농간으로 어쩔 수 없이 다민족 다문화가 되어버렸다. 이들 나라 대부분은 식민지 후유증에서 벗어나지 못한 채, 아직도 국민국가 틀도 제대로 못 갖추고 갈등과 혼란에 빠져 있다.

한국은 어떤가? 오늘날 전 세계 사람들 95%는 다민족 국가에 살고 있는데, 전 세계 5%밖에 안 되는 일민족 국가에서 살아온 게 한국인이다. 혹자는 말한다. "우리가 무슨 단일민족이야?", "시대착오적인 소리", "무식한 소리", "갈라파고스 신드롬"… 일민족 논쟁은 여기서 잠시 접고 다음 장에서 하기로 하자.

그러면 한국 다문화주의자들은 어떤 국가를 꿈꾸고 있나? 다민족 일문화 국가, 아니면 다민족 다문화 국가? 개념 혼동과 세계 다민족 국가들에서 어떤 일들이 벌어지는지 면밀한 검토도 안한 채, 아름답게 포장하고만 싶은 '다문화'란 이름으로 정부, 재계, 언론, 학계, 시민단체 모두 '총화단결'하고 있는 것이 현실이다.

필자는 한국의 다문화주의자들이 지구상 다민족국가들의 실상 파악도, 살아본 경험도 없이, 나이브한 인권감성을 동원하여 감행하고 있는 국내 다문화정책의 허술함을 파헤치고, 해외 다민족 국가의 문제점을 실감나는 현장사진을 곁들여 차근차근 짚어보고자 한다.

2. 전학 온 친구처럼?

한 인간의 무리가 다른 무리와 어울려 산다는 게 쉬운 일이 아니다. 다른 동네로 이사를 가거나 다른 학교로 전학을 가면 낯설은데다 기존 무리들의 텃세가 기다린다. 그나마 같은 문화권의 이런 낯설음과 어색함은 시간이 지나면 해소가 된다. 그런데 완전히 문화가 다른 집단이 들어오면 문제는 달라진다. 고유의 문화와 정체성을 고집하며 눌러앉아 버릴 때, 기존 집단과 사이좋게 공존하거나 섞이는 일은 거의 드물다. 충돌이 일어난다. 이게 현실이다.

세계 다민족 국가를 보라. 90% 이상이 따로 담(경계)치고 살겠다고 시위하고, 쌈박질에 날 샐 틈 없다. 문화와 정체성이 전혀 다른 이민자들이 동네에 들어오면, 원주민들은 사이좋게 지낼 생각 이전에 이삿짐 꾸려 그 동네를 뜬다. 그러면 이민자들만 남는 동네가 된다. 동네는 점점 슬럼화된다. 슬럼화된 동네 서민 아파트 현관문과 유리창은 다 부서진 채로, 벽은 페인트가 벗겨진 채로, 몇십 년은 흐른 것 같고, 밤이 되면 이민자 2세 젊은이들이 오토바이 소음기에 구멍을 내고 날 새는 줄 모르고 대로를 활주한다. 이게 내가 살아본 '다문화' 국가 프랑스에서의 경험이다. "전학 온 친구처럼 지내자"고?

> "난민 문제에는 저희가 너무 어렵게 보지 말고 저희들이 같은 반에 전학 온 친구가 있다는 관점으로 보시는 게 좋다고 생각해요. 처음에 어색하고 낯설고 잘 모를 수 있지만 같이 막상 밥을 먹고 축구를 하고 놀다 보면 그냥 우리 친구라는 걸 알 수 있게 되는데, 난민들을 만나 본 적이 거의 없기 때문에 낯설어하시는 거거든요. 그런 입장에서 같은 힘든 어려움을 겪었던 친구가 전학 왔다고 생각해 주시고 같이 봐 주셨으면 좋겠다고 생각합니다."
> - 공익법센터 어필 이일 변호사, 2021. 8. 23. TBS 교통방송

위 인용문은 난민 관련 인터뷰지만, 국내에 외국인들을 정착시키자는 다문화주의자들 주장도 이와 별반 다르지 않다고 본다. 이민자와 난민 유입에 있어서 진짜 국제정치, 세계지역 전문가들의 객관적이고 냉철한 분석이나 주장은 한국에서 거의 들어볼 수가 없다. 인권논리도 아닌 인권감성만 판친다. 언론은 이런 주장만 골라서 내보내는 건지, 전문가를 찾지 못하는 건지 알 수가 없다.

이민·난민 문제가 나올 때마다 다문화단체와 난민단체는 '국제 위상, 국제 지위에 걸맞게'라는 수식어를 꼭 앞에 붙인다. 저들은 국제적으로 한국이 어떤 위상과 지위 그리고 상황에 놓여 있는지를 전문적으로 정확

히 알기라도 하는가, 아니면 표현이 우아하고 그럴싸해서 그냥 갖다 붙이는 건가?

다문화의 미래를 장밋빛으로 분칠하며 현실을 호도하는 사람들에게 다음 사례는 어떻게 보이는가?

"박 교수는 "전교생이 8명 있는 강원도의 모 초등학교 분교에 가서 특강을 한 적이 있다. 운동장에서 교감 선생님과 대화를 하다가 운동장을 봤더니, (8명 중) 6명 정도 되는 친구들이 5학년 학생 한 명을 왕따시키고 있었다"고 언급했다.

박 교수는 "여러 명이 한 명의 얼굴을 축구공으로 치고, 넘어뜨리고 하길래 놀라서 교감 선생님에게 '저거 말려야 하지 않느냐'고 했더니, 교감 선생님 눈빛이 다 아는 눈치였다. 그러면서 '더 심해지지는 않아서 지금은 지켜보고만 있다'고 했다"고 말했다.

그는 "교감 선생님에게 '왜 저 친구 한 명을 저렇게 괴롭히느냐'고 물어봤더니, (따돌림을 당하고 있는) 5학년 친구 한 명만 아버지, 어머니가 모두 한국인이었고 (따돌림을 가한) 나머지 아이들은 모두 다문화 가정 아이들이었다"고 밝혔다.
박 교수는 "'너는 우리랑 다르다'라는 이유로 그런 것"이라며 "이게 군 단위 이하(지방자치단체)의 현실"이라고 지적했다. "
- 중앙일보 2021.08.18.

이건 특이한 현상이 아니다. '굴러온 돌이 박힌 돌 빼낸다'는 속담대로, 원주민이 소수이면 다수 이주민에 의해 밀려난다. 이건 동물집단에서도 마찬가지지만, 인간집단에서 일어날 수 있는 자연스런 현상이다. 서로 이질적인 집단들이 터를 마주 하고 살면 어울리기보단 부딪치는 게 현실이다. 이는 과거 세계나 현 세계에서, 동서고금 막론하고, 그 사례를 얼마든지 찾을 수 있다.

그래서 다민족국가들은 '정체성'을 강조한다. 그렇잖으면 타인에 의한 '흡수', 또는 '분열'이다. 강력한 구심점이 없으면 한 국가 안의 여러 민족이 따로 논다. 따로 살림차리겠다(독립국가 창설)는 족속도 나온다. 한국에선 '정체성'이란 용어가 정치사회적 이슈로 떠오르는 일이 거의 없다. 그만큼 일민족 구성의 사회라는 반증이다. 그런데 이를 '다문화'의 미명하에 원칙도 없이 흩뜨려 놓자는 주장이 봇물처럼 쏟아진다.

> "100년 전에 받아들여진 '민족' 개념의 유효기간은 이미 지났다. 미래의 한국은 '한민족'의 독점적 영역이 아니고 다양한 언어와 문화들의 만남과 섞임의 공간이 될 것이다. '무지개 사회'로 원활하게 이동하려면, 우리 속의 타자들을 동화시키려는 생각을 버리는 동시에 그들에게 한국 사회에서 적응하면서 고유한 독자성을 보존할 기회를 주어야 한다."
> — 러시아계 이민자 출신 박노자, '무지개 나라'가 되기 위해서, 한겨레,
> 2007.06.06.

위 인용문은 다민족 일문화, 다문화 방향 설정은 아예 생략한 채 일민족 일문화 국가에서 다민족 다문화 국가로 그냥 건너뛰자는 주장이다. 이런 선동적, 급진적 주장을 그대로 받아, 지금 정부 부처와 다문화주의자들이 기정사실화하고 있다. 이건 국민·학계·정계토론 등을 통한 정체성과 미래에 대한 성찰도 없이 일방주장만을 내세우며 막가자는 거다.

한국인들이 서구수입산 캠페인이나 용어를 좋아하는 건 어제 오늘 일이

아니다. 기성세대들이 이를 가공하는 데 좀 촌티가 났다면, 현 세대들은 세련되게 '데코'(포장)하는 게 달라졌을 뿐이다. 7·80년대 "둘만 낳아 잘 기르자"는 정부 주도 캠페인은 가히 전체주의식 국민동원 캠페인의 전형이었다. 그 캠페인의 동기를 생각해보면 서구에서의 저출산에 비해, '야만스럽고 무분별한' 다출산이 창피해보였던 것 같다. 결과는 오늘날 출산율 세계 꼴찌로의 추락이다.

한국인들은 80년대까지만 해도 다른 아시아인들이 그렇듯이 채식이 식생활습관이었다. 그런데 이후 좀 살만해지자 육식으로 습관이 바뀌기 시작했다. 언론은 이게 마치 바람직한 서구선진국형인 양, "음식문화가 서구형으로 바뀌고 있다"는 것을 자랑스럽게 강조했다. 요즘 들어 서구에서 채식으로 바꾸자고 비건(vegan)식단을 떠들어대자, 한국에서도 이게 유행처럼 번지고 있다. 원래 우리는 채식주의자였다! 언제까지 이렇게 서구꽁무니 따라다니며 무뇌아처럼 행동할 건가?

무지개, 다름과 틀림, 똘레랑스 등 온갖 서구 수입산 미사여구를 동원하여 떠벌이는 한국의 '돌진형 다문화 현상'은, 그야말로 다문화주의자들이 주변세계 상황이나 정세를 의식하지 않고, 자기들이 일방적으로 그리 되기를 바라고 낙관하는 '희망적 사고'(wishful thinking)의 전형이다. 서양에서 다문화가 퇴조하면 그 때 다시 따라할 건가? 이미 서양에선 퇴조하고 있고, 국가지도자들까지 "끝났다"고 공식선언했다. 그럼 한국은?

3. 수준 이하의 구호가 난무하는 한국의 '다문화' 몰이

아래 문구들은 인터넷에 올라온 다문화 관련 내용이다.

- 다문화사회에서는 '틀림'이 아닌 '다름'을 받아들이는 일반 시민들의 성숙한 의식이 중요하다.

- 다양성 : 문화존중과 그 인정에 관한 의미로서 사용. 집단 내 소수자의 문화 및 권리존중.

- 다문화주의 : "문화적 다수집단이 소수집단을 동등한 가치를 가진 집단으로 인정하는 ''승인의 정치(Politics of recognition)'." 인종이나 민족의 다양성 문제, 다수집단이 소수집단의 문화가 존속되도록 적극적인 조치를 취하는 것까지도 포함. 소수집단들을 동화시키거나 배제하는 정책 거부.

- 다문화 국가의 시민은 다문화에 대한 지식뿐만 아니라 보다 적극적으로 다양성을 인정하고 존중하는 태도를 가져야 함. 관용성, 수용성, 개방성 요구.

- 다수집단의 문화가 지배문화가 되어 소수집단의 문화를 동화시키려고 하거나 배제하면 다문화주의는 실현되기 어려움.

- 자민족중심주의 : 자신의 문화와 다른 새로운 문화와 접했을 때 자신의 문화를 중심으로 하여 타문화를 부정적으로 평가, 폄하.

- 다문화사회의 비전은 문화 다양성을 활용한 창조적인 문화국가를 건설하는 것이다.

- 다문화사회의 이해, 국제매너와 에티켓의 주제로 진행된 강의 글로벌 마인드를 확산.

- 지역주민 대상 다문화 이해증진 교육실시: '동화주의'에서 벗어나 다양한 문화적 차이를 서로 받아들이고, 인정하는 '다문화주의'를 실현하는 정책.

발췌한 것이지만, 한국의 다문화주의자들이 그들만의 '다문화'를 어떤 수준으로 이해하고, 대중에게 확산시키는지를 보여주는 데 큰 무리는 없다. 국민구성 틀을 기초부터 흔들어, 모든 영역에 영향을 미치는 국가적 중요의제를, 이렇게 '아무말 대잔치로 몰고 가도 되나' 하는 생각에 놀랍고도 어처구니가 없다. 사회과학적 용어보다는 온갖 문학적·감성적 미사여구를 늘어놓아 객관적 분석 관점이 전혀 없는데다, 그들이 이해하는 '다문화'가 세계 다민족국가들의 현실을 고려할 때, 한국에 어떤 다면적 파장이 일어날지에 대한 성찰이 안 보인다는 것이다. 유감스럽게도 이런 수준의 주장들이 정부 여러 부처의 국가 정책에 그대로 반영된다.

더욱 문제가 되는 것은, 이를 일방적으로 대중상대로 여론몰이하고 학교에서 일방적으로 교육한다는 사실이다.[3] 정치·언론·교육·외국인단체 등 각 부문에서 국민동의도 없이 거의 하방식 내리먹이기로 자신들의 주장을 강요하다시피하고 있다. 다문화관련법들은 관련단체들이 만들어 국회에서 입법되도록 압박하고 있으며, 관련 주제 토론회나 공청회는 찬반토론도 없이, 일방의 주장자들 일색으로 참석시켜 통과의례식으로 진행하고 있다.

논리 빈약 탓인지, 정부·언론 등의 막강한 후원과 주도권 장악 상태에서 굳이 거추장스런 반대의견을 들을 이유가 없다는 뜻인지, 찬반공개토론을 꺼린다. 국가 주요정책법안을 반대토론도 없이 일방적으로 통과시키는 것이다. 이는 과거 독재정권하에서 국민동의를 무시하고, 정책을 일방적으로 만든 후 동원식 캠페인을 벌여 목적달성을 하던 수법과 크게 다를 바 없다. 전체주의 방식과 뭐가 다른가? 그들이 그렇게 비난하던 수법을, 스스로가 계승하여 답습하고 있다.

정부와 관련 사회단체들이 총체적으로 나서서 일민족 국가에서 다민족 국가로 급진적으로 방향을 틀겠다는 이 발상도 문제가 큰데, 각 사안에 대해 정확한 개념정리도 되지 않은 채, 주관적 희망으로 사안을 단정해버리는 무리수를 거리낌없이 자행하고 있다. 이런 무리수는 학교 교재나 참고 교재에서도 난무하고 있다.

"외국인 거주자가 전체 인구에서 차지하는 비율이 5%가 넘는 사회를 다문화 사회라고 한다. 그러나 중요한 것은 단순히 외국인의 숫자가 많은 것이 아니라 외국인이 주류 문화에 동화되지 않고 고유의 문화적 정체성을 유지하면서 거주해야 한다는 것이다."

- 고등학교용 사회과목 천재학습백과

한국 다문화주의자들이 그들의 주장을 합리화하기 위해 수년 전부터 지금까지 끌고 온 수법은 엉터리 근거를 들이댄 단계별 기정사실화 전략이다. 첫 단계, 한국은 단일민족 국가가 아니다. 둘째 단계, 한국은 다문화 사회로 진입했다.[4] 셋째 단계, 한국은 다문화 국가[5]다.

저들의 사고 전개과정이 그야말로 유치하기 그지없는데다가, 이를 전체주의식·동원식 캠페인과 교육을 통해 온 국민을 몰고가겠다는 그 태도가 불손하기 그지없다. 세계적으로 '다문화'는 거센 반감을 일으키며 퇴조 추세다. 그 좋아하는 '글로벌 트렌드'에 눈과 귀를 막은 채, 한국 다문화주의자들이 끝물을 붙잡고 이 생난리를 치는 모습은 과거 80년대 학생운동권의 국제정세에 어두운 '열정'과 닮은 구석이 많다.

"1980년대의 한국 진보는 거대 담론이 판치는 곳이었다. 민족해방(NL)과 민중민주(PD), 민족민주(ND) 또는 사회주의 같은 용어를 일상어로 달고 살 정도였고 그래야만 요즘 말로 '개념 있는' 인물로 대접받던 시절이었다. 그런데 1980년대에 소련과 동유럽 공산주의 체제가 붕괴하면서 그 거대 담론의 시대는 순식간에 무너졌다."
    - 프레시안 2012. 4. 20, 정승일, 진보의 탈을 쓴 신자유주의자를 고발한다!

요즘엔 '글로벌 트렌드', '글로벌 에티켓', '국제 위상'에 걸맞게 '다문화 감수성', '문화다양성', '글로벌 소통' 쯤은 입에 달고 다녀야 한국에서 개념있는 인물로 행세하는 추세다. 위 인용문에서 보듯이 80년대 학생운동 문화의 일단면을 보면, 외래 용어·개념을 수입해서 담론 헤게모니 장악하고, 사상적 우월의식에 취해 반대편을 완전 제압 대상으로 여기는 경향이 있었다. 지금 다문화 광풍도 역시 이를 닮아있다. '서구에서 직수입한 용어를 명품브랜드로 포장한 얼치기 웰빙문화주의자'들이 이를 답습하고 있다는 점에서 그렇다. 하지만 80년대 이념 몰락이 그랬듯이, 그들이 그렇게 좋아하는 '글로벌 트렌드', 다문화는 내리막 추세다. 이미 오랜 기간 시행착오를 겪은 나라들이 넌덜머리 난 듯 '다문화 실패 공식 선언'을 하며 손사래를 치고 있다.

"우리는 공동체들이 서로 공존하는 사회는 원하지 않는다. "프랑스에 있다면 (프랑스라는) 단일 국가 공동체에 동화돼야 하고, 이를 수용할 수 없다면 프랑스에서 환영받을 수 없다"
    - 니꼴라 싸르꼬지 프랑스 대통령, TF1 TV '국민과의 대화' 2011.2.10.

"다문화사회 건설 시도는 완전히 실패했다. 다양한 문화적 배경의 사람들이 더

붙어 사는 '멀티컬티(다문화) 구상'이 작동하지 않는다."
- 앙겔라 메르켈 독일총리, 2010.10.16.

"이질적인 문화에 대한 관용을 원칙으로 하는 다문화주의(multiculturalism)가
실패했고 이로 인해 이슬람 극단주의가 뿌리를 내렸다."
- 데이비드 캐머런 영국 총리, 2011.2.5.

다민족 다문화 목표를 단기간에 달성하기 위해 밀어붙이기식 맞춤형 플랜을 진행하는 나라는 지구상에 한국밖에 없을 것이다. 지구상 다민족 국가들이 형성된 계기는 네 가지다 : ①전쟁을 통한 타민족 정복, ②식민지하에서 강제이주, ③기후변화, 기근과 종교 박해로 인한 인구집단 및 민족 이동, ④왕정시대의 정략결혼과 정치적 타협(특히 유럽에서)으로 인한 영토변경 등이다. 즉 이들의 다민족화는 불가피한 결과이며 오랜 역사과정에서 누적된 자연 지층이다. 반면 한국의 '다문화' 미명하의 다민족화 정책은 개발 마스터 플랜을 준비해서 인위적으로, 그것도 단기간 내에 일종의 '기획상품'을 완성하겠다는 모양새다. 과거 정부에서 경제개발 5개년계획을 하듯이 '다문화 몇 개년계획'을 세워 밀어붙이는 발상부터가 저열하기 이를 데 없다. 세계조류의 끝물을 잡고 시대를 역행하며, 사실상 감성자극과 호소, 엉성한 논리로 엮어낸 한국의 다문화는 큰 사고를 치기 전에 중단하는 게 순리에 맞다. 그게 세계다민족사와 세계다문화 실상을 제대로 읽어낸 글로벌 트렌드다. 순진하고 어설픈 글로벌 호구가 되기보단 세계문제를 날카롭게 파악하고 현실을 깨닫는 글로벌 호크(global hawk)가 되기 바란다.

4. 한국 '다문화', 비극으로 시작의 문을 열다.

2006년 "다인종·다문화는 거스를 수 없는 대세", "피를 섞어 나가는 것도 세계화"라는 노무현 대통령의 발언, 2007년 1차 외국인정책기본계획인 '재한외국인처우기본법'이 제정된 다음해, 2008년 봄이 막 시작되는 3월 초였다. 경기도 양주에서 어린 여학생이 필리핀 불법체류자에게 잔인하게 살해당하는 사건이 벌어졌다. 피해자는 중학교에 입학한 지 3일밖에 안 되는 13살 강수현 양. 사건의 전말은 이렇다.

"사건이 있기 전, 범인은 형이 살고 있는 공동주택에 가끔 들르며 여기에 살고 있는 강 양을 유심히 지켜보다가, 강 양의 어머니가 일 하러 나간 뒤엔 보호자가 없다는 걸 알고 범죄를 저지르기로 결심했다.

사건 당일인 2008년 3월 7일, 범인은 형이 살고 있는 공동주택의 현관문을 두드렸다. 이때 문을 열고 나온 강 양을 본 뒤 숙소로 돌아가 식칼을 챙기고 다시 형을 찾는 척, 현관문을 두드려 다시 나온 강 양에게 식칼을 들이대며 위협을 가해 집 밖으로 끌고 나왔다.

집 밖 2~30m 부근에서 범인은 강 양을 눕히고 강간을 시도했는데, 이때 범인의 팔이 느슨해지자 강 양은 이를 뿌리치고 달아나기 시작했다.

이에 범인은 달아나는 강 양을 뒤쫓아 등에 칼을 꽂았으며 강 양은 '살려주세요'라고 외치며 달아났으나 목, 배, 가슴, 등에 13번이나 칼에 찔린 뒤 쓰러졌고, 범인은 피를 흘리며 쓰러진 강 양을 발로 마구 짓밟은 뒤 유유히 자기 숙소로 돌아갔다. 쓰러진 강 양은 과다출혈로 결국 자기 집 근처에서 죽어갔다."

사건 현장에서 범행 재연하는 범인과 생전의 강수현양

이 사건은 일부 주요 언론에서 단신으로 다뤘을 뿐, 거의 보도되지 않아 대다수 국민들이 모른 채 지나갔다. 당시 다문화 이슈를 긍정적으로 몰아가려는 여론 주도자(오피니언 리더)들의 의도와 어긋난 사건 탓이었던지, 사실마저 왜곡 보도되기도 했다.

"패럴은 지난 7일 10시 40분께 술을 마시고 양주시 회암동 한 골목길을 지나다 만난 ㄱ양을 성추행하려다, ㄱ양이 반항하며 욕설을 했다는 이유로 인근 자신의 형 기숙사에서 흉기를 가져가 배와 목 등 모두 12곳을 찔러 숨지게 한 혐의를 받고 있다." (한겨레 2008.3.9.)

한겨레신문 본사 앞에서 몇몇 단체들이 격렬히 항의하자, 이 기사는 며칠 뒤 한겨레 인터넷 판에서 서둘러 삭제되었다.

외국인 불법체류자에 의한 미성년강간미수 잔혹살해사건이 이렇게 세간에 묻혀 지나가던 그 해 12월, 조두순에 의한 미성년강간폭행, 이른바

'나영이 사건'이 터졌다. 방송과 신문은 연일 도배되었고, 당시 이명박 대통령까지 나섰다.

비교할만한 사건은 또 있다. 2002년 양주에서 주한미군 탱크에 깔려 죽은 효순·미선이 사건이다. 이 사건이 당시 대선과 맞물려 국내에서 얼마나 큰 이슈가 되었는지는 잘 알 것이다. 당시 이에 대한 언론의 보도량도 엄청났고, 대선 후보들 토론에선 연일 주요 이슈 중의 하나였다. 이를 규탄하는 시청광장 시위에 10만여 명이 모였다.

진영논리에 따라, 또는 여론주도자들의 입맛에 맞는 의제 설정에 따라 어린아이들의 죽음도 이렇게 선별당하는 게 이 나라 현실이다. 다문화의 '아름다운 목표'를 위해 일부 희생은 피할 수 없다는 뜻인가? 2012년 SBS 드라마 '추적자'의 명대사 한 구절이 떠오른다.

"큰 마차가 먼 길을 가다보면 깔려죽는 벌레도 있기 마련입니다."

사건은 강수현 양의 죽음으로 그치지 않았다. 2012년 4월, 희대의 토막살인사건이 수원에서 일어났다. 중국 국적 불법체류자 우웬춘이 회사일을 마치고 퇴근하는 곽모 양(당시 28세)을 인근 자신의 집으로 납치해 목졸라 살해한 뒤 시신을 토막내는 일이 벌어진 것이다. 국내에서 잔혹한 토막살해 사건이 여러 번 있었지만, 이번 사건은 유례가 없는 엽기 그 자체였다. 살해 뒤, 집 화장실에서 시신을 베이컨 썰 듯 280점으로 토막 내 여행용 가방과 비닐봉지 등에 나눠 담은 것이다. 이 사건은 주요언론에 비교적 여러 번 노출되었지만, 다문화 확산에 찬물을 끼얹을까 봐 자세한 보도를 생략하는 등, 어떻게든 여론을 잠재우려는 분위기가 역력했다.

다문화주의자들이 이상으로 꿈꾸며, 목표로 하는 다민족 다문화는 이렇게 비극으로 시작되었다. 다민족 다문회가 이 땅에 정착할 경우, 그 비극이 확대되지 않으리라 장담할 수 있겠는가? 언론, 외국인 인권단체를 비롯한 다문화 옹호세력들이 외국인 인권을 앞세우지만, 그 소수의 인권이 다수의 인권을 침해하는 일이 생길 수도 있고, 이는 갈등, 더 나아가 민족간·종교간 내전의 길로 빠져들 위험도 있다. 10의 인권을 옹호하다가 10,000, 100,000의 인권이 타격을 받을 수도 있다는 말이다. 지구상 많은 다민족국가들이 이러한 불행을 겪고 있다. 그 사례들은 뒷장에서 다루겠다.

5. 한국인은 단일민족이 아니다?

다문화주의자들이 이 땅에 다문화 이데올로기 씨를 뿌리면서 제일 처음 한 작업은 한국인이 단일민족임을 부정하는 것이었다. 이를 위해 갖은 억지 주장을 늘어놓았다.

"고대 한인이동 경로의 출발지가 남방"이라며 우리 민족의 남아시아 기원설을 내놓는가 하면, 중국·베트남 성씨 등 그 본관을 들추어내고, 거란족과 발해유민들의 신라 복속, 심지어 신라, 고려 때 아랍상인들과의 교류, 외적들의 침략전쟁 등으로 피가 섞였다는 식이다. 그래서 그게 어쨌다는 건가? 그래서 한국인은 단일민족이 아니다? 억지논리가 따로 없다. 아니, 이런 엉터리 논리가 따로 없다. 단일민족 논쟁을 하려면 그와 대비되는 '다민족'을 거론해야 하는데, "우리는 그래서 다문화다"라며 '다문화'와 대비시키는 것부터 비논리적이다.

다문화주의자들 주장대로, 한국인이 단일민족이 아니면 다민족이라는 건데, 지구상 다민족 국가에서 벌어지는 현상과 비교해보자.

첫째, 다민족국가에선 가족 족보 최소 삼대만 위로 올라가도 원적국이 다르며, 국민들 대다수가 각각 어느 나라 출신(예를 들면 이탈리아계, 러시아계, 폴란드계 등) 이민자임을 뚜렷이 인식한다. 다문화 이데올로기가 퍼지기 전, 한국인들 중 이민자 조상 따지는 사람 봤나?

둘째, 다민족국가에선 민족·종교간 갈등이 그칠 새 없다. 민족간 나라 따로 만들겠다는 분리주의 운동이 내전으로까지 번진다. 한국에서 비록 지역갈등이 있다고는 하나, 나라 따로 만들겠다고 총 들고 나서는 분리주의 운동 또는 전쟁 있나?

셋째, 2차세계대전 후 프랑스, 영국 등으로부터 식민지에서 풀려난 다민족국가들이 대부분 민족 간 분리주의 내전(인도, 동남아시아, 아프리카)을 겪은 반면, 한반도에선 1945년 당시 오히려 남북 모두 통일을 주창하고 나서는 이례적인 모습을 보였다. 한국전쟁도 서로 다른 민족 간 전쟁이 아닌 이념 다툼이었음을 상기할 필요가 있다.

민족 동질성은 혈통도 중요하지만 역사, 문화, 언어, 거기다가 정치사회적 제도까지 같은 정체성을 가지고 함께 해 온 공동체 의식(意識)이다. "단일민족이란 단 한 번도 이민족의 유입이 없었던 걸 뜻한다기보다, 이민족이 결국 원주민에 동화되어 하나의 정체성을 이루게 된 집단을 말한다."[6]

"한국인은 순혈은 아니어도 단일민족은 맞다." 다문화주의자들의 '단일민족 부정' 억지논리에 대한 인터넷 리플러들의 단순명료한 댓글이다. 그게 답이다.

과학적 통계까지 있다. 다문화주의자들이 한국의 단일민족성을 애써 부정하려 들지만, 같은 논지를 펴는 언론마저 한국민의 유전적 일체성이 세계 다른 국민의 그것보다 월등히 높음을 입증해주고 있다. 이 정도 수준이면 한국인은 유전적으로 단일성을 가지고 있다 해도 지나치지 않다.

"한민족이 유전적으로 단일민족은 아니지만 두 종류(북방계와 남방계)만의 민족 집단으로 구성되어 있는 경우도 세계에서 매우 드물다. 1980년대 초에 프랑스에서 '누가 진짜 프랑스인인가'를 조사한 적이 있었다. 그 당시 정통 프랑스인은 부모와 조부모, 즉 3대가 모두 프랑스인인 경우를 의미했다. 그런데 호구 조사는 전 유럽인들을 놀라게 했다. 프랑스 정부가 호구 조사를 통해 프랑스인을 가린 결과 이 기준에 맞는 프랑스인들은 겨우 20%에도 미치지 못했기 때문이다. 이런 프랑스의 경우와 비교하면 단 두 갈래의 유전적 흐름만 갖고 있는 한민족은 세계에서도 드문 매우 집약적인 혈통을 갖고 있다고 할 수 있다."
- 이종호 한국과학기술원 초빙과학자, 조선일보 2009. 1. 9.(출처: 네이버)

아래에서 보듯이, 국민 정체성의 시각에서 본 민족개념을 보더라도 한민족은 단일민족임을 알 수 있다.

"구성원 개개인이 스스로 인식하는 종족 정체성만을 생각한다면 대한민국의 인구구성이 (일본과 더불어) 세계적으로 보기 드물게 균질적이라는 것은 사실이다. 영토 내에서 생활하고 있는 인구의 98%가 한 가지 종족집단에 속한다고 의식한다는 것은 (...)16%가 다른 종족정체성을 가진 잉글랜드 및 24%가 다른 종교 정체성을 가지는 이스라엘에 비해 워낙 현저한 특징이기 때문에 2%정도의 예외는 무시하고 민족적 정체성과 종족적 정체성이 같다는 의미에서 단일민족이라고 할 수 있을 것 같다." - 박동천 전북대 교수, 프레시안 2009.06.16.

일단의 한국인들이 오랫동안 비슷한 얼굴만 보고 지내다보니 단일민족으로 살아가는 게 지겨워진 모양이다. 요즘 들어 트렌드에 민감하고 초조한 세력들이 글로벌 촌티(?)를 벗으려는 멋부림도 한몫을 하는 것 같기도 하고. 그러나 이렇게 일을 저질러놓고 사후에 벌어질 현상과 사태에 대해선, 생각과 대책이라도 있는 걸까? 다민족 다문화의 장밋빛 미래만 쏟아내는 형국이다. 다민족 국가라는 세상에서 살아본 경험이 없는 사람들의 낙관적 돌진이 장차 어떤 결과를 가져올지 우려스럽다.

6. 다민족 일문화 국가 프랑스

프랑스는 다민족 국가다. 유럽에서 스페인 다음으로 민족구성이 복잡하다. 그리고 이민국가다. 대통령, 총리, 장관 중 이민자 출신들이 많다. 니꼴라 싸르코지(N. Sarcozy) 전 대통령(2007~2012)은 헝가리계 출신이다. 유럽국가 대부분이 다민족 구성이지만, 한국인들이 일반적으로 생각하

는 다민족과 다르다는 것을 알아야 한다. 유럽인들끼리는 전통적으로 국적에 상관없이 서로 잘 섞여 살아왔다. 왕조시대에도 정략혼으로 유럽왕가들 사이에 빈번한 교류가 있었다는 것은 잘 알 것이다. 이로 인해 비교적 언어·문화의 충돌이 적었다. 아시아 국가들은 그에 비해 상당히 고립적으로 살아왔다. 따라서 유럽인들과 아시아인들(특히 일민족으로 살아온 한국인과 일본인)이 다민족에 대해 느끼고 생각하는 강도는 상당한 차이가 있다.

프랑스는 다민족국가치고는 독특하게 일문화 지향국가다. 그래서인지 유럽국가들 중에서 정치적 중앙집권력이 강하다. 흔히 한국인들이 프랑스 하면 떠올리는 자유, 낭만, 세계적 유행1번지, 다양성, 개성과 같은 이미지하고는 좀 거리가 있어 보인다. 프랑스는 법적·제도적으로 그리고 정치사상으로 일문화 체제를 확고하게 만들어놓았고, 유치원부터 대학까지 공교육을 통해 프랑스 국민에게 이를 강력하게 주입시킨다.

프랑스에서 정치 · 사회적으로 유행하는 단어는 '똘레랑스'가 아니다. 무엇보다도 회자되는 단어는 '정체성(identité)'이다. '나는 프랑스에 속하는가?' '문화 · 언어 · 역사 · 종교 · 애국심을 종합할 때 나는 프랑스인인가?' 프랑스 태생이건 이민자건 간에 공교육과 사회교육, 미디어를 통해 프랑스인이 되도록 체계적으로 철저하게 교육된다. 소위 동화(assimilation)정책이다. 프랑스 헌법 1,2조는 이를 잘 압축하고 있다.

1. 프랑스는 분리할 수 없는, 세속적, 민주적, 사회적 공화국이다.
(La France est une République indivisible, laïque, démocratique et sociale.)
2. 공화국의 언어는 프랑스어다. [7]
(La langue de la République est le français.)

국가의 상징은 청, 백, 적의 삼색기다.
(L'emblème national est le drapeau tricolore, bleu, blanc, rouge.)

국가(國歌)는 '라 마르세예즈'다.
(L'hymne national est la "Marseillaise".)

 헌법 1, 2조 모두 프랑스 다민족을 '하나의 국민'으로 만들겠다는 강력한 동화정책의 의지를 담고 있지만, 그 중에서도 1조의 '분리할 수 없는'이란 표현은 동화정책의 끝판왕이다. 이러한 단어가 헌법 1조에 들어 있다는 것이 의미심장하다. 그만큼 잠재적 다민족 갈등으로 인한 국민 분열을 막겠다는 의지의 역설적 표현이다. 프랑스 헌법 1조는 단어 하나하나가 미사여구로 씌여진 것이 아니라, 역사적·정치적 소용돌이, 갈등, 분쟁의 유산으로부터 나온 결과물이라고 할 수 있다.

국민정체성 토론회 개최 광고 (출처 Extimidité)

 한국인들은 프랑스 헌법 2조를 보며 의아해할 것이다. "왜 당연한 걸 헌법에다 못 박지?" 다민족국가에선 이게 당연하지 않을 수도 있다는 사실을 우리는 깨닫지 못한다. 어느 날 갑자기 소수민족·이민자 집단이 다른 언어, 다른 국가, 다른 국기를 들고 나올 수 있다는 것을. 다민족 다문화는 이렇게 복잡하고 어려운 것이다.

한국인들은 국내에서 (국민)'정체성'이란 단어를 자주 말하고 듣고 사는 가? 대부분 아니라고 답할 것이다. 이 또한 정체성을 심각하게 고민할 필요가 없을 정도로 한국인들이 단일민족으로 살아온 증거다. 한국에서 지금 두서없이 진행하고 있는 - 그것도 급진적으로 - 다민족 다문화는 천년 이상 유지돼왔던 민족정체성의 기본틀을 깨는 대변혁 시도다. 이를 밀어붙이는 주동자들과 묵묵히 받아들이는, 아니면 별 관심 없는 일반국민들은 대한민국 국민국가 정체성의 미래를 과연 진지하고 신중하게 생각하고 있는가?

(출처 Slate.fr)

7. 외부인의 눈으로 한국을 바라보라

한국은 외국을 동경한다. 선망한다. 마치 유토피아를 꿈꾸듯 거기에 대한 희망과 기대가 넘쳐난다. 그래서인지 한 세대 전엔 '세계', 요즘엔 세련되게(?) 영어로 바꾸어 '글로벌'과 연결된 단어가 수없이 쏟아진다. 여기엔 과거 왕조시대를 상징하는 쇄국, 은둔에 대한 반발심리 차원의 미묘한 콤플렉스도 깔려있다. 하지만 유감스럽게도 한국인들이 '글로벌'을 외치며 세계에 관심을 가지는 만큼, 세계는 한국에 대해, 싫고 좋고를 떠나, 큰 관심이 없다. 적어도 최근까지는 그랬다. 필자가 프랑스에 체류할 당시, 경험한 바이다. 우리가 프랑스에 대해 알고 관심을 가지는 것의 십분의 일이나 그들은 우리에 대해 알까? 모른다. 심지어 한국이 베트남 옆에 붙어 있느냐고 묻는 사람도 있다. 겨울에 눈이 오는 나라라는 것에 놀라는 사람도 있다. 제3세계 국가들은 주로 더운 기후 속에 산다는 선입관에다가, 그나마 아는 곳은 자기들 과거식민지였던 아프리카와 인도차이나 정도니까.

한국인들이 외부인들의 시각으로 자신을 보아야 하는 이유는 국내에서 '글로벌'을 외치며 자신이 세계와 연결된 듯한 착각에서 벗어나기 위함이다. 그리고 한국이 세계 속에서 어떠한 상황에 놓여있는지 좀 더 자신을 객관적으로 바라보기 위함이다. 프랑스 유학시절, 지정학 특강 중에 해군 출신 강사가 세계지도 속 한국을 가리키며 아시아에서 드물게 기독교(카톨릭, 개신교)비중이 상당히 큰, 흥미있는 나라라고 말했다. 한국에선 전혀 의식도 못하던 사실이, 기독교 문화권의 그들 눈에는 주목할 만한 '사건'으로 비춰진 모양이다. 관심 없는 나라, 한국에서 자신들의 이해관계에 맞는 흥미로운 사건 하나를 발견한 것이다.

한국의 '다문화'는 나라 밖 외부인들에게 어떻게 보일지 궁금하다. 과연 한국 다문화주의자들이 꿈꾸는 것처럼, 세계인들의 다름과 다양성을 인정하고 '글로벌 다문화'를 선도하는 모범국가로 바라볼까? 그들의 공식적이고 진부한 답은 '그렇다'일 것이다. 그러나 그런 한국이 그들에게 '쉽게' 보여질 수 있다는 것을 인식할 필요가 있다. 한국에서 제정되고 시행되는 다문화관련법,[8] 문화다양성법, 국적법, 난민법,[9] 지방선거 외국인 투표권 부여 중에는 아시아는 물론 기존 다민족·이민국가에서도 적용하지 않는 것들이 많다. 다민족·이민국 경험도 없는 '초짜' 한국은 이렇게 급진적이다. 정이 많은 나라, 한국은 이렇게 인심이 후하다.

미얀마 난민으로 한국에 온 소녀의 인터뷰를 라디오를 통해 들었다. 태국에 있을 당시, 한국에 이미 와 있던 난민동료로부터 "한국 살만한 나라다. 빨리 여기로 오라"는 연락을 계기로 한국 땅을 밟게 되었단다. 비록 일부 외국인 노동자들이 계약, 급여문제로 불평을 하고 있으나, 이민자를 포함한 많은 국내 거주 외국인들이 한국인들에 대한 공통평가가 있다. "한국 사람들이 정(情)이 많다"는 것이다. 그건 분명한 것 같다. 다른 나라, 특히 서구국가 출신 또는 서구 거주 경험이 있는 사람들이라면 인정할 것이다.

정만 주고받으면 다 사이가 좋아지는 건가? 한국식으로 말하면, 좋은 게 좋은 걸로 계속 갈 수 있을까? 이민 또는 노동을 위한 외국이주자들의 숫자가 불어나 일정한 집단을 이루면, 정치적·사회적으로 차원이 다른 양상이 일어난다.

가장 크게 떠오르는 것이 '정체성' 문제다. 한 나라에 각각의 민족집단이 가지고 있는 서로 다른 문화, 종교, 습관 등이 따로살이로 공존하면 그나마 다행인데, 세계다민족국가 사례를 보면 대체로 부딪친다. 갈등이 일어나고, 자치권을 요구하고, 더 나아가 분리독립을 외친다. 안 되면 무력투쟁도 불사한다. 이게 다민족국가들의 전반적인 실상이다. 정(情), 다양성 등 넘치는 감성만으로 국가를 유지할 수 없는 이유다. 그럼에도 불구하고, 이러한 성찰과 고려, 국민의 동의도 없이, 국민을 대표한다는 국회의원이 아래와 같은 발언을 하는 것이 적절한가? 그것도 해외언론에.

"한국정부는 한국인들을 더 많이 가르치는 것이 필요하다. 다문화를 받아들이라고…"

"우리는 그들(이민자들)을 한국인이 되라고 강제할 수 없다. 우리는 그들이 어디서 오든, 그들이 무슨 생각을 하든 이해해야 한다."

"문화적으로 순수한 한국인은 결국 (박물관의 박제가 되어) 과거 속으로 사라질 것이다."[10]

그동안 한국은 전 세계적으로 크게 주목을 받지 않는 나라였다. 다른 나라 사람들에게 관심 밖이었다. 최근 들어 한국적 정(情)이 가득한 다문화·다양성 정책이 급진적으로 추진되고, 그 관련법과 난민법 제정, 외국인 편향적인 국적법, 출입국관리법 개정이 국민 동의도 없이 속도를 내는 가운데, 제3세계 국가와 사람들이 한국에 눈을 돌리기 시작했다. '동북아시아에서의 한국'이 그들 눈에 들어오기 시작한 것이다.

외국인 이주자들의 입장에선 중국이나 일본은 완고한 정책과 법으로 인해 들어갈 틈이 없다. 반면, 그동안 관심밖에 있던 한국이 그들이 정착하기에 최적조건을 갖춘 것을 인식한 것 같다.[11] 특정종교의 경우, 주변국에 비해 뜻밖에 (다문화·다양성의 이름으로) 외국인 유입에 적극적인 한국이 동북아시아 포교의 전진기지, 거점 활용으로 최적일 수 있다.

만일 이러한 개연성이 현실이 된다면, 다민족국가의 경험이 전혀 없는 한국은, 이전에는 겪지 못한 새로운 정치·사회·종교적 갈등의 시대가 장차 도래하지 않으리라 장담 못한다. 경험이 없는 만큼, 새로운 충격에 대처마

저 제대로 안 될 수 있다. 긁어 부스럼 만드는 꼴이다. 더구나 국내 민족간·종교간 갈등과 내분이 터지면 이웃나라들의 개입을 불러온다. 이해관계가 첨예한 강대국들이 주변에 포진한 한국은 다른 어떤 다민족국가들보다 복잡하게 꼬이는 상황이 벌어질 수 있다. 이념분쟁이 아니라 민족간·종교간 분쟁이라는 새로운 국면을 맞이하는 것이다. 민족간·종교간 분쟁은 뒷장에서 다시 다룰 것이다.

II. 순진함과 어설픔

1. 영국·프랑스·독일 정상들의 다문화 실패 선언

영·프·독 3국 정상들이 2007년을 전후해서 일제히 '다문화 실패'를 공식 선언했다. 이들이 말하는 다문화는 우리가 이해하는 다문화와 결이 다르다. 유럽국들은 대부분 다민족 구성이다. 다민족 국가가 다문화 실패 선언? 다민족임에도 불구하고 역사적으로 고대 그리스-로마의 정치, 법 전통과 유대-기독교라는 종교문화(judeo-christianism)를 공통적으로 지니고 있다. 이는 유럽의 정체성을 오랫동안 이어주었던 중요한 연결고리다. 이러한 토대 위에서 유럽국가들끼리 오랜 교류가 있어왔고 유럽 안에서 넘나드는 이민자들은 정착국에 큰 무리없이 '동화'되었다. 유럽국가들은 큰 틀에서 이렇게 다민족 일문화가 형성되었다.

서구국가들이 경제적으로 고도성장을 하게 된 5~60년대부터 유럽에도 제3세계에서 많은 노동인력들이 유입되었다. 과거 식민지였던 북아프리카·서남아시아 등 무슬림 국가 출신들이 대부분이었다. 이들이 가족을 동반하여 유럽 해당국들에 정착을 한 뒤, 시간이 흐름에 따라 그들만의 공동체가 이루어지게 된다.

문제는 동화(assimilation)다. 유럽국가 안에서 이슬람 종교문화를 주축으로 한 자기들만의 '공동체'를 고수하는 경향을 보이자, 갈등의 양상으로 나타났고 이는 <u>가치</u>와 <u>규범·정체성</u>의 논쟁으로 확산되었다. 이 세 용어는 유럽에서 중요한 국가적 의제나 이슈가 생길 때마다 떠오르는 쟁점이다.

프랑스 전 대통령 싸르코지의 발언은 이 갈등의 일단을 파악하게 한다.

> 그(사르꼬지)는 "문화적·관습적으로 기독교 국가인 프랑스의 정체성"을 역설하
> 면서 "다양성이란 정체성은 프랑스 국민 정체성을 해체하려는 소수집단들의 전
> 제독재, 그들만의 공동체주의"라고 비난했다.[12]
>
> — 르 몽드 2016. 6.9.

> 그는 2020년 "소수집단들의 전제독재를 경계"하면서 다시 되풀이하여 강조한다.
>
> "공동체주의와 소수다양성 정신은 프랑스에 폐해를 가져올 것이다."[13]
>
> — 2020.1.29.

또한 현 대통령 마크롱(E. Macron)도 같은 맥락에서 발언하고 있다.

> "공동체주의는 종교의 이름으로 (프랑스) 공화국을 타락시키면서 분리하려는
> 시도다"[14]

프랑스에선 2009년, 당시 싸르코지 대통령이 화두를 던진 것을 시작으로 정치권 · 언론 · 학계가 총동원되어 국민정체성(identité nationale) 논란의 소용돌이로 들어가기도 했다.

유럽 주요국들의 '다문화 실패 선언'은 다민족국가이지만 일문화의 전통을 이어오며 살아온 그들이, 동화되지 않는 다른 정체성과 가치·규범을 가진 공동체와는 함께 하기 어렵다는 고백이다.

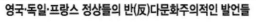

영국·독일·프랑스 정상들의 반(反)다문화주의적인 발언들

데이비드 캐머런 영국 총리(2011년 4월 14일)

"영어를 못하거나 영국 사회에 통합될 의지가 없는 이민자들이 우리 사회에 '불편과 혼란'을 일으키고 있다. 이민자들은 영어를 배워라."

니콜라 사르코지 프랑스 대통령(2011년 2월 9일)

"우리는 이민자들의 정체성에 대해 너무 걱정한 나머지 그들을 받아들인 국가(프랑스)의 정체성을 소홀히 했다."

앙겔라 메르켈 독일 총리(2010년 10월 16일)

"다문화사회 건설 시도는 완전히 실패했다. 다양한 문화적 배경의 사람들이 더불어 사는 '다문화 구상'이 작동되지 않는다."

이에 반해, 한국의 다문화는 개념과 방향성이 없다. "세계 각국의 서로 다른 문화를 가진 외국인들을 다 끌어들여 포용하고 이해하자. 틀림이 아니라 다름이다. 반대자들은 인종주의자들이며 시대흐름의 낙오자들이다." 대략 이런 낮은 단계 수준의 발언들이 대부분이다. 세계 다민족국가들의 정치적 현실, 갈등적 국면, 사상적 대립 등 좀 더 깊은 내면을 들여다보려 하지도 않고 애써 피한다. 깊이 있는 성찰이고 나발이고 다 뒤로 제낀 채, 자신들이 정한 방향대로 직진만 있을 뿐이다. 반대자들은 구태·말종 딱지를 붙여 다 날려버리면 된다는 식이다.

2. 프랑스와 스페인에서 벌어지는 분리주의 운동

한국에선 분리주의(separatism)라는 용어가 꽤나 생소할 것이다. 이런 사태를 겪어본 일이 없으니까. 이것도 역시 한민족이 단일민족의 중요한 근거 중 하나다. 지구상 다민족 국가들 중 상당수가 분리주의 사태를 겪고 있다. 쉽게 말해 한 국가 안의 서로 다른 민족들이 제각각 찢어져 따로 살림(건국) 차리겠다는 거다.

국민국가(nation-State)[15]의 창시국 프랑스도 예외가 아니다. 프랑스야말로 절대왕정시대까지 제각각 흩어져 있던 봉건체체 여러 민족들을, 프랑스 혁명을 통해, '국민국가'라는 이념으로 하나로 통합에 성공한 나라다. 그래서 프랑스 국민은 태어난 것이 아니라 '발명'되었다고 말한다. 국민이 국가를 만든 것이 아니라 (프랑스 혁명 당시) 국가가 국민을 '강제' 통합하여 '발명'한 것이다.[16]

1945년 일본강점기를 벗어난 한국은 정부수립을 선포하는 데 있어서 서로 다른 민족 간 불화로 내홍을 겪은 경험이 없다. 민족 간 불화가 아니라 같은 민족 간 이념적 불화가 있었다. 이는 식민지를 벗어난 제3세계 국가들 중에서 나타난 매우 독특한 현상이다. 이 또한 한민족의 단일성을 보여주는 것이다. 2차세계대전 후 식민지를 벗어난 국가들은 거의 예외 없이 다민족 간 불화로 몸살을 앓고 내전으로 치닫기까지 했으며 이는 현재 진행형이다.

국민국가의 창시국 프랑스도 국가 내의 여러 민족을 하나의 '국민'으로 통합하는 데 프랑스 혁명 이후 100여년에 걸친 노력으로 일정 부분 성공했으나, 여전히 불완전 통합의 잔재는 남아있다. 브르따뉴(La Bretagne 켈트족 민족주의) 분리주의가 20세기 초 한동안 활발하다가 잠잠해졌으며, 코르시카(La Corse)[17]와 바스끄(La Basque)의 분리주의 운동은 60년대에 시작되어 여전히 진행 중이다. 이 두 지역은 평화적 시위가 아닌 무장투쟁을 하고 있다. 까딸루냐는 바스끄처럼 프랑스와 스페인 두 나라에 걸쳐 있는데, 스페인쪽(바르셀로나)에서 최근 격렬한 분리주의 시위가 계속되고 있어 프랑스쪽에도 상당한 영향을 미칠 것으로 예상된다.

설명이 필요없다. 실체를 전혀 모르는 백지상태에선 우선 눈으로 보는 것이 백 배 효과가 있다. 아래 사진과 지도를 보라. 그리고 인터넷에서 관련 동영상도 참고하길 바란다.

브르따뉴 민족주의 깃발 그웨나뒤(Gwenn-ha-du). (출처:나무위키)

코르시카 분리독립 무장단체 FLNC

FLNC에 의한 차량폭파 테러 (Alta Frequenza, 2011.1.21)

프랑스의 다민족 구성

바스끄 분리주의 지도자들

"우리는 스페인인도, 프랑스인도 아니다!! 바스크인일 뿐이다." 바스끄 빌바오에서 분리독립 시위(2007)

바스끄 분리독립 무장단체(ETA) 소행으로 추정되는 스페인 마드리드 열차 테러 사건 (2003, 부산일보)

ETA 소행으로 추정되는 차량 폭파 테러 (Paris Match, 2009.7.29.)

ETA에 의한 차량 폭파로 무너진 건물 전면(2009.7.29.)

까딸루냐 분리독립 시위, 바르셀로나 (The Guardian 2014.9.11)

까딸루냐 분리독립 시위, 바르셀로나 (머니투데이 2017.10.28)

프랑스와 스페인에 걸쳐 있는
바스끄와 까딸루냐.

한국은 거리상 유럽과 멀리 떨어져 있어 아직 이런 분리주의 운동소식
이 체감적으로 전해지지 않고 있다. 우리 언론이 이런 뉴스를 강 건너 불
구경하듯 단순하게 처리하는 탓도 크다. 하다못해 같은 아시아권에 있는
중국, 미얀마, 스리랑카, 말레이시아 등 다민족국가들의 내부 모순과 충돌
을 제대로 심도 있게 조명도 못 하는 한국 언론의 수준이 안타까울 뿐이
다.

온갖 철학과 사상, 제도를 동원하여 국민을 '발명'한 프랑스와 유럽국가
들이 여전히 통합의 불완전함을 보이는데서, 여러 민족을 한 국가에 담는
다는 것이 얼마나 어려운 일인지 깨닫게 된다. 이러한 면을 세밀하게 살피
지도 않고 갖은 미사여구로 포장하여 앞만 보고 돌진하는 한국의 다문화
정책이 장차 어느 지점에서 뒤틀릴지 근심스러울 뿐이다.

3. 프랑스 기존사회와 이민자 공동체의 충돌

1995년 프랑스에서 영화 '증오'(la Haine)가 나왔다. 당시 28세 감독, 마티
유 카소비츠(M. Kassovitz)의 작품. 그런데 작품 출시 한동안 상영이 되지 못

했다. 프랑스 영화관들이 개봉을 꺼려서다. 어쨌든 이 영화로 카소비츠는 그 해 깐느 영화제에서 감독상을 받았다.

(출처 Filmaffinity)

이 영화는 빠리 외곽(banlieue)에 거주하는 세 명의 이민자 2세 청년들(흑인, 마그레벵[18], 유태인) 시각으로 당시 프랑스 사회문제로 떠올랐던 이민자 게토의 실태를 조명했다. 이 영화가 나온 지 10년 뒤인 2005년, 프랑스 전역에서 대형 소요사태가 일어남으로써, 영화는 현실이 되었다. 빠리 외곽(방리유 banlieue)에서 경찰의 추격을 받던 흑인·북아프리카인 10대 청년 두 명이 변전소 담을 뛰어넘었다가 감전사 하는 일이 발생했다. 이 소식이 방송매체를 타고 나가자, 프랑스 전국의 주요도시에서 차량방화시위가 일어났으며 이는 두 달 가까이 지속됐다. 폭동은 2007년 또 다른 원인으로 재연되었다.

(출처 lexpress.fr)

(출처 lemonde.fr) (출처 rfi.fr)

(출처 lemonde.fr)

이러한 대형 폭동은 어느 날 갑자기 일어난 것이 아니다. 1981년 북아프리카 이민자 2세들이 각 도시에서 고급 승용차를 절도하고 방화하는 사건이 터진 것을 시작으로, 1990년 보앙블랭, 1995년 낭테르, 1997년 퐁텐블로, 1998년과 2004년의 투르쿠앙, 2000년 릴과 에손, 2004년 스트라스부르에서 연달아 소요가 일어났다. 그리고 2005년 10월, 국가비상사태가 선포될 정도의 폭동이 발발한 것이다. 사태는 이웃나라로까지 번졌다. 폭동 발발 12일 만에 300여 채 건물과 차량 8,973대가 불타고 2,760명이 체포됐으며 2명의 사상자가 발생했다.

이 사태 이후, 2009년 이민자 공동체를 염두에 둔 국민정체성(identité nationale) 대토론이 정치권·학계·언론에 의해 주도되면서 프랑스 전 국민의 관심을 집중시켰다. 요점은 프랑스 기존 정체성·가치·규범에 동화되지 않는 이민자 공동체 – 특히 북아프리카 출신 무슬림 공동체 – 에 대한 논쟁이었다.

이는 2009년, 어느 날 갑자기 논란의 대상이 된 것이 아니라 70년대 대량 노동자 이민이 생긴 이후 누적된 원주민-이민자간 상호 불만과 갈등의 결과였다. 이들 노동이민자들의 주거를 해결하기 위해 값싼 공공임대아파트(HLM)가 도시 외곽에 대량으로 공급되었고, 주변에 살던 백인 프랑스인들은 다른 곳으로 떠남으로써, 이 주거지역들은 그들만의 공동체로 굳어져갔다. 시간이 흐름에 따라 이민자들의 문화, 종교가 프랑스 사회와 계속 갈등과 충돌을 일으켰고, 결국 2005년 대규모 소요사태로까지 번진 것이다. 무슬림 이민공동체와의 갈등과 충돌은 양상의 차이만 있을 뿐, 프랑스 외에도 유럽국가들 대부분이 겪고 있는 게 현실이다.

2005년 이민자 청년들의 폭동이 일어난 프랑스 주요도시들 (출처 hoaxbuster.com)

이런 사태에 대해 한국의 다문화주의자들과 언론이 주로 하는 논평은 "이민자들의 프랑스 사회에 대한 절망과 분노", "프랑스 치안담론은 권력 강화의 정당성 확보의 도구, 통치기술일 뿐," 그리고 틀에 박힌(stereotyped) 문구 "똘레랑스의 나라 프랑스의 그늘"로 끝을 맺는다. 치유책은 또다시 틀에 박힌 "틀림이 아닌 다름, 다양성 인정", "일자리 제공과 사회복지 강화". 그리고 말미에 빼놓지 않는 말, "다문화 사회로 가는 한국도 예외가 아니다. 이주노동자들과 다문화 가정이 좀 더 한국에 잘 적응하여 정착할 수 있도록 다양성의 강화와 좀 더 넓은 아량으로 포용하자".

다시 말하지만, 사태의 근본쟁점은 정체성·가치·규범의 차이에서 비롯된다. 아량과 포용이라는 감성논란 이전에 프랑스가 역사적으로, 정치·사회적으로 일관되게 유지하고 프랑스 국민들이 고도로 합의한 국민국가의 사상과 제도에 이민자들이 동의하여 적응할 것이냐의 여부를 묻는 것이 중요 쟁점이다. 한편으로 보면 대단히 엄격하고 완고한 시스템이라 할 수 있지만, 프랑스는 자신들의 공화국(republic)·국민정체성 개념을 대혁명 이래 200년 이상 정교하게(sophisticatedly) 다듬어왔다. 이 틀을 흔드느냐 마느냐의 근본문제인데, 여기다대고 '포용' '아량' '틀림과 다름' 등 유아원생 수준의 잣대를 들이미는 건 핵심을 비껴난 '사고(思考)의 가벼움'을 보여준다고 할 수 있다.

한국은 장밋빛 단어를 남발하며 다수 국민들의 무관심 속에, 정치인들과 관료, 관련 사회시민단체들 그리고 언론이 주도하여 다문화 정책을 저돌적으로 밀어붙이고 있다. 해외사례를 들어도 부정적인 면과 폐해는 거의 도외시하고 있다. 해외사례를 인용하고 평가하려거든, 면밀히 관찰하고 깊이 분석하는 좀 더 성찰적 자세를 가지길 바란다.

이 글을 마치려던 중, 2023년 6월 27일, 프랑스 파리 교외 낭테르(Nanterre)에서 교통 검문에 불응해 달아난 알제리계 이민자 2세 10대가 경찰 총에 맞아 숨지면서 폭동이 일어났다 . 폭동은 프랑스 주요 도시로 확산해 일주일 가까이 계속되었으며 방화, 파괴, 약탈로 인한 피해 규모는 2005년보다 더 심각했다.

4. 이슬람 지하디스트의 프랑스 테러

2015년, 2016년은 이슬람 지하디스트들에 의한 프랑스 대형테러의 해였다. 1월 프랑스 빠리에서 발간되던 소규모 주간지, 샤를리 에브도(Charlie

Hebdo)에 무함마드 풍자만평이 실린 며칠 후, 본사사무실에 지하디스트들[19]이 급습, 자동화기를 발사하여 직원 12명이 사망하고 10명이 부상했다.

같은 해 10월, 빠리 바따끌랑(Bataclan)극장에서 지하디스트들의 총기난사로 150명 사망. 이외에도 소규모 테러 사건이 그 해 7건이 일어났다. 다음 해 7월 니스에서 대형덤프트럭이 인도로 돌진하면서 관광객들을 덮쳐 86명이 사망하고 458명이 부상을 당했다.

사태는 프랑스에 국한되지 않았다. 같은 시기 독일과 덴마크에서도 비슷한 양상의 테러가 연이어 발생했다. 그리고 2020년 10월, 빠리 교외 중학교 역사교사 사뮈엘 빠띠(S. Paty)와 니스 노트르담 성당에서 여성노인 참수 사건이 발생했다. 주요사건들만 이렇다. 그밖에 조그만 테러 사건들이 꼬리에 꼬리를 물었다.

샤를리 에브도 테러항의와 희생자 추모시위 "우리는 모두 샤를리다" (Wikipedia)

빠리, 바따끌랑 극장 근처, '라 벨 에퀴프' 식당 밖에 총격 희생자들이 피를 흘린 채 쓰러져 있다. (AP 연합뉴스)

바따끌랑 희생자를 위한 꽃다발과 추모객.　(Courrier international 2015.10.14.)

2016년 프랑스 니스 덤프트럭 테러 희생자들. CNN 방송 화면 (헤럴드 경제 2016.7.15)

사뮈엘 빠띠 추모시위. 빠리 레쀠블릭 광장. (연합뉴스 2020.10.19)

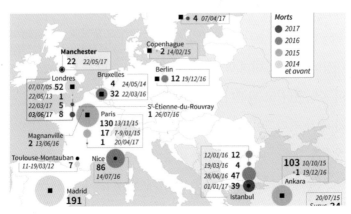

유럽 주요도시에서의 지하디스트 테러와 사망자수 (2012~2017)

2005년 프랑스 국가비상사태를 불러온 전국 방화·폭동시위 10년 만에, 조직적 인명살상테러로 사태가 발전한 것이다. 프랑스에서 이슬람 관련 테러로 인한 사망자는 2012년 이후 260명 이상이라고 〈워싱턴 포스트〉가 집계했다. 해마다 30여명에 이른다. 프랑스 테러범들은 중동이나 북아프리카에서 잠입한 사람들이 아니다. 이민자 2, 3세 청년들이다. 자생적 테러범을 키운 프랑스 사회에 대해 현지에선 논쟁이 뜨겁다.

파리와 니스 등 프랑스에서 끊이지 않고 있는 테러의 범인들은 중동에서 건너 온 이민자들이 아닙니다. 프랑스에서 나고 자란, 프랑스가 키워낸 '프랑스인'들 입니다.(...) 내가 살아가고 있는 장소와 유리되고 격리되어 있다는 불안한 정체 성을 이슬람에 귀의함으로써 치유하고 있는 것이죠. 왜 IS에 투신하는 의용군 가운데 유독 프랑스 출신의 비율이 높은가를 따져 물어야 합니다.
— 68혁명 이후 세속화가 공화국의 위기를 불러왔다,
에마뉘엘 토드(E. Todd)와의 대담, 프레시안 2017.6.10.

토드(E. Todd)는 "68혁명 이후 세속화 근본주의가 교조적으로 프랑스 사회에 작동하면서 종교/세속의 분리벽이 만들어져 세속주의로부터 종교가 배척대상이 되었고, 이의 연장선에서 이슬람이 프랑스 사회에서 배제되는 명분이 주어졌다"고 말했다. 그러한 조건에서 무슬림 공동체가 주류사회로부터 점차 격리되어갔으며, 무슬림 2, 3세들의 주류사회에 대한 반발·저항심리가 자생적 테러의 온상을 만들었다는 것이다.

프랑스는 이민자들의 나라다. 6, 70년대에 북아프리카에서만 이민자들이 들어온 것은 아니다[20]. 유럽 각국으로부터 이민자들이 꾸준히 들어왔다. 그들은 동화되었다. 그리고 2, 3세들은 유치원에서 대학까지 프랑스의 철두철미한 공화국 정체성·가치·규범 공교육을 통해 주류사회에 녹아드는 프랑스인으로 키워졌다. 자의반 타의반으로 형성된 프랑스 무슬림 공동체가 다른 유럽 이민자들과 달리, 주류사회에 섞이지 못하는 딜레마는 에마뉘엘 토드식으로 해명되지 않는 좀 더 복합적 원인이 있다고 본다.[21]

한국은 이러한 골치 아픈 문제들을 오랫동안 겪고 있는 이민국가들의 경험이 없는 나라다. 정체성이란 단어가 정치·사회적으로 별로 쓰이지 않을 만큼, 한국인들은 국민정체성에 별로 고민할 필요 없이 살아왔다. 그러나 다민족 국가로 나라가 바뀌었다고 인식이 드는 그 순간, 정체성의 갈등과 고민은 부각될 수밖에 없으며, 이것 때문에 나라가 시끄러워질 수도 있으며, 국력이 소진될 수도 있다. 긁어 부스럼 만드는 꼴이다. 멀쩡한 살에 일부러 상처를 내는 것과 다를 바 없다. 다문화 정책이란 미명하에, 장밋빛 허상만 앞세우며, 좌고우면하지 않고 내달리는 한국의 이민·외국인 정책은 세계 다민족국가들의 복잡하게 꼬인 내면을 다시 들여다보며 재고할 필요가 있다.

5. 다민족국가는 내전 중인가?

한 국가에 여러 민족이 공존하거나 뒤엉켜 사는 게 지구상 대다수 국민국가들의 실상이다. 국민이란 이들 개별 종족 또는 서로 다른 민족을 하나의 국가에 인위적으로 묶어놓기 위해 만든 개념이다. 그럼 이들 따로국밥 국민들은 한 나라 안에서 사이좋게 잘 살고 있을까? '다문화주의자들'이 한국 다민족 다문화 미래에 대해 '희망적 관측'(wishiful thinking)[22]을 하는 것과는 달리, 절대다수가 사이좋게 살고 있지 못하다.

"다문화국가는 내전 중인가? 대답은 '그렇다' 이다. 스위스를 빼놓고는 내전을 겪지 않는 나라가 없다. 북아일랜드, 카메룬, 꼬뜨디부아르, 콩고, 르완다, 미얀마, 태국 그리고 유고슬라비아 옛 공화국들... 국민동질성이 없는 이 모든 나라들은 무장충돌 또는 내전을 겪었고 지금도 진행형이다."[23]

"세계 인구 95%가 다문화국가에 살고 있다.

(출처 Causa Mundi)

　이들 국가는 사회적으로 서로 다른 종족, 문화, 언어, 종교로 쪼개져있다. 약 40%의 인구가 연방국가에 살고 있고, 60%는 소위 중앙집권국가에 살고 있다. 많은 국가들에서 문화다양성은 거의 화해할 수 없는 지경으로 파편화되어 가고 있다. 베를린장벽 붕괴 이후, 다문화주의는 국가와 국제공동체의 안정성에 끊임없이 위협을 가하는 잔인한 내전으로 인해 근본적 도전을 받게 되었다."[24] 이게 전 세계 다민족 다문화국가의 현실이다. 온갖 낙관적 전망만을 쏟아내는 한국 다문화주의자들의 관점과는 엄청난 괴리가 있다. 한국에서 '글로벌'이란 수식어를 붙여 글로벌 캠페인, 글로벌 교육, 글로벌 다문화 등 온갖 용어가 난무하고 있지만, 정작 세계에서 무슨 일이 일어나고 있는지, 세계를 어떻게 이해해야 하는지에 대한 인지 능력이 한국인들에겐 아직 미흡하다. 대부분의 강대국 또는 선진국들은 국제무대에서의 이해관계 속에서 세계를 들여다본다. 대체로 그들의 세계관엔 낭만, 낙관, 온정은 없다. 그게 나쁘다는 게 아니다. 국제관계 현실을 고려할 때, 합리지향적 태도다. 한국인들은 경험이 부족해서 그런지 아직 이런 관점엔 익숙하지 않다.

'글로벌 다문화'란 거창한 제목을 달고 한국을 다민족 이민국가로 만들 겠다는 목표로 돌진하는 이 나라 엘리트 집단들은 경제 도구주의[25] 관점 과 '착하게 삽시다' 식의 순진함을 벗어나 세계를 보는 다른 눈을 가져야 한다. 세계 다민족국가들은 평화롭지 않다. 과거에도 그랬고 지금도 그렇 다. 그 사례들은 널리고 널렸다. 다만 한국인들이 정보를 많이 접하지 않 았거나, 알아도 너무 피상적 사실만을 알 뿐 내막을 잘 모른다는 것이다.

이미 앞장에서 프랑스와 스페인의 소수민족 분리주의를 다뤘지만, 그보 다 더 심한 내분이 '인종청소'란 오명으로 같은 유럽에서 벌어졌다. 대량 살육을 동반한 20세기 말 유럽 최악의 내전이 벌어진 곳은 유고슬라비아.

1945년 나치의 지배에서 벗어난 직후 결성된 유고사회주의연방은 크로 아티아 출신의 티토가 35년간 통치하다가, 1980년 그의 사망과 함께 연방 이 8개의 국가로 쪼개지는 과정에서 내전의 대참화를 겪었다. 특히 보스 니아-헤르체고비나는 세르비아 민병대의 공격에 의해 대학살극이 벌어 졌다.

1996년 9월18일, 보스니아 스레브니차 학살의 유해발굴 현장. (AP연합뉴스)

폐허가 된 보스니아 수도 사라예보　(출처: 티스토리)

폐허가 된 보스니아 수도 사라예보　(출처: 네이버 블로그)

　아래 지도에서 보듯이, 유고연방 시절, 각 민족들은 6개의 연방에 섞여 살았다. 그들은 한 동네에서, 민족은 서로 달랐지만, 친하게 지내는 이웃들이었다. 그러나 연방이 해체되자 그동안 함께 살던 이민족들간에 서로 다른 이해관계(토지 소유권, 종교 등)가 표면화되면서 급기야 전쟁(1991~1999)으로까지 치닫게 된 것이다.

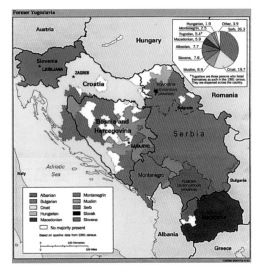

1991년 이전
유고연방의 민족분포
(출처 slivovitzdiaries)

유럽에서 분리주의 내전으로 심각한 또 다른 국가가 영국이다. 북아일랜드 무장투쟁이 그것이다. 카톨릭과 개신교간 종교분쟁으로, 현재 영국령으로 되어 있는 북아일랜드를 되찾고자 하는 카톨릭계 아일랜드 무장단체(IRA)가 20세기 초 결성되어 격렬한 투쟁을 벌이고 있다.

민족·종교·역사 '복합 갈등'이 낳은 북아일랜드 유혈사태

북아일랜드 유혈분쟁의 역사	
17세기	영국 개신교도 아일랜드 이주, 아일랜드 식민화 시작
1919년	무장단체 IRA 출범
1922년	아일랜드 독립, 북아일랜드 영국령 유지, 신구교 갈등 유발
1972년	영국 치안군 구교도에 무차별 총격(피의 일요일) IRA의 보복테러(피의 금요일)
1998년	굿 프라이데이 협정 체결
1999년	북아일랜드 자치정부 출범
2005년	IRA 무장해제 선언
2007년	북아일랜드 공동(가톨릭·개신교파 연합) 자치정부 출범, RIRA 출범
2009년	3월 영국군-북아일랜드 경찰, IRA 분파에 피격

(출처 ; 네이버 블로그)

이 밖에도 러시아 체첸민족의 무장투쟁, 스코틀랜드와 벨기에의 비무장 시위 등 유럽의 많은 다민족국가들이 분리주의 운동으로 몸살을 앓고 있다.

스코틀랜드 분리독립시위(매일경제 2020.1.29.)

벨기에 분리주의 운동 (출처 egloos)

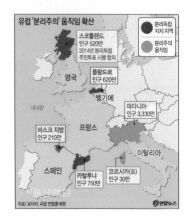

1990년대 체첸전쟁   (출처: 나무위키)

아프리카는 유럽 식민지의 유산과 한 국가 내에 수많은 종족들의 정치적 이해관계가 복잡하게 얽혀 내전이 끊일 날이 없다. 가장 참혹한 종족간 내전은 1994년 일어난 르완다 사태일 것이다. 국제인권단체들에 의하면, 당시 인구 590만 명 중 100만 명이 100일 만에 집단학살을 당했다고 추정한다. 분리독립시위와 무장투쟁, 종족·민족간 살육으로 점철되는 다민족 국가, 아시아라고 예외일 수는 없다. 중국에선 신장 위구르와 티벳이 분리독립 투쟁 중이다. 스리랑카에선 영국식민지 시절 노동력 차출을 위해 인도 남부에서 대규모 집단이주시킨 타밀족(힌두교)과 원주민 싱할라족(불교)이 1980년대부터 무력충돌하여 30년 내전을 겪었으며 아직도 후유증이 가시지 않은 상태다.

민족, 종교갈등 30년 내전 스리랑카 피난민   출처 : 나무위키 (르몽드 2009. 5.17)

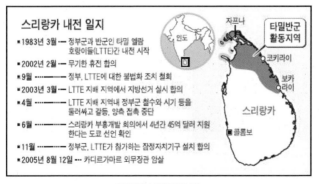

중앙일보 2005.8.15

필리핀(민다나오섬)과 태국에선 이슬람 반군들이 분리독립을 위해 무장투쟁을 하고 있다. 말레이시아에선 영국이 식민 지배 당시, 원주민 부미푸트라 대다수가 농촌에 거주한 상태에서 인도인과 중국인들을 유입시켜 주요 도시의 상권을 장악케하는 원주민 역차별 현상이 벌어지자 1957년 독립 후 원주민 우대, 이민족 차별 정책을 쓰게 된다. 중국계가 대다수인 싱가포르는 1965년 아예 말레이 연방에서 독립하여 떨어져 나갔다.

필리핀 민다나오 모로이슬람해방전선(MILF)반군 (한국일보 2018.11.5.)

태국 이슬람 분리주의 무장군 (Dunyanews 2013. 8. 8)　　　(오마이뉴스 2016.2.4.)

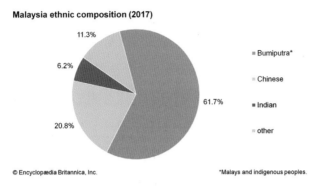

Malaysia ethnic composition (2017)

11.3%

6.2%

61.7%

20.8%

- Bumiputra*
- Chinese
- Indian
- other

© Encyclopædia Britannica, Inc.

*Malays and indigenous peoples.

아시아에서 다민족 구성 국가 최악의 사례는 미얀마일 것이다. 미얀마는 지형상 밀림과 산악이 많은 나라로서, 버마족(68%) 외 134개 소수민족이 서로의 소통이 없이 고립되어 산재해 살아왔다. 영국은, 그들의 전형적

인 식민지배 방식으로, 당시 인도인들(로힝야족)을 끌어들여 소수민족이 다수민족을 대리통치하도록 했으며, 이것이 독립 후 민족간 분란과 무력투쟁의 씨앗이 된다. 오늘날 로힝야족과 소수민족들에 대한 버마족들의 반감은 이렇게 시작되었으며, 국제인권의 상징적 지도자 아웅산 수치가 군부의 로힝야족 탄압에 대해 침묵한 이유도 여기에 있다고 본다.

지난 2월 군부의 쿠데타로 인해 아웅산 수치가 실권하고 미얀마 국민들의 대대적 저항이 일어났지만, 소수민족들은 다수 버마족과 이해관계가 다르다. 이는 단순한 민주주의 대 독재의 구도가 아니다. 소수민족들은 자신들의 근본적 열망인 분리독립을 원하고 있기 때문이다.

2021년 6월 18일 방영한 KBS 시사직격 : '빼앗긴 미얀마의 봄'에 국내 거주 서로 다른 민족 출신 미얀마인들을 모아 좌담회를 열었는데, 그 취지는 군부쿠데타에 맞서 하나의 진영으로 싸우며 민족 간 알력과 갈등이 해소되기를 바란다는 것이었다. 민주주의 대 독재 구도라는 틀에 박힌 고정관념을 가진 한국언론이 미얀마의 복잡한 민족문제를 전혀 이해하지 못하는 순진한 발상이었다. 일민족으로 살아온 한국에서 이런 일을 겪어보질 않았으니 저들 사정이 체감될 리가 없다. 다민족 다문화 국가는 현실적으로 이렇게 어렵고 복잡한 난제를 안은 채 살아가고 있다. 한국이 이런 형태의 국가를 롤모델로 삼아 따라가려고 안달하는 반면, 이들 국가들은 할수만 있다면 이런 다민족 다문화 형태를 벗어나고 싶은 심정일 것이다.

다민족 국가들의 갈등과 분쟁의 실태를 군사전략 분야에서 세계적 권위를 인정받고 있는 'SIPRI 보고서'는 다음과 같이 전하고 있다.

"수십 년에 걸친 냉전의 종식 후, 평화를 유지할 수 있으리라는 국제사회의 희

망을 깨고 최근 십여 년 간 대두되고 있는 전쟁은 바로 내전의 형식을 띄고 있는 인종분쟁. 스톡홀름 전략문제연구소(SIPRI)의 연간보고서에 의하면, 1989년부터 2000년 사이에 일어난 무력 분쟁은 총 111건으로 이 중 7건 만이 국가 간의 전쟁이었고, 나머지는 다민족 국가 내에서 일어난 내전이다. 이러한 내전은 과거의 국가 간의 전쟁보다도 더욱 심각한 양상을 보이며 비참한 결과 초래. 왜냐하면 전통적인 국가 간 전투에서 민간인 사상자들은 전쟁의 뜻하지 않은 부산물이었지만, 탈냉전 시대의 분쟁에서는 사상자 수의 90%이상이 민간인들이기 때문이다. "

- Ted R. Gurr 저, 이신화 역. 『민족 대 국가』, 2003, 나남출판. p.8

6. 다민족국가 민족 간 내분은 외세 간섭의 도화선

다문화주의자들이 다민족 다문화의 미래를 일방적으로 낙관하는 방향(wishiful thinking)으로 몰아가고 있지만, 실제 다민족국가의 내우외환은 다민족 구성만큼 복잡하다. 특히 민족간·종교간 갈등이 일어날 경우, 정부차원에서 내부수습하는 데도 골머리를 앓는 판에, 거기에 더해 특정민족과 관련된 이웃나라까지 개입해서 나라를 혼란에 빠뜨리는 사례가 부지기수다.

2014년 우크라이나에 속해 있었지만 러시아인이 다수 거주하던 크림자치공화국과 세바스트로폴(Sevastopol)은 러시아의 우크라이나에 대한 군사적 압박 하에서, 주민투표에 의해 독립선포와 곧바로 러시아 합병을 선언하였으며 러시아 정부는 이를 승인하였다.[26] 또한, 2014년 1차 전쟁을 겪었던 우크라이나 돈바스 지역에선 이후, 러시아계 주민들과 우크라이나 민족주의자들 사이에 크고 작은 무력 충돌이 끊임없이 이어져왔다.

"돈바스는 우크라이나 동부의 루간스크와 도네츠크 일대를 가리키는 곳으로, 주민은 친러시아 성향이 대부분이다. 돈바스의 친러 성향 주민들은 2014년 3월 러시아가 우크라이나에 속했던 크림반도를 전격 병합하자, 분리·독립을 선포하고 중앙 정부에 반기를 들었다. 러시아의 지원을 받은 분리주의자들은 현재까지 정부군과 산발적인 교전을 이어가고 있으며, 이 과정에서 약 1만4천 명이 사망했다. 돈바스 지역에서 정부군과 친러 반군 간 교전이 격화하는 와중에 우크라이나 국경 인근으로 러시아군 증강 배치가 지속되고 있다."

- 연합뉴스 2021. 4.21

도네츠크의 친러시아 시위대(2014) (출처: 위키피디아)

그리고 마침내, 2022년 2월 러시아-우크라이나 전쟁이 벌어졌다. 본격 전쟁의 원인은 우크라이나의 유럽연합(EU), 나토(NATO) 가입시도라고 하지만, 러시아의 돈바스 점령 명분은 그곳에 사는 러시아계 주민들의 독립요구다. 크림반도와 돈바스 지역은 소련시절 행정적 편의차원에서 우크라이나에 병합된 관계로 러시아계 주민들이 각각 64%, 30%(2014년도 인구 기준) 거주하고 있다.

러시아-우크라이나 전쟁　　　(출처 : 연합뉴스/쿠키뉴스)

2008년 조지아(그루지야)의 압하지야와 남오세티야도 마찬가지 사례다. 이 역시 외교적으로 서방에 접근하려는 조지아를 러시아가 자국 안보 차원에서 막으려는 의도였지만, 남오세티야가 조지아로부터 분리조짐이 보이자 전쟁이 발발했고, 러시아는 러시아계 주민들이 다수인 압하지야와 남오세티야를 지원한다는 명분으로 군대를 보냈다. 전쟁이 끝난 뒤에 남오세티야와 압하지야는 독립국이 되었고, 조지아와 러시아와의 관계는 잠정적으로 단절되었다.

러시아-조지아전쟁(2008) (출처: 연합뉴스)

앞장에서 언급한 유고내전도, 연방시절 세르비아계 민족이 여러 연방에 퍼져 살던 것이 화근이 되어, 세르비아가 그 연방들에 살던 자민족 권리보호를 명분으로 무력침공했다.

134개 소수민족이 사는 미얀마에 2021년 2월 군부 쿠데타가 일어난 이후, 주변국가, 특히 중국의 개입 가능성을 국제사회가 주목하고 있다. 중국은 이미 미얀마 일부 소수민족무장단체들을 지원하고 있다. 그 중에는 중국계 소수민족 반군인 미얀마민족민주동맹군(MNDAA)[27]도 있다.

"(미얀마) 군부와 반군부 세력 및 소수민족 무장단체의 대결이 통제불능의 혼란으로 빠져든다면, 중국의 개입이 예상된다. 이는 미얀마가 다자 내전으로 빠져드는 위기를 조성할 수 있다."

- 한겨레 2021.4.13.

한 국가 내 다민족 분쟁에 외세가 개입, 지원하는 사례는 이 밖에도 비일비재하다.

인도 아솜주에 소재한 최대 반정부 무장단체 '아삼통일해방전선(ULFA)'이 중국 당국의 지원을 받아왔다는 증언이 확보됐다고 인도지 힌두스탄 타임스가 7일 보도했다.(...) ULFA는 지난 20년 간 인도 북동부 아솜 지역의 독립을 주장하며 무장활동을 벌이고 있다. 이 단체와 또 다른 분리주의 단체인 보로랜드국가민주전선의 테러 활동으로 적어도 1만명의 인도 시민이 목숨을 잃었다.

- SOH 희망지성 국제방송, 2010. 3. 21.

다민족 국가에서 민족간·종교 간 싸움이 일어나면, 내부 사태로 끝나는 것이 아니라, 이렇게 외세 개입까지 불러와 자칫 나라 안팎으로 뒤죽박죽 되어버릴 수 있다.

중국의 경우, 청나라 때 각각 보호령과 합병으로 복속시킨 티베트와 신장위구르의 분리독립을 막기 위해 한족들을 이 지역으로 대거 이주시켜왔다.[28] 티베트와 위구르 입장에선 민족정체성에 타격을 입을 수 있는 외부 개입으로 여길 수밖에 없다.

현대에 일어난 일은 아니지만, 사례는 또 있다. 우리에게 너무 낯익은 미국 텍사스(Texas). 텍사스는 원래 멕시코 땅이었다. 1821년 스페인으로부터 독립한 신생국가 멕시코는 1822년 미국으로부터 25,000명의 이민을 받아들여 텍사스를 개간토록 했다. 그러나 31년~32년, 미국 이주민들이 무력으로 멕시코측 세관과 요새 파괴를 시작으로 분리독립을 요구했고, 결국 전쟁이 터져 멕시코가 패했다. 텍사스 공화국은 1836년 독립선포와 함께 주민투표를 통해 미국에 합병할 것을 요구했으나 잠시 보류, 1845년 미국의 28번째 주가 된다. 이를 계기로 미국-멕시코 전쟁이 일어났고 멕시코가 패함으로써 1848년 뉴멕시코, 아리조나, 네바다, 캘리포니아 등이 미국 영토로 편입되었다.

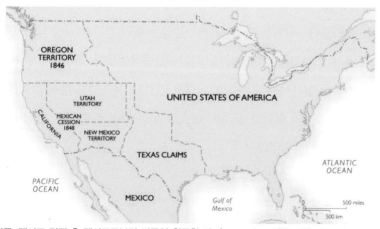

미국-멕시코 전쟁 후 멕시코로부터 미국이 획득한 땅. (image from 'The Mexican American War 1846-48' by Douglas V Meed ⓒ Osprey Publishing, part of Bloomsbury Publishing)

특정국가·지역에 이민, 또는 집단이주가 이루어져 그들이 일정세력을 형성하면 정치·사회적 요구에 더해 외세 개입까지 불러올 수 있다는 것을 위 사례들은 보여주고 있다. 한국은 분단에다가 주변에 강대국들이 도사리고 있어, 다민족 국가가 되어 위와 같은 일련의 사태가 발생할 경우, 주변국들에게 시달리는 강도가 내분을 겪는 다른 어떤 다민족국가들보다 더 심각해질 수 있다는 점을 알아야 한다.

7. "중국은 위대하다? 웃기고 자빠졌다!?"

2008년 베이징 올림픽 성화가 지나가는 세계 주요도시에서 티베트인들의 독립시위가 벌어져 큰 이슈가 된 그때, 서울에서 진행된 성화 봉송퍼레이드 중에도 역시 시위가 일어났고 일부 한국인들이 이에 동조했다. 거리 곳곳에서 유학생을 비롯한 한국 거주 중국인들이 시위자들을 폭행했고, 애국구호를 외쳐댔다.

관련장면 사진, 동영상 공개와 함께 한국언론은 연일 이를 비판하는 기사를 쏟아냈다. 필자도 마침 시내로 볼일을 보러 갔다가 시청 앞과 광화문 앞에서 그 장면들을 목격하게 되었는데, 중국인들이 그 장소를 완전 장악하고 들뜬 상태에서 구호를 외쳐대고 있었다. 목소리를 높여 항의해보았으나, 무리들의 험악한 표정이 답으로 돌아왔다. 주객전도. 마치 남의 나라에 있는 기분이었다.

당시 언론 기사 제목을 보자.

빗나간 민족주의 狂風…지식인들 공개 비판
중국의 광적인 민족주의, 남 탓할 일 아니다

중국은 위대하다? 웃기고 자빠졌다!
"맹목적 중국 민족주의 근원은 왜곡된 교육"
빗나간 중화 민족주의

진중권은 "중국은 위대하다? 웃기고 자빠졌다!"라는 제목의 칼럼[29]에서 난동을 부린 중국인들의 수준을 조롱하며, 난동의 발로가 된 그들의 애국주의를 질책했다.

"완장 차고 시뻘건 깃발 휘날리던 문화혁명 시대의 홍위병도 저랬을까? 여기서 우리는 두 가지를 짐작할 수 있다. 하나는 중국이라는 나라의 수준이다. 나름대로 배워 바깥 물 먹은 유학생들의 국제 감각이 저 정도이니, 나라 밖을 벗어나 보지 못한 인민들의 경우는 말할 필요도 없을 게다.(...)

웬만한 나라에는 그래도 균형추라는 게 존재한다. 한편으로는 머릿속이 저 지경인 사람들이 있는가 하면, 다른 한편으로는 자신들의 모습을 객관화할 줄 아는 사람들도 있다. 그런데 한국에 있는 중국 유학생들 중에, 비록 소수라도, 제 동포들이 벌이는 저 애국적 광란을 창피하게 여기는 사람들이 있을까? 도대체 저 눈 먼 열정의 덩어리에는 브레이크가 있어 보이지 않는다.(...)

그들은 외친다. "중국은 위대하다." 나는 묻겠다. "근데 너는?" 그들은 외친다. "중국은 강하다." 나는 묻는다. "근데 너는?" 웃기고 자빠졌다. 중국은 위대하지도 강하지도 않다. 그냥 스스로도 감당하지 못할 만큼 인구가 많을 뿐이다. 그렇게 많은 인구 개개인의 수준이 어떤지는 당신들이 보여주었다. 그릇된 애국심의 똥으로 가득 찬 그 머릿속 한 구석에나마 창피함을 느끼는 부분은 남아 있을까?

저들은 '주관적으로' 자신들이 중화의 위용을 만방에 과시했다고 믿을 게다. 하

지만 그들이 '객관적으로' 한 일은 제 나라의 수준을 드러낸 것뿐이다. 세계 시
민이 되려면 제 모습을 객관화시켜 볼 줄 알아야 한다. 그게 이 사태에서 우리
가 얻어야 할 교훈이다. 우리 사회에도 맹목적 국가주의가 존재한다. 늘 되돌아
보며 경계하지 않을 경우, 우리도 저들처럼 한심하게 흉악해질 수 있다."

옳은 말이다. 다 좋다. 그런데 한국 인터넷 언론에 일개 칼럼니스트가 중
국인들의 애국주의를 조롱하고 비난한다고 해서 '감당하지 못할 만큼의
인구'가 들어먹을 것이며, 그 수뇌부들은 콧방귀나 뀌겠는가? 결국 이런
자위적 글이 중국인들에게 영향을 주기는커녕, 한국인 독자들에게 오히
려 "저런 짓 한심하니 우리는 그러지 말자"는 자조적 효과밖에 남는 게 없
다.[30] 영향을 주려면 중국 현지에서 목소리를 높이거나 그들 언론, 아니
면 영향력 있는 세계저널에 기고를 했어야지. 결과적으로 상대는 전혀 변
화가 없는데, 우리만 무장해제하자는 꼴이다. 상대적 약자인 한국만.

상대국이, 더구나 우리보다 센 옆 나라가 애국주의와 민족주의를 내세
울 때 일개 필설로 이를 비난해봤자 잔물결도 일지 않는다. 진짜 해야 할
일은 국가가 나서서 내적으로는 주권과 안보의 차원에서, 외적으로는 국
제관계의 현실차원에서 이에 대응할 태세를 갖추어야 한다. 국제정치적
고려도 없는 다민족화의 급진적 추진과 함께, "우리는 그러지 말자"는 식
의 감성적 필설들이 국가 이성을 넘어서는 것은 바람직한 일이 아니다.

"중국공산당이 리더쉽과 합법성을 유지하고 중국내 만성적인 소수민족 문제를
개선하기 위해서는 중화민족주의의 의미를 지속적으로 발전시킬 수밖에 없다.
이와 더불어 중국지도자들은 증가하는 중국의 국내정치적 요구를 잘 이해하고
있다. 그러나 중화민족주의를 대체할 수 있는 또 다른 정치적 도구가 없다면 앞
으로도 중화민족주의를 계속해서 정치적으로 활용할 수밖에 없는 입장이다."

- 김한권, 중화 민족주의의 중국국내적 도전 요인, 국립외교원 외교안보연구소, 2016. 3.

"중국이 시진핑 시대에 들어오면서 중국 내에 중화민족주의가 발동했다. (...) 중국에서 중화민족주의는 하나의 국시다."
- 정덕구 니어재단 이사장 인터뷰, 문화일보 2021.9.2.

한반도 이웃에는 이런 민족주의와 애국주의 기운으로 넘쳐나는 나라들이 포진해 있다. 그것도 한국보다 덩치가 큰 나라들이. 한국이 이들을 비난하고 삿대질한다고 하던 짓 멈추겠는가? 이런 분위기 속에서 한국의 탈민족·다문화주의자들은 바깥세상이 어떻게 돌아가는지도 모르고, 이상의 나래를 펴고 있으니 답답할 뿐이다.

임지현 한양대 교수는 '아래로부터의 지구화와 탈민족적 상상력'이라는 발표문을 통해 신성불가침의 개념으로 여겨지는 '국가주권'이나 임의적이고 배타적인 '국경' 등의 개념에 갇혀있는 상상력을 해방시켜야 한다"고 주장했다.
- 한겨레 2008.01.12.

다문화와 난민에 뜨겁게 덴 유럽은 국경을 닫겠다고 난리다. 영국이 EU를 탈퇴한 이유 중 하나가 밀려들어오는 이민과 난민 때문이었고, 프랑스는 내부 무슬림 공동체 문제로 골머리를 앓으며 이민에 강경한 입장으로 돌아섰다.

"나는 프랑스를 세계화에 물타기 하도록 내버려 두지 않을 것이다. 세계화 속에서도 국경은 매우 중요하다. '국가를 사랑하는 감정'(sentimant national)과 민족주의(nationalisme)를 혼동해선 안 된다. 1995년 대선 대주제는 (공화주의

가치 약화로 인한) 사회분열(fracture sociale), 2007년엔 (공화주의 가치를 실현하는) 일자리(travail), 2012년은 국경(frontières)이다".
- 니콜라 사르코지 프랑스 前대통령, 2012년 대선 유세에서. 르몽드 2012. 4. 29.

한국의 이웃나라뿐만 아니라 유럽 또한 이렇게 자국민, 국경을 강조하고 있다. 한국의 학생·사회 운동권은 과거 80년대 소련과 동구사회주의 말기에 그 끝물을 잡고 열정을 뽐다가 사그라졌다. 또 한 번 세계조류를 역행하며 달릴 텐가? 한국은 덩치 큰 이웃들의 민족주의 열기뿐만 아니라, 남북분단으로 인해 외부적으로 볼 때 그만큼 힘이 반감되어, 응집력을 구축하지 않으면 안 될 조건을 가지고 있는 나라다.

"민족주의적 안목으로 자기 역사를 보는 것은 당연하죠. 중국과 일본, 미국·영국·프랑스도 다 그렇습니다. 특히 강대국에 둘러싸인 한국은 민족주의적 정서가 있어야 나라를 지킬 수 있고, 남북통일도 이룰 수 있어요." 미국의 대표적 한국학 연구자 중 한 명인 존 덩컨(John Duncan·64) 캘리포니아주립대(UCLA) 교수는 "강대국들이 각축하는 '좋지 않은 동네'인 동북아시아에서 한국이 민족주의를 버리는 것은 시기상조"(...)라고 말했다.
- 조선일보 2009. 12. 16.

중국을 말로 글로 메아리도 없는 비난만 할 게 아니라, 그들을 움직이지 못할 바엔 현실적으로 대응태세를 갖춰야 한다. '우리는 그러지 말자'라는 국제모범생식 순진한 캠페인은 상대에게 비웃음만 살 수 있는 자멸적 발상일 뿐, 우리에게 하등 도움이 되지 않는다. 글로벌 트렌드랍시고 온갖 서구용어 끌어다가 현실을 호도하지 말고 이 땅에 발을 딛고 진정한 지혜를 구하길 권한다.

민족공동체의 궁극적 소멸과 해체를 지향하는 진보적 프로그램은 거족적 집단 자살을 부추기는 변태들의 유서일 뿐이다. 西土의 中共오랑캐가 굳이 동북공정에 매진할 필요 없이 우리는 스스로를 착실하게 인종청소하고 있는 셈이다. 서유럽에서 직수입한 이념의 명품브랜드로 중무장한 얼치기 웰빙좌파들의 문화쿠데타는 친미세력의 무역쿠데타보다 민족의 소중한 얼과 고유한 정체성을 온전히 유지하는 데 훨씬 해롭고 치명적이기 마련임을 깨달을 때다.

- 공희준 블로그, 열아홉 진보들

글을 마치면서

프랑스 유학 당시, 임대 기간 만료로 방을 빼고 나가면서 임대인 대행 역할을 했던 부동산 중개소에 임대보증금 반환을 요구했는데, 원래 보증금의 반밖에 돌아오지 않았다. 이유는 퇴거 시 점검하는 집안상태(état des lieux)[31] 때문이었는데, 여러 가지 하자 부분을 열거해서 통지서를 보내왔다.

어이없는 항목이 너무 많아 이를 한 시민단체에 진정했더니, 담당자가 점검항목들을 보고는 실소를 했다. 심지어 거미줄 제거 비용까지! 그러나 적극적 도움은 없었다. 시청 분쟁조정위원회를 찾아가서 사정을 말하자, 담당자가 해당 부동산 중개소에 연락해서 합의조정을 위해 만남 약속을 했으나, 약속한 날짜에 중개소 측은 나타나지 않았다.

시청 측 역시 그 이상 적극성을 보이지 않았다. 그걸로 끝이었다. 결국 내 돈 들여 변호사를 고용하고 1년의 소송 끝에, 정신적 피해보상을 제외한 원금만 돌려받는 판결을 받았다.

이에 대해 프랑스를 원망하고 싶진 않다. 외국에 살다 보면 별의별 일을 다 겪을 수 있고, 별의별 사람을 다 만날 수 있으니까. 시민단체, 행정기관들이 무심할 수도 있다. 그들이 평소 하던 것 이상으로 굳이 외국인들에게 과잉서비스 할 이유는 없으니까.

문제는 한국이다. 외국인 또는 이민자들을 특별히 대우하기 위해 국회가 외국인정책기본법, 재한외국인처우기본법, 다문화사회기본법, 다문화가족지원법 등을 제정한 나라는 대한민국이 세계에서 유일할 것이다. 이를 시행하기 위해 정부 각 부처와 지자체가 각종 특혜와 지원을 남발하는 것은 물론, 229개의 다문화 지원센터가 전국에 산재한 나라도 전 세계에서 한국이 유일할 것이다.

한국의 외국인 정책은 경제도구주의와 온정주의 혼합의 결정체(結晶體)다. 정부와 지자체의 인구감소 대안은 공식적으로 선포만 안 했지, 외국인 대량유입으로 사실상 정해놓은 상태다. 다문화 결혼으로 포장된 국제매매혼 증가, 느슨한 이민, 영주권, 난민 자격심사, 세계 유일의 16개국 지정 외국인 노동자 수입 그리고 느슨한 불법체류자 관리. 이러한 일련의 조치를 통한 출입국관리체제의 사실상 붕괴.

정부를 비롯한 경제계는 전후좌우를 살피지 않은 채, 외국인들을 국내 모자라는 노동력 메우기 등 오로지 채워야 할 머리 숫자로 보고 있다. 도구로서의 인간, 노동력이라는 상품으로서의 인간 숫자가 필요할 뿐이다. 이를 인권, 다양성, 다문화로 포장하는 역할은 언론, 학계, 다문화·난민지원센터를 비롯한 각종 외국인지원단체들의 몫이다. 그것도 한국 특유의 정(情)이라는 온정주의까지 가미해서.

인간은 상품이 아니다. 상품은 무기물로서 숫자로 교역의 대상이 될 수 있지만, 인간은 영혼과 언어와 정체성을 몸에 지니고 있기에 무기질 상품처럼 간단하게 이곳저곳에 옮겨져 합쳐지기 힘든 존재일 뿐만 아니라, 그래서 숫자로만 취급하기 어려운 존재다. 맑스의 '인간노동력 상품화' 비난을 그렇게 신봉하는 좌파진영이 외국인 노동력의 유입을 온갖 미사여구로 포장하여 옹호하고, 그렇지 않은 우파가 이를 반대하는 아이러니를 어떻게 이해해야 할까?

필자가 본문에서 거론한 다민족다문화국가들의 폐해 사례는 정부, 지자체와 다문화주의자들에게 떠들어봤자 눈귀에 들어오지도 않을 것이다. 이미 자기들이 정한 대로 돌진만이 있을 뿐이다. "인구 부족은 머리 숫자 채우기 이민으로!! 노동력 부족은 외국인·난민으로!! 그 후유증? 그런 건 아직 경험도 못 해 봤고, 생긴다면 다음 세대가 어찌어찌 대처해 나가겠지. 당장 현재가 중요해!!"

7·80년대 한국의 높은 출산율을 억제하기 위해 정부가 대대적인 가족계획을 펼쳐 지금 인구감소라는 재앙을 맞이하고, 80년대까지 채식 위주의 식단이 90년대 이후 서구식 육식 식단으로 바뀐 후 그 후유증으로 다시 비건이라는 서양풍 채식으로 돌아오는 것처럼, 노동력을 기반으로 하는 재래식 산업구조는 시간이 지나면 결국 바뀌게 되어 있다. 그것도 머지않은 미래에. 4차산업혁명이라는 과학기술진보 덕에 노동력 수요가 반감되는 세상이 온다. 즉 생산이 아니라 소비(유효수요)가 문제가 되는 경제사회 패러다임 전환이 오는데, 차세대 소비와 인구의 패턴이 바뀔 수 있다는 뜻이다. 한국이 자타가 공인하는 선진국이라면, 이 부분을 면밀하게 연구하여 어떤 체제로 미래를 이끌어가야 할지 고민해야지, 당장 눈앞에 보이는 낡은 틀로 산업과 인구관계를 바라본다는 게 선진국으로서 할 짓인가?

정계, 학계, 언론계, 관련시민단체 등 다문화주의자들이 그들의 주장을 전개함에 있어 의례적으로 외국사례를 거론하는데, 그야말로 해당국가들의 내부사정과 구조를 도외시한 채, 한국여건과 맞지 않는데도 이를 글자 그대로 차용하거나 부정적인 사례는 아예 회피한다. 단적으로, 필자가 본문에 제시한 다민족국가들의 내분·내란사태가 그 예다.

또한, 2000년대 이후 본격화된 다문화 의제 공론장(각종 민·관 토론회, 공청회, 언론토론장)에 반대의견을 가진 세력을 의도적으로 배제하면서,

동조자들끼리 떠들고 합의한 후, 일방적으로 정책입안을 하는 어처구니없는 일들이 자행되고 있다.

　학술적으로 또는 국가적 차원에서 다민족과 다문화의 개념도 제대로 정립하지 않은 채, 인권과 다양성이라는 양념을 가미하여, 인구와 산업노동력 문제를 간단히 해결하고자 하는 의도로 도구주의적 다문화를 밀어붙이는 한, 결국 뒤탈이 날 수밖에 없음을 명심해야 할 것이다.

▣ 미주 ▣

1) Today ninety-five per cent of the world population lives in multicultural states. In these states, society is fragmented into different ethnic groups, cultures, languages and religions. – *Constitutional Democracy in a Multicultural and Globalised World* p511, Springer, Berlin, Heidelberg. https://doi.org/10.1007/978-3-540-76412-0_8

2) 여러 민족이 한 국가 안에 함께 사는데, 각각의 민족들이 문화·종교정체성 또는 경제적 이해관계가 충돌하여 따로 자치국이나 독립국을 만들겠다고 나서는 집단적 정치·무력 행위.

3) 다문화이해교육지도사(결혼이민자 포함)를 양성하여 어린이집, 초·중·고등학교 등 교육기관과 지역아동센터, 경로당 등에도 강사로 파견할 예정으로 성인뿐만 아니라 영유아, 학령기 아동·청소년들까지 대상자별 맞춤교육. 학부모대상 다문화 이해교육. 초·중등 관리자 다문화교육 직무연수. 다문화교육을 위한 관리자의 역할과 자세(를 사전에 지도한다). – 다문화 교육 관련 교육청·구청 지침 자료.

4) 국내 거주 외국인 100만 명 시대. 대한민국 인구의 2%를 차지. 다문화사회 진입한 한국.– 대한민국 정책브리핑 2010.2.18.

5) "OECD는 총인구 중 외국인, 이민2세, 귀화자 등 '이주배경인구'가 5%를 넘으면 다문화·다인종 국가로 분류" – 문화체육관광부, 제1차 문화다양성 보호 및 증진 기본계획 중. 2021.5.

6) 위키백과 정의. 다른 한편으로, 한국사회에서 '국민정체성'이란 단어가 자주 쓰이지 않는 것도 단일민족의 한 증거다. 그만큼 정체성 고민이 필요없었다는 뜻이다.

7) 1994년 프랑스 문화부장관 쟈끄 뚜봉(J. Toubon)은 불어 보호법까지 제정했다. 그의 이름을 따서 '뚜봉법'이라 불린다 (loi Toubon). 이 법의 주요 내용은 프랑스내의 모든 상품과 서비스 광고(지면·영상·음성광고)는 반드시 불어를 사용해야 하고 외국어 광고의 경우, 반드시 불어 번역을 병행해야 한다는 것이다.

8) 이민·다민족국가에선 행정법 개념인 '이민법'은 있어도, 사회학 개념의 '다문화'라는 이름으로 법을 제정하는 나라는 없다. 전 세계에서 한국이 유일하다.

9) 아시아 최초이며 유일하다고 법무부가 자랑한다.

10) She says "the government needs to do more to teach Koreans about accepting multiculturalism". "We cannot force them to be Koreans, we have to understand where they're coming from, and what they're thinking." She says "a culturally-pure Korea will eventually become a thing of the past". – 필리핀계 결혼 이민자 출신 이자스민 전의원의 호주ABC 방송 인터뷰, 2012.11.23.

11) "2018년 예멘 난민 500여명이 제주도로 무작정 입국한 것처럼, 한국은 (외국인들에게) 꽤 괜찮은 나라로 알려졌습니다."

12) Le chef du parti Les Républicains a exalté l'identité selon lui de la France, «pays chrétien dans sa culture et dans ses mœurs». Il a au contraire fustigé les identités au pluriel, «la tyrannie des minorités», et leur «communautarisme», accusé de «dissoudre» la nation. – Le Monde 2016.6.9

13) "Le communautarisme et l'esprit de clan sont nuisibles à la France", a-t-il affirmé, mettant en garde contre "la tyrannie des minorités", – Réforme, 2020.1.29

14) Pour le président Macron, le communautarisme est "la volonté de faire sécession dans la République, au nom d'une religion, mais en la dévoyant". – 위 출처와 같음.

15) 일정한 영토 내에 배타적 주권과 다민족 국가의 경우, 통합된 국민을 가진 국가. 프랑스 혁명 이후 이론적 기틀이 만들어졌으며 오늘날 지구상 모든 국가들이 이 체제를 받아들이고 있다.

16) 참고서적 : L'invention de la France: Atlas anthropologique et politique. Hervé Le Bras, Emmanuel Todd. Gallimard, 2012. (한글번역본 없음)

17) 코르시카 분리주의를 상징하는 구호 : "Corsica is France, but is not French."

18) maghrébin : 과거 프랑스 식민지였던 북아프리카의 모로코, 튀니지, 알제리인을 통칭하는 용어.

19) 지하드는 아랍어로 '항전(抗戰)'을 뜻한다. 이슬람 성전을 위한 전사(戰士)들이 지하디스트다.

20) 프랑스에는 인구의 10%인 약 600만명의 무슬림이 사는 것으로 추정된다.

21) 르몽드(Le Monde)가 2013년 1월에 실시한 여론조사에 따르면, 응답자의 74%가 "이민자가 너무 많다"고 대답했으며 62%는 "프랑스가 더 이상 프랑스답지 않다."고 답변. 이는 사실상 무슬림 이민자들을 의식한 대답이다.

22) "낯섦음은 두려움을, 두려움은 위험을, 위험은 차별을 정당화시킨다. 우리는, 단일 혈통이라는 환상에 지나치게 매달린 나머

지, 타인의 존재를 인색하는데 무척이나 인색하다. 그것은 오랜 역사에 걸쳐 배타적으로 살아온 나머지 다른 사람들과 지내는 법을 배우지 못했기 때문이고, 그들에 대해서 잘 모르기 때문이다. 하지만 두려움이 무지에서 나온다고 믿는 필자, 한국인들도 외국인들에 대해 잘 알게 되면 근거없는 두려움을 벗고, 상대방을 받아들일 수 있게 되리라고 믿는다. 한국인들이 또 마음 하나는 따뜻한 사람들 아닌가?" - 딴지일보 2004. 6. 15.

23) Les pays multiculturels sont-ils tous en guerre civile ?
La réponse est oui ; il n'existe aucun pays multiculturel qui n'a pas connu de guerre civile, à l'exclusion de la Suisse. Des anciennes républiques de Yougoslavie, en passant par l'Irlande du Nord, le Cameroun, la Côte d'Ivoire, le Congo, le Rwanda, la Birmanie, la Thaïlande… Tous les pays, qui ne reposent pas sur une réalité nationale homogène, ont traversé ou connaissent actuellement une situation d'affrontements ou de guerre civile. - CAUSA MUNDI, 2018.12.18. 필자는 '다문화국가' 대신 '다민족국가'가 표현상 맞다고 보지만, 원문을 살리기 위해 '다문화국가'로 번역했다.

24) Today ninety-five per cent of the world population lives in multicultural states. In these states, society is fragmented into different ethnic groups, cultures, languages and religions. Around forty per cent of the world population lives in federal states and 60 per cent in so-called unitary states. In many states the diversity of cultures has led to an almost intolerable fragmentation. Since the fall of the Berlin Wall multiculturality has become a fundamental challenge, with increasingly brutal intra-state conflicts posing a threat to the stability of states and the international community. - Constitutional Democracy in a Multicultural and Globalised World p511, Springer, Berlin, Heidelberg.
https://doi.org/10.1007/978-3-540-76412-0_8

25) 학문, 교육, 이민, 문화, 언어 등을 고유의 특성과 가치 평가보다는 경제적 부가가치의 대상으로만 바라보려는 극단적 실용주의를 말한다.

26) 타타르인들의 땅이었던 크림반도는 소련시절 잠시 러시아 공화국 소속이었다가 흐루쇼프가 공산당 서기장이 되면서 1954년 우크라이나에 행정적으로 편입되었다.

27) "중국은 공식적으로 미얀마의 종족 분쟁에 어떠한 역할도 하지 않았다고 주장하고 있지만, 온라인에서 MNDAA 지지활동을 용인하는 것은 중국과 문화·역사·언어적 뿌리를 공유하는 반군에 대한 관용적 태도라고 홍콩 사우스차이나모닝포스트가 전했다." - 연합뉴스 2016.11.22

28) "중국이 1980년대부터 추진한 한족 이주 정책으로 한족들이 계속 밀려들면서 1949년 6.7%에 불과했던 한족 비율은 현재 50%를 넘어섰다. 2200만명의 신장위구르 인구 가운데 위구르족은 절반에 못 미치는 1000여만명으로 추정되고 있다." - 경향신문 2014.5.22.

29) 프레시안 2008.4.28.

30) 메아리 효과도 없고 변화할 가능성 없는 남을 비난하면서, 이를 빗대 한국인들의 자성을 유도하는 글쓰기 수법은 박노자의 칼럼에서도 자주 보인다.

31) 유럽에선 임대차계약 시, 입주 직전에 집안 점검표에 내부상태를 체크하고 임차인이 퇴거 직전 다시 내부 점검한 후, 입주전후를 비교하여 손상부분이 있으면 보증금에서 그 비용을 공제한다.

2부
—
다문화주의 실패 선언
– 대한민국이 사라지고 있다

다문화주의 실패 선언
- 대한민국이 사라지고 있다

오세라비 작가

'다문화주의 실패 선언- 대한민국이 사라지고 있다'를 펴내며

  - 실패한 다문화주의를 무비판적으로 수용하는 한국 상황을 우려한다. 한국은 노무현 정부 이래 국가 주도 하에 일방적인 다문화주의 찬미론이 득세하고 있다. 유럽은 대규모 이민 행렬과 누적된 난민 사태가 야기한 온갖 문제로 다문화주의는 실패했음을 선언하였다. 이주민들은 유럽 문명에 동화되지도 않았고 자신들의 전통을 포기하지도 않았다.

  한국의 정치계는 물론이요, 특히 좌파진영은 현재와 미래는 다문화시대라는 개념으로 다문화정책을 한층 강화하였다. 이는 지난 10여 년에 걸쳐 좌·우 가릴 것 없이 정치계와 학계, 인권단체, 여성가족부의 다문화주의가 만든 결과이기도 하다. 더구나 맹위를 떨치는 PC주의(정치적 올바름)와 결합한 다문화 담론이 한국사회에 중대한 영향을 미치고 있다. 다문화주의 우군인 학계는 글로벌화 된 세계시민 양성을 위한 바람직한 사회변화라는 말로 마치 공공선인 양 포장을 한다. 이 지점에서 한국사회에 있어 다문화주의가 과연 바람직한가, 또는 다인종, 다문화주의로 인한 여러 문제점에 대한 궁극적인 질문은 빠져 있다.

 본서의 발간 취지도 바로 여기에 있다. 국가 주도하에 전개되고 있는 다문화정책 전반에 따른 여러 문제점에 대해 감히 어떻게 비판할 수 없었다. 하지만 지금은 노골적인 문제제기가 본격적으로 필요한 시점이다. 더구나 2022년 5월 17일 취임한 한동훈 법무부장관은 취임사에서 "이민청 설립 검토를 포함하여 이민정책을 수준 높게 추진해 나갈 체제를 갖추겠다."고 전격 발표하였다. 또한 더불어민주당은 2021년 8~9월까지 국회에서 세 차례 이민청 설립 필요성과 추진 방향에 대한 토론장을 열었다. 세미나의 주제는 외국인정책의 현주소 진단과 합리적 난민정책에 따른 인도주의와 출입국관리, 국가와 지역균형발전을 위한 효과적인 외국인력정책, 외국인 및 이민정책에 대한 국민의 수용성 제고 정책 등이었다. 다문화정책을 기정사실화한 듯하다.

 이런 온정주의적인 인도주의를 내세운 외국인정책의 현실은 어떤가? 정치인, 다문화주의 옹호자들의 다수 여론은 초저출산. 고령화 문제를 이민 정책으로 해법을 찾자고 주장하며 집권여당인 한 국회의원은 "이민이 답이다"라고 단정적으로 주장한다. 이는 우리나라의 고유한 정체성과 자국민 우선과 보호라는 근본적인 문제를 도외시한 채 다문화가족지원, 이민청 설립, 외국인유입정책에 몰두하고 있다. 외국인유입에 따른 종교적 가치관 충돌은 불가피해진다. 초저출산문제 해결은 어디까지나 한국사회에서 본질적인 대책을 찾는 것이 우선이요, 고령화문제 역시 이민자들이라고 예외가 아니다. 서구사회는 이민·난민들의 고령화가 심각해 엄청난 복지 부담을 초래하고 있는 실정이다.

더구나 현재 한국사회의 새로운 재앙이 된 마약사건 가운데 외국인 마약사범은 지난해만 1천6백 명 검거되었고, 3년 사이 3배 가까이 증가하였다. 주로 중국과 동남아 출신 외국인 범죄는 날마다 뉴스를 통해 터져 나오고 있는데 마약 밀반입, 불법도박운영 등 심각한 양상으로 치닫고 있다. 현재의 상황을 감안할 때, 한국인들의 대중적 정서는 시행되고 있는 다문화정책에 대해 비판의식이 점차 고조되고 있다. 공저자 중 한 명인 필자는 한국의 다문화주의는 '다문화 없는 다문화사회'라 규정한다. 여성결혼이민자들의 지원으로 출발한 다문화 정책은 여성가족부가 주도하는 다문화가족지원사업, 다문화가족지원센터, 다문화감수성교육으로 이어지는데 따른 문제점을 서술하였다.

또한 MZ 세대 반중(反中) 정서는 반일(反日)을 넘어섰음을 지적하고 있다. 그리고 미국은 예외적인 다문화주의 모델로서 미국 이민의 역사를 더듬어보며, 현재 비기독교적이고 소수자 우대와 LGBTQ 일색인 미국, 역차별받는 백인 상황에 대해 말한다. 다문화주의로 익사 상태인 독일, 프랑스, 영국의 이민자, 난민 사태 현황을 살펴보았다. 끝으로 다문화의 대륙 유럽 전역을 누비며 이민자들의 현장을 조사하였고, 이제는 유럽의 문명이 자멸의 길로 향하고 있다고 탄식하는 더글러스 머리의 『유럽의 죽음』을 리뷰하였다. 유럽 다문화주의 실패를 반면교사로 삼자!

머리말

- 단일민족에서 다문화사회로, 민족의 해체인가 자기부정인가

한국사회에서 다문화라는 말은 이제는 너무도 자주 쓰이고 익숙하다. 그러나 다문화라는 용어만큼 혼란스럽고 난해하며 때로는 거북한 이름도 없다. 간단히 말해 다른 문화권에서 온 인종도 아우른다는 의미다.

한국사회는 언제부터 다문화라는 말이 일반화되고 대중화되었을까. 다문화라는 담론에 대해 한국인들이 사회적인 인식을 하게 된 시기는 약 15년 전 무렵이다. 다문화라는 용어가 한국인의 삶속으로 진입하여 진행된 시발점은 정부의 주도에 의해서다.

흔히 다문화주의 유형을 말할 때 대표적인 다인종 이민국가인 미국을 꼽는다. 그러나 토크빌의 말처럼 '미국식 예외주의', 즉 미국은 인류 역사상 유례가 없는 예외적이고 특수한 상황에서 건국되었다. 미국은 17세기 무렵 영국 프로테스탄트들의 대거 이민을 시작으로 수천만의 유럽인들이 굶주림, 혁명, 박해에서 벗어나기 위해 아메리카 대륙으로 이주했다. 미국은 민족, 인종, 언어, 혈통, 역사에 기반하지 않은 나라다. 핵심은 자유(freedom)의 가치다. 종교의 자유, 정치적 신념의 자유를 찾아 아메리카 대륙으로 이주했기 때문에 다문화주의의 배경이 우리나라와는 완전히 다르다.

우리나라는 정부가 국정 운영 방향의 일환으로 다문화 대책을 수립하라는 대통령의 지시에 의해서다. 혹자는 보수정권인 이명박 정부에서 다문화정책이 본격화되었다고 주장한다. 이유는 이명박 정부 당시 2012년 19대 국회의원 선거에서 필리핀 출신 이자스민 씨가 새누리당 비례대표로 공천받아 당선되며 한국인과 결혼하여 가정을 이룬 다문화가족이 부각되었기 때문이다.

명확한 사실은 다문화정책의 시초는 노무현 정부 후반기 들어 대통령이 법적 근거를 가진 기구 설치를 지시하면서부터다.

2006년 4월 26일 노무현 전 대통령은 청와대 국정과제회의에서 "다인종·다문화로의 진전은 거스를 수 없는 대세로 억제의 단계를 넘어선 만큼 양적 질적 차원에서 세밀한 대책을 마련하고 지속적인 관리가 필요하다. 각 부처별로 다양하게 제기되는 외국인·이민정책들을 통합 조정하기 위한 법적 근거를 가지는 총괄기구를 설치하라"고 지시했다.

이때부터 중앙정부 주도하에 다문화주의를 표방하는 제도화가 진행되었다. 그러다보니 지자체가 중심이 되어 지역 주민과 다문화가족이 공생하는 게 아니라 공무원 행정과 각 부처 간에 중복 행정 요소가 많다.

- 여성결혼이민자들 지원으로 시작된 다문화

이미 2000년 초부터 국제결혼을 통해 주로 농촌을 중심으로 결혼이주 여성들이 증가하기 시작하였다. 2004년에는 보건복지부에서 최초로 여성 결혼이민자들에 대한 전국적 실태조사를 실시하면서 여성결혼이민자와 자녀들에 대한 적극적인 지원정책이 강화되었다. 바로 여기서 한국 다문화주의의 특징이 성립되었던 것이다. 여성결혼이민자 지원정책은 여성가족부의 주요 사업이 되었고 다문화를 주관하는 주요 부처가 여성가족부가 되었다. 2021년 여성가족부의 다문화가족 전체 예산 규모는 중앙부처 중 압도적으로 많은 3935억 원이다.[1] 향후 다문화가족 자녀 수 증가로 인해 중앙행정기관 및 지방자치단체에서 지출하는 예산은 더욱 확대될 것이다.

여성가족부의 다문화가족지원정책은 이명박 정부 출범 초창기 대두되었던 여성가족부 폐지론에 반발하며 오히려 여성가족부의 권한을 더 강화시킨 결과를 낳았다. 그렇다면 여성가족부가 주도하는 다문화정책 방향이 이대로 좋은가에 대한 비판적 논의가 필요하다.

보다 중요한 관건은 5천 년 역사를 가진 세계적으로 유일한 단일민족국가라는 자긍심을 가진 대한민국의 정체성과 다문화주의가 공존이 가능한가에 대한 의문이다. 한국사회에서 다문화주의의 핵심인 문화적 다양성은 공존하고 있는가, 국가 예산이 투입되는 다문화정책 방향은 옳은가, 다문화주의는 지속가능한 사회통합으로 나아가고 있는가에 대한 비판적 성찰이 무엇보다 요구되는 시점이다. 또한 이주민들은 한국사회에 얼마나 동화하고 있는지도 면밀히 분석하고 평가해야 한다.

그리고 우리나라보다 훨씬 앞서 다양한 민족의 이주민 역사를 가진 프랑스, 독일 등 동화주의 유형을 채택한 유럽 국가들이 왜 다문화사회 건설은 실패했노라고 선언했는지 상세히 검토해야 한다. 한국사회는 다문화 현상에 대한 인식이 무르익기도 전에 어느새 다문화국가 진입을 목전에 두고 있기 때문이다. 다문화 담론에 대한 공론의 장조차도 빈약하지 않았는가. 적어도 우리나라가 다문화사회 실패를 선언한 유럽의 전철을 밟지 말아야 한다.

우리나라도 외국인 인구가 5%에 근접하기 때문에 OECD 분류에 따른 다문화국가에 속한다. 다문화주의자들이 흔히 표현하길 "다양한 꽃밭으로 이루어진 꽃밭이 아름답다"는 식의 다문화주의 찬양론과 다문화가족을 지원하는 복지정책으로 사회통합을 이룰 수 있을까?

초·중·고등학교에서는 범교과 학습 교육의 일환으로 학생들은 다문화교육을 의무적으로 받고 있다.

"우리는 지구촌 한 가족! 자랑스러운 세계시민, 모든 사람은 똑같이 소중해요! 꽃 보다 아름다운 나와 너!, 다르지만 같은 우리, 서로 존중해요! 다름을 이해하기, 국제협력을 통한 지구촌 문제, 내 안의 편견과 차별 없애기." 등 다문화에 대한 긍정적인 키워드로 가득하다.

우리나라에 유입된 이주민들이 다양한 인종 구성보다 중국인이 절반가량 차지하는 현실은 어떤가. 중국인 이주민들의 시민적 권리를 위해 국가는 어디서 어디까지 법으로 보장해야 할까. 무슬림 인구수가 급증하는 유럽 국가에서 무슬림들이 민주적 수단을 통해 국가의 법체계를 샤리아로 바꾸기를 원한다면 어떻게 해야 할까. 이런 문제제기를 던지며 글을 이어나가도록 하겠다.

Ⅰ. 다문화 없는 다문화사회

1. 다문화의 정의

다문화사회, 다문화주의, 다문화가족, 다문화정책 등 다문화로 시작되는 여러 용어들에 대한 본질적 이해가 필요하다. 다문화라는 용어가 우리나라에 일반화되기 시작한 시점은 2007년 제정된 「재한외국인처우기본법」이 2008년 「다문화가족지원법」으로 제정되면서 부터다. 이 시기에 다문화가족이라는 용어도 함께 사용하기 시작했다.

미국·유럽처럼 이민자집단이 대규모로 이주한 것이 아닌, 국내 시골 등지의 만혼 남성들과 국제결혼을 위해 이주한 여성결혼이민자에 대한 지원정책과 복지 서비스 대책으로 출발한 것이 한국의 다문화 특징이다. 그러다보니 여성가족부(이하 여가부)가 주도하는 여성결혼이민자정책이 주요 골자였다. 다문화가족이라는 용어도 이때부터 사용되었다. 2008년 「다문화가족지원법」이 제정되자 보건복지부처에 있던 〈결혼이민자가족지원센터〉가 〈다문화가족지원센터〉로 이름을 바꾸면서 여가부가 다문화 담론을 주도하며 부처의 힘을 키웠다. 여가부의 다문화가족지원 정책에 대해서는 후술하겠다.

서구에서 다문화 용어가 최초로 쓰인 시기는 "1957년 스위스에서 사용되기 시작하여 1960년대 후반 캐나다에서 대중화되었다. 이후 미국·호주·뉴질랜드 등 이민자가 많이 거주하는 영어권 국가에서 빠르게 확산되었다"[2] 그러다 1970년대 이후 세계화 시대라는 개념이 등장하자 서구 사회는 다양한 문화를 존중함과 동시에 국가 또는 공동체가 사회통합의 가치로 지향하는 이데올로기가 다문화주의(multiculturalism)이다. 다문화가족이라 함은 다문화가족지원법에 따라 결혼이주민과 자녀, 귀화자와 자녀로 구성된 형태를 말한다. 다문화사회는 다인종이 그들의 국적, 민족 ,역사적 배경, 문화적 다양성으로 서로 공존하며 혼합된 사회를 말한다.

다문화사회 모델은 크게 두 가지로 나뉘는데 동화주의 모델과 다문화주의 모델이 있다. 동화주의는 민족, 문화, 인종, 종교 등 개인의 특수성을 고려하지 않고 사회에 완전히 동화되어야 한다. 프랑스, 독일, 일본의 방식이다. 다문화주의 모델은 이민자들의 정체성을 인정하고 자유주의, 문화적인 가치의 공존을 지향하는 사회다. 이민으로 형성된 국가인 미국, 캐나다. 오스트레일리아가 여기에 속한다. 캐나다는 1971년, 오스트레일리아는 1973년에 다문화주의를 공식적으로 채택하였다.

우리나라는 동화주의도 다문화주의도 아닌 처음부터 불분명한 상태로 다문화사회로 진입한 케이스다. 여성결혼이민자에 정책을 맞추다보니 다문화가족지원정책이 주를 이룬다. 다문화가족지원사업명은 결혼이민자 통번역 서비스, 다문화가족 영유아 보육료 지원 및 아동청소년 언어, 교육지원, 여성결혼이민자 일자리, 창업 지원, 이민자 농촌정착 지원, 이주민 문화적응 및 교류 지원, 부부교육프로그램 등 사회복지서비스지원에 중점을 두고 있다.

올해 기준 국내 다문화 가구원은 약 109만 명으로 총인구의 2.1%에 해당하며, 총 가구 수는 35만여 가구다. 이런 상황에 내국인 감소는 시작되어 지난해인 2020년부터 인구 데드크로스가 발생되었다. 반면 이민자 2세는 빠르게 증가하고 있는 실정이다.

2. 3년 후 외국인 5.0% 다인종·다문화국가, 중국인 45.2%, 경제적 이민자

한국의 다문화 현상은 국내 체류 외국인 지속적인 증가로 국제결혼이민자, 결혼이민가족자녀, 외국인노동자, 외국국적 동포, 이민자, 귀화자, 취업 혹은 학업을 위한 목적으로 체류하는 자, 북한이탈주민들로 형성되었다. 여기에 난민 지위를 얻어 정착하거나 망명 신청자들 전체를 다문화인으로 규정한다. 우리나라는 올해 222만 명(불법체류자 제외)으로 총인구에서 차지하는 비율은 4.3%이다.[3]

외국인 인구가 가장 많았던 2019년 12월 말은 252만4천656명이었다. 코로나19 장기화 영향과 국제결혼의 감소 등의 이유로 외국인 증가 추세가 일시적으로 감소했다. 국내 거주 외국인의 국적별 구성 비율을 살펴보면 중국동포, 중국인, 베트남, 태국, 필리핀, 미국, 중앙아시아, 캄보디아, 인도네시아, 일본 순이다.[4]

이 추세대로라면 약 3년 후인 2024년에는 다문화 인구 5.0%에 도달한다. OECD는 한 국가에서 외국인 인구가 전체 5%를 넘으면 '다인종·다문화국가'로 분류한다. 법무부는 향후 5년 안에 체류 외국인 규모가 300만 명대 진입할 것으로 예상하고 있다. 이는 전체 인구의 5.8%에 해당한다. 현재 다문화사회로 공식적인 진입은 하지 않았더라도 이미 다문화국가에 근접해 있다고 봐도 무방하다. 그렇다면 한국사회는 다문화인들과 얼마나 동화하고 있고, 문화적 다양성으로 공존하고 있는지 냉정한 진단이 있어야 한다. 인구의 구조상 다문화사회지만 다문화 없는 다문화가 아닐까. 더구나 한국사회는 다문화담론조차 활발히 논의된 적도 거의 없다.

한국인이 체감하는 다문화는 서울 영등포구 대림동이나 경기도 안산시

원곡동 등으로 대표되는 중국인과 조선족 밀집지역의 특성에서 느낀다. 대림동 거주 외국인 중 많게는 80%가 중국인으로 음식점, 식재료를 파는 상점 거리 형성을 통해 다문화 시대임을 인식한다. 서울 서초구 서래마을처럼 프랑스인들이 모여 사는 공동체도 존재하지만, 국내 전체 외국인의 국적은 중국이 45.2%로 가장 많다. 다음이 태국 8.4%, 베트남 8.3% 순이다.[5]

그러나 다문화란 간단히 말해 문화적 다양성이 존재하는 사회인데, 서래마을 카페거리, 중국인 밀집지역의 즐비한 음식점에 특화된 형태를 두고 다문화사회라 부르기는 어렵다. 문화적, 민족적 배경이 다른 국내 거주 외국인들의 개인 정체성이 한국이라는 국가에 대한 기여와 자긍심을 가지고 얼마나 동화되고 있으며 상호협력 관계인지 의문이 드는 것도 사실이다. 다문화 없는 다문화, 이것이 한국의 다문화이다.

Ⅱ. 여가부가 주도하는 다문화가족지원사업, 다문화가족지원센터, 다문화감수성교육

1. 여가부 운영 지원 다문화가족센터 228개소

현재 우리나라의 다문화정책을 쥐락펴락하는 부처는 여가부다. 여가부의 주요 4대 업무 중 한 가지가 다문화가족 업무다. 그래서 다문화 관련 예산 규모가 가장 크다. 예산 관련은 후술하겠다. 여가부는 다문화가족정책의 수립·조정·지원을 한다.

앞서 말했듯 여가부는 노무현 정부 당시만 해도 작은 부처였으나, 여가부 폐지론에 휩쓸렸던 이명박 정부 당시 「다문화가족지원법」이 제정되자 다문화가족지원사업으로 눈을 돌려 부처의 권한을 대거 강화하였다.

대다수의 여성결혼이민자는 우리나라 농촌의 만혼 남성들과 결혼을 했다. 그렇기 때문에 정부 차원의 시혜의 대상으로 다양한 복지 지원을 받는 데서 출발했던 것이 다문화가족정책이다.

예컨대 다문화가족을 홍보하는 TV프로그램에서 보듯 2010년부터 여성결혼이민자 친정부모 초청 행사 사업 등도 다문화주의를 정착시키기 위함이다. 한국 남성과 결혼한 여성결혼이민자의 국적은 중국 36.8%, 베트남 30.5%다. 여가부의 다문화 소관 사업 중 한 가지가 360여개에 달하는 국제결혼중개업을 관리하고 있다.

그러나 다문화인이 증가하는 현실에서 한국 남성과 결혼한 여성 이민자라 해서 사회적 약자도 아닐뿐더러 정부와 지자체의 혜택을 받아야 하는 것은 아니다. 여가부가 여성인권 측면에서 다문화정책을 주도하고 예산을 사용하다보니 다문화적 가치 정립은 뒷전이고 오히려 반다문화 정서마저 일으키고 있다.

여가부는 「다문화가족지원법」 제정 후 전국에 다문화가족지원센터를 설립. 운영하고 있다. 다문화가족지원센터의 설립 취지는 다문화가족의 안정적인 정착과 가족생활을 지원하기 위한 종합 서비스 제공이다. 다문화가족지원센터는 2006년 21개소 설치를 시작으로 2021년 1월 기준 여가부가 운영하는 다문화가족지원센터는 전국 시·군·구 합쳐 총 228개소에 달한다. (다문화가족지원센터 전국 현황: 서울 25/ 부산 14/ 대구 8/ 인천 9/ 광주 5/ 대전 5/울산 5/세종 1/ 경기 31/ 강원 18/ 충북 12/ 충남 15/ 전북 14/ 전남 22/ 경북 23/ 경남 19/ 제주 2개소 현재 운영)

다문화지원센터 업무는 결혼이민자와 다문화 자녀에 대한 한국어 교육, 가정방문 부모 교육, 취업 지원, 이중언어 교육을 한다. 어린이집 이용 등 다양한 복지 서비스에 있어서 우선순위를 주기도 한다. 하지만 지역사회나 시민단체의 참여가 전무하기 때문에 사회·지역주민과는 격리된 채 센터가 일방적으로 제공하는 서비스를 받는 데 그치는 단점도 있다. 지역 주민이 동참하고 있지 않기 때문에 다문화 지원정책 확대에도 한계가 있다는 지적이 나온다.[6]

2. 건강가정지원센터, 다문화가족지원센터 두 기관의 충돌

이러한 다문화가족지원센터의 난립은 다문화정책의 혼선을 가져왔다. 막대한 정부 예산을 사용하는 다문화가족지원센터가 실질적인 다문화가족을 위한 운영을 하는지에 대해서는 많은 비판이 있었다. 예산 대부분이 다문화가족지원센터의 운영비와 인건비 비중이 높아서다. 다문화가족지원센터 운영을 함에 있어 더 큰 혼란은 여성가족부 산하 기관인 한국건강진흥원에서 운영하는 건강가정지원센터와의 충돌이다.

건강가정지원센터가 하는 일을 다음과 같이 소개한다.

"여성가족부가 시행하는 가족정책의 주요 전달 체계로서 다양한 가족지원 정책을 제안 및 실행하기 위해 설립된 기관입니다."

이를 보더라도 건강가정지원센터와 다문화가족지원센터는 중복되는 업무와 그로 인한 행정 낭비가 극심한 기관임을 알 수 있다.

이런 문제점이 부각되자 개선책으로 박근혜 정부는 후반기 무렵 두 기관과의 통합을 추진하였다. 그러자 다문화가족지원센터 관계자들의 거센 저항에 부딪혀 난항을 겪다 최근에는 건강가정지원센터와 다문화가족지원센터가 통합하여 전국 207개 지역 센터가 건강가정지원센터 기관명으로 운영 중에 있다.

나머지 21개소는 여전히 독립된 다문화가족지원센터로 운영하고 있다. 이처럼 다문화가족지원 사업을 놓고 기관들의 내부 주도권 다툼과 부처 이기주의는 누구를 그리고 무엇을 위한 다문화정책인지 의문이 든다. 또한 각 센터마다 업무를 위탁받아 운영하는 복지재단, 각 대학교 산학협력단, 여성인권단체들이 난립해 있어 여가부가 운용하는 막대한 다문화 예산 따먹기가 아닌가 싶을 정도로 복잡한 구조를 가지고 있다.

또한 여가부는 폭력피해이주여성상담소를 2019년 진선미 장관 재임 당시 개소하기 시작하여 현재 9개소를 운영 중이다. 여가부는 향후 폭력피해이주여성상담소를 전국 시도에 확대 운영할 계획이며 상담소 운영비는 국비 50%, 지방비 50%가 지원된다. 이밖에 이주여성긴급지원센터와 지역센터, 이주여성쉼터, 이주여성자활지원센터도 운영하고 있다. 여가부가 다문화사업에 얼마나 주력하고 있는지 엿볼 수 있는 대목이다.

3. 여가부 2021년 다문화 예산 규모 3,935억, 부처별 유사사업 중복

중앙부처 18개 중 여가부의 올해 다문화가족 지원 예산 규모는 3,935억 원으로 압도적인 1위다. 다음으로 교육부, 고용노동부, 중소벤처기업부, 외교부, 보건복지부, 문화체육관광부, 농림축산식품부, 방송통신위원회, 법무부 순이다. 2021년 총 예산은 5,847억원(중앙부처 18개 기관: 4,695억원. 지자체 17개 시. 도: 1,152억원) 으로 해마다 증가하고 있다.[7]

이처럼 다문화가족 정책은 각 부처에 흩어져 있는데다 사업 중복에 따른 행정낭비 등 한마디로 난맥상을 보이고 있다. 예컨대 예산 항목 중 '결혼이민자 사회. 경제적 참여 확대'는 모든 중앙부처에서 동일한 사업 내용으로 각각 예산이 쓰이고 있다. '결혼이민자 사회 · 경제적 참여 확대'에 가장 많은 예산을 지출하는 여가부는 결혼이민여성의 미래설계, 역량 강화, 취업 연계를 위한 자립지원패키지를 운영한다. 또한 결혼이민여성의 취업을 위한 직업교육훈련프로그램 운영과 취업 후 직장 적용에 이르기까지 통합 사례 및 관리 사업을 한다. 이처럼 여성결혼이민자에게 과다하게 집중된 시혜적 차원의 복지 지원은, 정작 우리나라의 밑바닥에 있는 저소득층 여성이나 한부모가정, 조손가정, 미혼모. 미혼부 지원 대책에 비추어보면 오히려 역차별이라는 생각이 들지 않을 수 없다.

4. 다문화 가정에 대한 과잉복지, 과도한 예산 지출 계속 확대할 것인가

2018. 12. KBS에서 다문화에 대한 심층 보도를 하였다. 그중 한 대목이다.

> 시장조사전문기업인 엠브레인 트렌드모니터가 지난해에 다문화 인식 조사를 해봤습니다. 전국의 만 19~59세 성인남녀 1,000명이 대상이었는데요, 다문화 가정의 사회경제적 계층이 어떨 것 같으냐는 질문에 응답자의 54%는 중하층, 29%는 하류층일 것이라고 대답했습니다. 또한 본인이 인종적인 편견이 있다고 "솔직히" 대답한 사람도 64%에 달했습니다. '다문화=못사는 중국/동남아 사람' 이라는거죠.

> 그런데 2015년 여성가족부 조사를 보면, 다문화 가정 10곳 중 4곳은 월평균 가구 소득이 300만 원 이상입니다. 2015년 대한민국 임금근로자의 월평균 소득이 329만 원, 중위소득(전체 근로자를 한 줄로 세웠을 때 정중앙에 있는 사람의 소득)이 241만 원인 것을 고려하면 다문화 가정의 83%가 중하류층일 거라는 편견은 다소 과도한 측면이 있습니다.

"이 보도에 따르면 2015년에 다문화 가정의 절반 가량이 이미 중위소득을 훨씬 넘어섰다. 2021년 현재 다문화 가정의 소득은 더 높아졌을 것이다. 그런데 다문화 가정에 대한 과잉복지, 과도한 예산 지출을 계속 확대해야 하는지 이제는 냉정히 따져봐야 한다. 다문화 사업은 국민들이 내는 세금으로 운영된다는 점을 상기해야 한다". [8]

17개 시도별 다문화가족 예산 규모를 살펴보면 가장 많이 지출하는 지

자체는 경상남도. 강원도. 전라북도. 경기도. 전라남도. 부산광역시. 경상
북도. 광주광역시. 인천광역시 순이다. 지자체 다문화가족 예산도 향후 크
게 증가 일로에 있다. 다문화가족 자녀의 수가 증가하고, 미취학 자녀에
비해 학령기 자녀의 비율이 급증하고 있다. 2019년 기준 다문화가족 자녀
는 약 26.5만 명이다.

5. 다문화가정 학생 수 증가, 농어촌 다문화학생 100% 학교도 있어

전체 다문화가족 자녀 26.5만 명 중 초 · 중 · 고등학교 재학 중인 다문
화 학생 수는 12만 명을 넘어섰다. 그중 초등학생 수는 10만 명을 돌파했
다.(2020년 기준 전국 초중고등학생 558만 4,249 명) 다문화 학생 비율을 보면 서울 대
림동의 한 초등학교는 72%, 경기도 안산 한 초등학교는 90%를 차지하고
있다. 농어촌에는 100% 다문화 학생들로만 채워진 분교도 있다.

전국 초등학생 100명 중 3.4명은 다문화 학생으로, 부모의 국적은 베트
남과 중국(한국계 포함)을 모두 합하면 전체 다문화 학생의 62%를 차지한다.
중국(한국계 포함)인 많이 사는 서울 구로구·금천구·영등포구에 전체 다문화
학생의 30%가 집중되어 있다.

전국 시도 가운데 다문화 초등학생 비율이 높은 지역은 경기도로
22,183명이다 다음은 서울과 경남, 경북 등의 순이다.[9]

교육부의 2021년 다문화교육 예산은 348억 원이다.

6. 여가부의 모든 국민 대상 다문화감수성교육

여가부는 지난해 12월 '다문화가족 포용대책'을 발표했다. 다문화가족의 인권을 보호하고, 사각지대 없는 복지서비스를 제공하겠다는 취지였다. 200만 명이 넘는 다문화인들이 평등한 삶을 누릴 수 있게 하려면 다문화감수성교육이 필요하다는 것이다. 먼저 다문화 업무 담당 공무원의 다문화 감수성을 높이기 위한 교육을 의무화하였다. 이는 여가부라는 정부기관이 다문화주의에 직접 제도적으로 개입하겠다는 의미다. 여가부의 설명을 들어보자.

"교육프로그램은 강의와 체험활동 위주, 희망 학교 중심으로 운영과 다문화감수성교육을 위한 정의·평등(반편견)교육으로 고정관념과 편견이 고착되는 초등학교 고학년들을 주된 대상으로 하는 프로그램이다. 다양성 교육, 정체성 교육과 연계되어 교육적 효과가 최대화되도록 설계되었다. 일상생활 속의 고정관념, 편견, 차별의 메커니즘을 인지하고, 소수자에 대한 편견과 차별을 해소할 수 있는 태도를 함양하는 데 주안점이 주어진다." 라고 말한다.[10]

페미니즘 전성기를 맞아 인권감수성, 성인지감수성 등 감수성 전성시대를 연 여가부답게 다문화감수성교육이라는 새로운 교육 사업 생태계를 만들었다. 대상은 다문화가정 학생과 일반학생, 학부모를 위한 다문화감수성교육 프로그램 운영의 일환이다. 다문화감수성교육은 다문화가정의 학생만 대상이 아니다. 모든 초·중·고등학생들까지 확대하여 전문 강사를 파견하여 이른바 다양성 교육을 실시하겠다는 취지다.

모든 학교에서 연간 2시간 이상 다문화 관련 교과·범교과 활동을 실시하도록 권고에 따라 다수의 초중고등학교에서 다문화감수성교육을 받고 있다. 여가부는 다문화감수성교육 개념에 대해 다시 덧붙인다.

"단일민족과 순혈주의에서 벗어나, 세계화 시대에 걸맞게 문화와 인종에 대한 배타적 태도와 자문화중심주의적 태도를 버리고 세계시민으로서 공동체 의식 함양과 더불어 인류사회를 위한 바람직한 방향으로 행동할 수 있도록 하는 교육프로그램이다."

여가부가 다문화감수성교육을 주창하며 내세우는 다문화주의 개념은 추상적이고 모호하기 짝이 없다. 여가부의 주장대로라면 모든 문화는 평등하다는 가치관과 그것이 세계시민으로서 갖춰야 할 공동체 의식이라는 것이다. 그리고 여기에 반하면 다문화주의에 대한 편견이요, 인종차별이며 국수주의라고 말한다. 그런데 민족과 역사의 배경이 다른데 문화적 주체들이 어떻게 동등할 수 있는가. 다문화라는 이름으로 다민족 정체성을 가진 이민자들을 포용하는 관용적 태도를 자국민에게 요구한다? 그렇다면 우리보다 훨씬 앞서 다문화사회 건설을 받아들였던 독일, 영국, 프랑스는 왜 다문화주의 실패 선언을 했을까?

Ⅲ. 다문화주의 담론을 주도하는 대학교

1. 전국 45개 대학 다문화학과 개설, 다문화사회전문가 자격증 강사 양성

다문화주의자들의 단골 주장은 언제나 문화다양성 공존이 시대의 흐름이라고 말한다. 다문화주의 담론을 가장 적극적으로 받아들이는 분야는 대학교다. 올해 기준으로 전국 45개 대학교에서 다문화교육학과, 이민다문화정책과 등이 개설되어 있다. 45개 대학 중 3분의2 가량은 대학원 과정이다. 국내 대학들이 앞 다퉈 다문화학과를 개설하는 명분은 전 세계가 다문화사회로 급격히 변화하고 있기 때문이라는 이유를 든다.

예를 들면 인하대학교는 다문화 교육과 학술연구 선두주자로 일반대학원 다문화학과(다문화학), 교육대학원(다문화교육전공), 정책대학원(이민다문화정책학) 과정이 개설되어 있다. 또한 대학 부설 〈다문화융합연구소〉를 설립하여 학술행사, 도서발간, 연구수주 및 사업을 선도하고 있다.

대구대학교의 다문화사회정책연구소는 이렇게 소개한다.

"인종, 국적, 종교, 법적 지위, 성적 선호 등의 차이로 인해 개인의 가치와 권리가 침해되지 않는 평화롭고 정의로운 사회를 만들어 가는데 대학의 사명과 대학인의 역할을 다할 수 있도록 최선을 다하고자 합니다."

다른 대학들도 다문화교육, 다문화정책 전공이 주를 이루며, 숙명여자대학교는 대학원 과정에 사회복지전공, 다문화정책 전공을 투 트랙으로 운영하는 학과로 재편제하였다. 특히 다문화사회전문가 2급 수료증을 취득하기 위한 필수과목과 선택과목을 이수하여 다문화사회전문가 자격증을 가진 강사 양성에 집중하고 있다.

이런 추세에 따라 타 대학교 사회복지전공과도 다문화사회전문가 자격증 취득이 새로운 직업 분야가 되었다. 다문화사회전문가 자격증이 있으면 법무부 사회통합프로그램 관련 기관, 외국인근로자지원센터, 다문화가족지원센터, 다문화가정의 한국사회 이해 및 다문화교육 담당자로 취업의 기회가 열리기 때문이다.

2. 출산율 감소, 고령화 문제와 이민 옹호론

알다시피 한국의 합계출산율은 세계 최저다. 2020년 기준 출생아 수는 27만5815명으로 5년 전에 비해 37% 감소했다. 이 추세대로면 올해 그리고 내년을 지나면 출생아수는 20만 명 대 아래로 떨어진다는 계산이 나온다. 국가적인 재앙이라는 말이 과언이 아니다. 2020년 혼인 건수는 21만 4000건으로 전년 대비 2만 6000건이 줄어 10.7% 감소했다. 지난해는 중국발 코로나19 팬데믹의 영향이 혼인율에 영향을 미쳤다하더라도 이런 추세대로라면 혼인건수 20만 대 무너지는 것은 기정사실이다.

혼인을 하지 않으니 지난해 출생아 수가 역대 최저치를 기록했다. 더 끔찍한 사실은 청년 인구 감소다. 2021년 5월 기준 한국의 청년층인구(15~29세)는 879만9,000명으로 전년 동월대비 13만6,000명 감소했다. 한 해 동안 엄청난 청년인구가 증발한 것이다. 이런 상황이 지속되자 한국은 다문화사회 궤도에 올랐다고 주장하는 이들이 이민 옹호론을 펼치며 여론을 형성하고 있다.

한국사회의 다문화 담론은 사실상 대학교에서 주도하고 있으며, 교수들은 언론을 통해 다문화 필요성을 역설하는 칼럼도 활발히 기고한다. 인하대에서 이민다문화정책학을 가르치는 한 교수는 신문에 다문화칼럼을 고정으로 기고하며 〈인구 데드크로스, 이민정책으로 해법 찾자〉라는 제목으로 다음과 같이 주장한다.

"코로나 팬데믹에 우리나라뿐 아니라 전 세계는 골머리를 앓고 있다. 세계는 치료제나 백신이 준비되지 않은 무방비 상태에서 지난 일 년 사회·경제적으로 많은 어려움을 겪었다. 그 여파로 우리나라의 출산율은 인구 유지 수준인 2.1명의 절반에도 미치지 못하는 0.8명 수준으로 급락했고 주민등록인구는 역대 처음으로 마이너스를 기록했다. 이에 정부는 출산율 제고를 위한 다양한 정책을 시행했지만 짧은 기간 내에 회복은 쉽지 않아 보여 인구감소는 더욱 가속화될 것이다. OECD 국가 중 인구감소가 가장 빠르게 나타난 국가는 일본이다. 하지만, 이대로라면 내년에 한국이 그 자릴 차지할 것 같다. 인구감소가 가장 서서히 진행되는 나라는 미국인데 그 이유는 젊은 이민자가 많아서다. 따라서 우리에게 주어진 길지 않은 골든타임 내에 인구 데드크로스 현상을 타개하기 위한 방책을 적극적 이민정책에서 찾자."[11]

3. 이민자들도 고령화는 피할 수 없다

그렇다면 말이다, 글쓴이의 주장대로 우리나라의 인구 고령화와, 자녀를 낳지 않은 문제를 이민자수를 늘려서 해결하는 방식이 옳은가? 먼저 현재 한국의 젊은이들이 왜 결혼을 하지 않고, 출산도 하지 않는지에 대한 분석과 정책을 따져보는 게 우선순위 아닌가. 한국인들이 자녀를 낳지 않거나 너무 적게 낳는 이유는 양육비 부담이 너무 크다. 게다가 좋은 직장을 다녀 연봉이 높다한들 치솟는 주택 가격 상승을 따라잡기는 불가능하고, 장래 일자리도 불안하기 때문이다.

저출산 문제 해결을 이민에 의존할 게 아니라 양육수당 대폭 인상과 집값 안정이 무엇보다 필요한 정책이다. 다문화주의자들의 주장대로 노동력을 이유로 이민자를 받아들여야 한다면, 이민자들의 고령화는 어떻게 되는 것인가. 대거 유입된 이민자들의 고령화 역시 문제가 될 게 뻔하다. 자국민의 고령 인구를 어떻게 경제활동에 활용할 것인지 해법을 찾는 게 먼저다. 수명의 연장으로 건강하고 생산적인 고령인구도 많다. 고령화는 결코 저주가 아님을 인식해야 한다. 저출산·고령화 문제 해결을 위해 이주자를 늘리자는 해법은 죽어가는 환자를 산소 호흡기로 연명하는 것과 다름없다. 우리 사회 안에서 찾아야 한다.

4. 중국인 유학생 44.4% 차지, 대학을 먹여 살린다

학령인구 감소로 2021학년도 신입생 미달 대학이 크게 늘었다. 대학 신입생 미달 인원은 사상 최대인 4만 명을 조금 넘겼다. 특히 지방대는 올해 입시에서 미달이 속출했다.

"올해 대입에서 전국 4년제 대학 200곳 가운데 신입생 미달 규모가 100명 이상인 대학이 30곳이 넘고, 이 가운데 18개 대학은 미달 규모가 200명 이상이면서 정원의 10% 이상 신입생을 뽑지 못한 것으로 나타났다. 18개 대학의 미달 인원(6,812명)은 작년(491명)의 14배 수준으로 치솟았다. 작년 4년제 대학 미달 인원(3,650명)의 약 2배에 달한다. 학령인구 감소 등으로 인한 지방대 몰락 위기가 당

초 예상보다 훨씬 심각하다는 우려가 나온다."[12]

초·중·고교에 다문화 학생이 증가하듯 대학, 대학원에 재학 중인 중국인 유학생 수는 증가 일로에 있다. 2019년 기준 국내 외국인 유학생은 약 16만 명이다. 그중 중국인 유학생이 1천명 이상인 대학은 모두 17곳에 달한다. 2020년 기준 7만 1,067명으로 총 유학생의 44.4%를 차지하고 있다. 중국인 유학생이 가장 많은 대학은 경희대학교로 현재 4,031명으로 1위다. 다음으로 한양대, 중앙대, 성균관대, 고려대, 동국대, 국민대 순으로 모두 2천 명 이상이다. 이들은 한 해 1인당 약 800만 원 학비를 내기 때문에 대학들은 재정적 이유로 중국인 유학생들에게 의존하고 있는 실정이다.

그러다보니 우리나라 대학들이 중국을 의식하지 않을 수 없다. 이를테면 2019년 6월부터 시작된 홍콩 시위가 날로 격화되자 한국외국어대학 재학생들이 홍콩 시위 지지 대자보를 붙였다 학교당국에 의해 무단 철거당한 일이다. 대학본부가 중국인 유학생과 중국 정부의 눈치를 살핀다는 의구심을 떨칠 수 없다. 이것이 우리나라 대학이 처한 현실이다. 중국인 유학생이 없으며 운영이 어렵다는 말이 공공연히 들릴 정도다.

앞서 말했듯 국내 다문화인은 중국인이 45.2%로 절반에 가깝다. 대학교 역시 총 유학생 중 44.4%가 중국인이다. 한국에 이주해온 이주민들은 우리 사회에 동화되고 공존하며 시민의 권리와 의무를 다하는 것이 우선순위다. 다문화는 문화적 다양성이 공존하는 공동체인데, 특정 국가의 민족이 절반을 차지하고 나머지도 동남아시아 민족이 대부분이라면 이것이 다문화사회인가!

IV, 한국 MZ 세대, 반중(反中) 정서 반일(反日) 넘어서다

1. MZ 세대 반중(反中) 정서는 반일(反日)을 넘어섰다

지난해 3월, 지상파 민영방송사 SBS 드라마 한 편이 큰 논란 끝에 단 2회 방영 후 완전히 폐지되었다. 〈조선구마사〉라는 엑소시즘 판타지 사극 드라마로 애초 16부작으로 결정된 작품이다. 초유의 드라마 방영 취소 이유는 도를 넘은 역사왜곡 뿐 아니라 등장인물들의 의상, 음식 등 소품이 온통 중국풍이었기 때문이다. 음식을 담은 항아리나 오리 알, 월병, 중국식 만두 등 누가 봐도 중국풍으로 꾸민 장면 등으로 인해 시청자들의 항의가 빗발쳤다.

한국 고대사를 왜곡한 중국의 동북공정이나 일대일로 프로젝트 등 국내 여론의 악화로 중국에 대한 '반중(反中)'정서가 높아질 대로 높아진 시점이었다. 방송사 · 제작사에 엄청난 경제적 손실을 초래한 드라마의 조기 종영 사태는 한국의 반중 감정의 현실을 상징하는 하나의 사건이었다. 드라마 〈조선구마사〉는 특히 젊은 세대를 겨냥한 작품으로 방영 첫 주 만의 폐지는 MZ 세대의 중국관을 알 수 있는 대목이다. 아이러니하게 문재인 정부가 출범 직후부터 노골적인 친중 정책을 편 것과는 완전히 반대 현상이 일어나고 있다는 사실이다. 중요한 대목은 MZ 세대의 중국에 대한 비호 감도가 일본보다 더 높다는 사실이다.

물론 반중 감정은 MZ 세대만 국한된 것이 아니라 전 세대에 걸쳐 최고치를 기록하고 있다. 이와 관련한 흥미로운 여론조사 두 가지를 소개하겠다. 하나, 지난 6월 25일 국민일보가 실시한 온라인 설문조사에서 국내 MZ 세대가 가장 싫어하는 나라는 중국으로 51.7%를 차지했다. 또한 Z세대(1990년대 중반~2000년대 초반 출생 세대)의 반중정서는 더욱 강해 응답자 60.3%가 가장 싫어하는 나라로 중국을 꼽았다. 일본에 대한 감정은 MZ 세대 31.2%가 싫다고 응답했다.

둘, 시사 주간지 '시사IN'의 여론조사 결과다. 지난 5월 12~17일 동안 전국 만18세 이상 남녀 57만 명을 대상으로 더욱 광범위한 표본으로 설문 조사를 하였다. 결과는 놀라웠다. 중국에 대해서는 매우 부정적(49.3%)과 약간 부정적(26.6%)이 75.9%를 차지했다. 또 한 가지는 중국공산당에 대한 부정적 인식이 81.1%에 달했다.

2. 문재인 정부의 친중주의

문재인 대통령은 2017년 5월 취임 후 그 해 12월에 중국을 국빈방문 하였다. 방문 일정 중 베이징대 연설에서 중국을 가리켜 "높은 산봉우리, 한국은 작은 나라, 중국의 중국몽에 함께 하겠다"고 자국을 스스로 낮추는 저자세 외교 태도를 취했다. 이날은 문 정부의 노골적인 친중 정책의 서막을 알리는 연설이었다. 이후 기회가 있을 때마다 정부는 시진핑 중국 국가주석의 방한에 공을 들였으나 임기가 끝나도록 성사시키지 못했다.

집권 여당 더불어민주당은 2019년 7월에 산하 정책연구원 '민주연구원'이 베이징에서 중국공산당 중앙당교와 교류 협력 추진 협약을 맺기도 했다. 중앙당교는 공산당 학습 기관이자, 당 간부 양성소로 당교를 졸업해야 진급할 수 있다. 이처럼 문 정부는 중국공산당과 과거 어느 정부보다 긴밀한 관계를 유지하려 애썼다.

새해가 되면 정부 여당 주요 정치인들은 중국공산당 기관지 인민일보의 온라인 정보공유 플랫폼 '인민망'에 앞다퉈 새해 인사를 올린다. 이들은 '따찌아하오(안녕하십니까)' '신니엔콰이러(새해 복 많이 받으세요)'라며 중국어로 인사를 전한다. 하지만 국민들은 이런 정치인들의 행태가 너무나 부자연스럽고 보기에 매우 불편한데다 불안감마저 조성했다.

중국공산당 창당 100주년을 맞는 2021년 이를 환영하듯 6월 18~19일 이틀간 제주도에서는 한중경제문화교육협회가 주최한 중국공산당 창당 100주년 기념 사진전이 대규모로 개최되었다. 여당 국회의원들 여럿이 참석 또는 축하 영상을 보냈다.

또 하나 놀라운 장면이 있다. 지난 6월 21일 한국에 살고 있는 일부 조선족(중국에 거주하고 있는 한민족(韓民族) 혈통을 가진 중국 국적 주민) 단체가 중국공산당 창당 100주년을 맞아 기념행사를 열었다.

'중국동포TV 유튜브'를 통해 영상이 공개되며 이 행사는 알려졌다. 이들은 마오쩌둥 재킷이라 불리는 올리브그린색 인민군 복장에 왼팔에는 붉은 완장, 목에는 붉은 머플러를 둘렀다. 이들은 중국공산당을 찬양하며 "우리의 조국은 중국"을 외쳤다. 대부분의 조선족들은 한국에 살며 영주권 취득과 경제활동, 건강보험 혜택과 다문화 정책으로 인한 복지는 누리면서도 중국공산당을 향해 충성을 다짐하는 이중성에 한국인들은 놀라움과 함께 분노를 드러냈다.

이뿐인가. 강원도에 대규모의 차이나타운 건설 추진 계획은 반중 정서와 맞물려 여론은 크게 악화되어 결국 사업을 취소하기에 이르렀다. 문 정부가 지난 4년 넘게 추진한 친중 기조와는 반대로 국민 여론은 반중 정서가 더욱 강해졌다. 문 정부의 중국에 대한 저자세와 중국공산당 정치 체제 그리고 중국인들에 대한 국민의 불신은 깊어졌다.

3. MZ 세대 중국, 중국인 싫다

한국의 초 · 중 · 고교생들은 학교에서 일부 좌파 성향의 정치적인 교사들에 의해 반일(反日) 사상을 교육받는다. 특히 전국교직원노동조합 소속의 교사들은 민족주의를 강조한 역사교육, 친북성향과 반일운동에 적극적이다. 시간을 되돌려 보자. 2019년 7월 초부터 정부여당 정치인들은 급작스레 반일운동에 불을 지폈다. 삽시간에 일본제품 보이콧 운동이 거세게 일었다. 좌파 성향의 정당, 노동조합, 시민단체들은 '노 재팬, 노 아베' 스티커를 거리 곳곳에 붙이며 반일운동을 주도하였다. 이듬해인 2020년 4월은 국회의원 총선거가 기다리고 있었다. 집권당은 정치 전략의 일환으로 반일감정을 도구로 사용하였다. 집권당의 전략은 적중해 사상 최대 총선 압승으로 이어졌다.

하지만 불과 2년 남짓 후, 문 정부의 중국에 치우친 국정운영은 국민들의 반발로 반중 정서만 불러왔다. 사회적 원인에는 다양한 사회적 전개가 있기 마련이다. 반중 정서는 상술했듯 누적된 여러 사건과 특히, MZ 세대의 불신으로 표출되기에 이르렀다. 결정적으로 2019년 중국발 코로나 바이러스와 이듬해 3월 코로나 팬데믹 선언은 MZ 세대의 라이프 스타일에 크나큰 지장과 미래에 대한 불안감을 증폭시켰다.

게다가 한국은 중국에서 불어오는 황사와 미세먼지 때문에 직접적으로 건강상의 위협을 받는 일상을 보낸다. 또 홍콩 사태를 대처하는 중국공산당에 대한 두려움과 함께 부정적 인식을 더욱 키웠다. 그런가하면 어느 틈엔가 한국 사회에 물처럼 스며든 공자학원(공자아카데미) 설립 현황은 어떤가. 공자학원은 공자 사상, 중국 문화 그리고 중국어를 가르치는 목적이 아니다. 표면적으로는 중국문화, 중국어를 가르친다지만 중국 건국의 주역 마오쩌둥 사상, 공산당 선전 기관이다. 현재 한국에는 23개(1개 학원, 22개 대학교 내 설립)의 공자학원과, 국내 중·고교 41개 학교에 설립된 공자학당이 있다. 여기에다 대학교 내 중국인 유학생은 날로 늘어난다. 중국인 유학생이 1천 명 이상인 대학은 모두 17곳에 달한다. 대학교가 중국인 유학생이 없으며 운영이 어렵다는 말이 공공연히 들릴 정도다.

또 중요한 이유로는, MZ 세대의 반중 정서에는 문화적인 요소가 중요하게 작용한다. 한국의 전통 문화인 한복, 김치, 판소리, 심지어 온돌 방식까지 중국의 고유문화라 주장하는 것에 대해 어이없어 한다. 가령 중국의 검색엔진 포털 바이두에는 잘못된 정보가 흔히 발견된다. 부채춤, 아리랑은 조선족 문화이며 김연아, 세종대왕이 조선족 이런 식이다. 여기에는 한국을 중국의 속국으로 보는 시각이 분명히 존재하기 때문이다.

중국은 세계 중심이 되겠다는 원대한 소망과 달리, 중국공산당 100년 통치체제는 세계인들에게 오히려 반중 감정만 불러일으키고 있다. 한국의 MZ 세대 역시 반일 감정을 넘어설 만큼 반중 정서는 날로 깊어지고 있다.

V. 미국의 예외적인 다문화주의

1. 미국은 예외적인 다문화주의 모델, 강력한 국가 정체성으로 묶인 나라

미국은 다문화주의 모델 대표적 국가이다. 미국은 17~18세기에 걸쳐 몇 차례에 유럽 인종이 대규모로 아메리카 대륙으로 이주하여 건설되었다. 그리하여 다민족의 혼으로 세워진 미국은 서구 문명의 지도자가 되었다. 미국 다문화주의는 이민자들의 정체성과 다양성, 다원성이 공존하는 나라를 지향한다. 미국 건국의 특성이자 핵심 가치관은, 토크빌이 정의했듯 종교의 정신과 자유의 정신을 결합한 국가라는 점이다. 미국처럼 대규모 이민을 받아들여 다문화주의 정책을 우선적으로 채택하는 국가로는 캐나다, 오스트레일리아가 있다.

미국 다문화주의 특성은 "1960년 이전의 동화주의 정책과 용광로 개념, 1960년 이후의 문화다원주의 정책으로 구분할 수 있다."[13]

1980년대 들어 미국은 교육기관에서 다문화교육을 강화하고 다문화주의를 채택하여 오늘날에 이르고 있다. 미국의 특수하고 예외적인 다문화주의를 이해하기 위해 이민의 역사를 살펴볼 필요가 있다. 토크빌이 『미국 민주주의』에서 말한 '미국식 예외주의'와 같이 다문화주의 역사도 동일 선상에 있기 때문이다.

일찍이 미국 이민의 역사적 흐름을 프랑스 지리학자 안드레 지그프리트는 자신의 저서『민족의 영혼』에서 일목요연하게 서술한 바 있다. 지그프리트는 이 책에서 '파도'라는 용어로 아메리카 대륙으로 이주한 유럽 인종의 3차에 걸친 대이동을 설명하였다. 미국 다문화주의를 이해하기 위해서는 먼저 이민의 역사를 들여다봐야 한다.[14]

유럽 인종 대이동은 1814~1914년 동안 약 100년에 걸쳐 4천만 명 가량이 대이동을 하였고, 그중 약 3천만 명이 아메리카 대륙에 정착하였다. 이때 흑인, 황색인도 함께 실려 이동했다. 당시 유럽 및 세계정세는 대혼돈 상황이었다.

2. 미국 이민의 역사, 1차~3차 파도

제1차 파도는 17, 18세기(약 1815년 이전까지) 영국 프로테스탄트(칼뱅주의 청교도)들이 미 대륙으로 대거 이주하였다. 이들은 미국 뉴잉글랜드 지역으로 이주하였는데 메인, 뉴햄프셔, 버몬트, 매사추세츠, 로드아일랜드, 코네티컷 6개 주에 정착하였다. 뉴잉글랜드는 영국 식민지로 초기 문화와 산업이 집중적으로 발달하였고 청교도주의에 충실하였다.

※ 매사추세츠 보스턴은 1773년 미국 독립전쟁의 도화선이 된 〈보스턴 티 파티〉 사건 발생. 영국 식민지 시절 무리한 세금징수에 분노한 보스턴 시민들이 영국 정부가 과세한 홍차를 모두 바다에 던져버렸다. 이후 티 파티 운동은 조세 저항 운동의 상징이 되었다.

펜실베니아주 필라델피아는 주로 퀘이커 교도들이 이주한 지역이다. 퀘이커란 말뜻은, 칼뱅주의자들로부터 '덜덜 떤다'라는 조롱을 받았음에도 스스로 퀘이커교도라 지칭했다. 퓨리턴과는 다른 개혁종교파로서 영국을 비롯한 유럽에서 박해를 받았다. 칼뱅의 원죄설과 구원예정설을 믿지 않으며, 회개하고 신을 따르면 모두 구원받을 수 있다는 교파다. 제1차 파도

시기 이주자들은 아메리카 대륙의 개척자로서 열정과 칼뱅주의 퓨리턴 금욕주의 경향이었다.

제2차 파도는 1815년부터로 특히 1840~1880년은 수천만의 유럽인이 이동을 했다. 당시 유럽대륙의 굶주림, 공산주의혁명, 박해에서 벗어나기 위해 종교의 자유 및 정치적 신념의 자유를 찾아 아메리카 대륙으로 이주했다. 또 대부분 죄를 선고받은 사람들이 많았다. 토크빌은『미국 민주주의』를 출판하기에 앞서 여행의 목적이 미국의 죄수와 감옥 제도를 연구하기 위하여 방문하였으나, 이주자로 구성된 미국 민주주의가 특수하고 예외적인 가치에 기반하고 있다는 것을 알게 되었다.

제2차 파도 시기에는 주로 영국인, 스코틀랜드인이 대다수였으며 이후 독일인, 아일랜드인, 스칸디나비아인, 유대인이 이주했다.

※ 미국은 초기에는 근본적으로 앵글로색슨 색채가 강했지만, 점차 비영국화 경향을 띄었다. 또한 독일인이 대거 이주함에 따라 조직체계와 법체계는 게르만적인 성실함으로 제도화되기 시작했다. 독일 게르만인은 미합중국 세력의 구심점이 되어 프로테스탄트 세력화를 막으며 비영국화가 되는데 영향을 미쳤다. 미국은 이때부터 초기 프로테스탄트적인 경향에서 벗어나 큰 변화를 가져왔다. 대도시는 아일랜드인, 가톨릭교도가 장악했으며 유대인은 돈에 대한 활발한 탐구심으로 금융 분야에 두각을 나타냈다.

제3차 파도는 1880~1914년까지 이민 행렬로 이 시기에 약 2천 3백만이 아메리카 대륙으로 이주했다. 제3차 파도 시기는 앵글로색슨이 아닌 주로 동유럽 슬라브인, 라틴인과 지중해 등지에서 온 이민자들이 약 77%를 차지했다. 이들은 구대륙의 수준 낮은 생활에서 벗어나 고임금을 찾아 아메리카로 이주한 경제적 이민자가 주를 이루었다. 제3차 파도 이후 선박회사나 이민단체를 이용한 조직적인 이민이 증가하였다. 대부분 빈민층 가톨릭교도들로 뒷골목에 몰려 생활하였는데 이탈리아인, 그리스인 등이다.

이로써 약 100여 년 간에 걸친 이민자 행렬로 미국은 인종의 용광로가 되었다. 그렇지만 도시의 문화는 이민자들이 가진 정체성에 따라 특색을 갖추었다. 예를 들어 퓨리턴 문화가 스며있는 보스턴과 뉴잉글랜드가 있는가 하면 독립전쟁 전의 남부 스타일을 풍기는 볼티모어와 뉴올리언스가 있다. 또한 퀘이커 교도 전통을 지닌 필라델피아와 프랑스와 지중해 라틴계가 혼합된 샌프란시스코 등 지역에 따라 음식 문화에도 차이가 있다.

이처럼 미국의 건국은 토크빌이 『미국 민주주의』에서 서술한 대로 우연적이고 특수한 상황이다. 유럽에서 온 이민자들이 정착하며 발전하였고, 인접국가에 적이 될 가능성이 있는 국가가 없었다는 점이다. 미국은 성숙한 문명의 모든 기술적 장비를 갖춘 유럽의 이민자들이 아메리카 대륙의 무한정한 공간에 정착하여 창조한 사회라는 것이다. 따라서 미국은 귀족이 없었고, 산업적 활동이 곧 사회적 명성과 일치하는 아메리칸 드림을 실현하는 땅이었다.

미국의 여러 법률과 관습, 예법은 퓨리턴 이민자들의 가치관과 특히 그들이 가진 평등과 자유가 핵심으로 첫 이민자들의 특성을 보존한 나라이다. 그렇기 때문에 법치주의가 발달하였다.

3. 갈색이 되는 미국, 18세 미만 아동 절반 이상 비백인

다인종 이민자의 나라로 건국이 된 미국은 오늘날 위험에 처해 있다. 문제의 핵심에는 인종 정체성 갈등이 있다. 1960년대만 하더라도 백인 인구는 84%를 차지했고 나머지는 주로 흑인이었다. 60년 이후로 이민자는 주로 아시아, 남미, 히스패닉의 폭발적 증가였다. 이제 미국의 피부색은 백인이 아니라 갈색이 되고 있다. 미국은 다인종, 다문화가 공존하는 나라에서 역사상 전례가 없는 분열의 순간에 직면해 있다. "미국 역사상 최초로 백인이 자신의 나라에서 소수자가 될 전망에 처한 것이다."[15]

예일대학교 로스쿨 교수인 에이미 추아는 자신의 저서 『정치적 부족주의』에서 미국의 인종, 민족, 분파 간 분열과 불평등 문제가 부족주의로 후퇴하고 있으며 분쟁과 갈등으로 미국이 찢기고 있다고 신랄하게 지적한다. 그것은 바로 정체성 정치로 "좌파는 우파 부족주의(극심한 편견, 인종주의 등)가 미국을 갈기갈기 찢고 있다고 생각하고 우파는 좌파 부족주의(정체성 정치, 정치적 올바름 등)가 미국을 갈기갈기 찢고 있다고 생각한다. 둘 다 맞다."[16]

"미국의 피부색은 갈색이 되고 있다. 인구가 가장 많은 두 개의 주 텍사스와 캘리포니아는 이미 백인이 다수가 아니며, 뉴멕시코, 하와이, 워싱턴 DC같은 도시, 또 수백 개의 카운티도 그렇다. 2020년이면 18세 미만 미국 아동 중 절반 이상이 비백인일 것으로 예상된다."[17]

미국 인구총조사에 의하면 백인이 미국 인구에서 다수가 아니게 되는 시점이 2044년으로 예상한다. 또한 이민자 중 아시안이 히스패닉을 능가하며 미국인은 '갈색'이 아니라 '베이지'가 되고 있는지도 모른다고 한다.

4. 비기독교적이고 소수자 우대와 LGBTQ 일색인 미국, 역차별 받는 백인

미국에서 오늘날 대다수의 백인들은 위협을 느끼고 있다.

"백인 노동자 계급의 3분의 2는 '오늘날 백인에 대한 차별이 흑인이나 다른 소수 집단에 대한 차별만큼 큰 문제'라고 생각한다. 사실 상당수의 백인 미국인이 '흑인에 대한 인종주의보다 백인에 대한 인종주의가 더 심하다고 생각한다."[18]

미국을 휩쓸고 있는 정치적 올바름은 백인 중 특히 저소득층, 노동자 계층 백인은 위협을 느끼고 있다. '흑인의 목숨도 소중하다 (Black Lives Matter: BLM)'라는 사회적 운동에서 백인은 차별철폐조치의 혜택을 받지 못하고 있다고 믿는다. 가난한 노동자 계급 백인은 다양성, 다문화주의가 백인들에게 불리하고 이들의 삶을 불안하게 하고 실제로도 그렇다.

"가난한 노동자 계급 백인은 다른 인구 집단에 비해 실업률과 약물 중독자 비율이 가장 높은 축에 속한다. 심지어 고졸 이하인 백인들 사이에서는 기대수명도 줄고 있다."[19]

게다가 미국 명문대들의 다양성 촉진 정책으로 인해 백인들의 명문대 진학률도 감소하고 있다고 한다.

"예일대학교의 경우 2019년 졸업 예정인 로스쿨 학생 약 200명 중 가난한 가구 출신 백인은 1명뿐이었다. 노동자 계급 백인, 특히 보수적인 주 출신의 백인 기독교인은 미국의 명문 대학 학생 중 인구 비례 대비 숫자가 가장 적은 집단이다."[20]

그러니까 다양성, 다문화의 나라 미국에서 가난하고 기독교인인 백인 계층은 역차별을 받고 그로 인해 희생되고 있다는 것이다. 이런 반발이 2016년 대선에서 트럼프의 승리에 큰 영향을 미쳤음을 부인하기 어렵다.

좌파의 정체성 정치는 계속해서 집단을 가르고 있다. 정체성 정치의 형태인 페미니즘, 인종문제, 동성애권리운동은 또 다른 집단으로 분화가 이루어지고 있다. 그리하여 모두가 억압, 차별, 성 차별을 당한다고 느낀다. 성소수자는 LGBT에서 포함범주를 계속해서 넓히다 보니 LGBTQQIAAP 까지 이어진다. (LGBTQQIAAP: Lesbian, Gay, Bisexual, transgender, Queer, Questioning, Intersex, Allies, Asexual, Pansexual의 머리글자)

바이든 대통령은 당선 직후 "남성이 스스로 여성이라고 생각하면 여성과 함께 경쟁할 수 있다."는 행정명령에 사인을 했다. 미국은 코네티컷 주한 고등학교 육상부에서는 남자가 여자로 성전환수술을 하여 여자 육상경기에 출전하여 15번 우승을 하였다. 육상부 10명 중 2명이 트랜스젠더였다. 여자 선수들은 대학진학 기회를 박탈당했다. 신장이 190cm에 달하는 트랜스젠더가 165cm 여자선수와 경쟁하는 것에 대한 공정성이 제기되었다.

그러나 바이든이 임명한 교육부장관은 "교육시스템과 기관들은 트랜스젠더를 포함한 모든 학생들의 권리를 존중해야 한다. 트랜스젠더 학생들도 다른 학생과 동일하게 특별활동에 참가할 기회가 주어져야 한다."라고 답변했다. 성소수자 존중은 글로벌한 어젠다가 되었다. 2020년 다보스포럼(세계경제포럼)에 모인 글로벌리스트들은 7대 분야 어젠다 및 대응방안을 발표하였다. 그중 사회분야에 젠더(Gender) 담론을 설정하여 성소수자의 자유를 향상시키는 의제가 포함되었다.

다문화의 대륙 미국은 이처럼 인종, 성 정체성, 민족 분파 간 분열로 갈등이 깊어지고 있다. 백인, 흑인, 아시안, 히스패닉, 라티노 멕시칸 등의 다양한 인종과, 다양한 성 정체성을 가진 성 소수자 집단 모두 억압과 차별 혹은 역차별을 당한다고 주장한다. "백인 남성에 기독교인이며 이성애자면 지구 최악의 악당인가?" 라는 자조적인 말을 한다. 또 "흑인 여성이며, 레즈비언이고 무슬림이면 최고의 약자인가?" 라는 말도 있다. 정치적 올바름은 결국은 모두를 패배자 또는 패배주의에서 벗어나지 못하게 만든다.

다문화의 대륙 미국이 이룬 역사와 위대함이 흔들리고 있음은 명확하다. 백인들은 차별받고 위험에 처해 있다고 인식한다. 건국의 핵심 가치관인 '자유'가 위험에 처하고, 책임과 권리에 기반 한 개인주의의 가치 또한 사라지고 그 자리에는 집단과 집단 간의 대립, 집단은 또 다른 집단으로 분화하며 분열에 직면해 있다. 다인종, 다문화와 모두가 자유로운 땅 미국은 인종 부족주의로 갈가리 찢기는 위기에 처해 있다 해도 과언이 아니다.

VI. 다문화에 무너지는 유럽

"다문화주의는 본질적으로 유럽 문명에 반대하는 것이다. 그것은 기본적으로 반서구 이데올로기다." - 새뮤얼 헌팅턴

"한동안 기독교의 하류에 있었던 유럽 사회가 닻이 완전히 풀려 떠내려가거나 전혀 다른 해안선으로 끌려갈 가능성이 농후하다." - 로저 스크러턴[21]

1. 독일, 늦어버린 다문화주의 실패 선언

서유럽 국가들이 이민자를 대거 받아들이기 시작한 시기는 2차 세계대전 후 산업복구를 위해 노동력을 필요로 하면서부터다. 독일 역시 2차 세계대전 후 경제복구를 위해 외국인 노동자를 받아들이면서 다양한 이주자 사회가 형성되었다. 그랬던 독일에서 2010년 10월 앙겔라 메르켈 독일 총리는 집권당 기독민주연합 청년 당원 모임 중 "다문화사회 건설은 완전한 실패로 끝나고 말았다."고 선언했다.

독일은 어째서 다문화주의에 대한 정치사회적 실패를 공개적으로 인정했을까. 다인종이 모여 더불어 행복하게 잘 사는 다문화사회는 불가능하다고 선언한 이유는 어디에 있을까. 2010년 독일에는 폭탄과도 같은 책이 출간되었다.

독일의 전 상원의원이자 독일연방은행 이사인 틸로 자라친이 『독일이 사라지고 있다』는 제목의 책을 출간했다. 그 책에서 자라친은 "독일인의

낮은 출산율과 지나치게 많은 이민(특히 무슬림 인구) 유입 때문에 독일 사회의 성격이 근본적으로 바뀌고 있다"고 설명했다. 가장 논쟁을 야기한 것은 아마 교육 수준이 낮은 사람일수록 출산율이 높고 교육수준이 높은 사람일수록 출산율이 낮은 탓에 독일이 전후(戰後)에 거둔 성공과 번영이 위험에 빠졌다는 주장이었을 것이다.[22]

책 출간 이후 자라친은 좌·우파 정치 엘리트, 언론, 무슬림 단체들의 엄청난 비난에 휩싸였고, 반유대주의 혐의를 씌워 고발당했다. 자라친이 반유대주의라는 근거가 없었음에도 말이다. 그런데 "그 무렵에 치러진 여론조사에서 밝혀진 바로는 독일인의 47퍼센트가 이슬람은 독일에 속하지 않는다는 언명에 동의했다."[23]

정치인들이 다양성을 내세운 다문화주의를 주창해도 대중의 생각은 독일에 온 이주자, 난민들이 사회에 통합·동화되지 못하고 있음을 인식하고 있었다.

2. 대규모 난민 사태, 유럽을 향하여 가자

2001년에 터진 아프간 전쟁과 2003년 이라크 전쟁, 2011년부터 시작된 리비아 사태, 시리아 내전으로 약 4백만 명 난민이 발생하여 이동하는 난민 대행렬이 시작되었다. 무슬림이 거의 전부라 할 수 있는 난민행렬은 동유럽이나 남유럽 국경 서너 개 나라를 통과하며 서유럽 혹은 북유럽으로 향했다. 독일, 영국, 프랑스, 오스트리아, 스웨덴 각국은 인권을 신봉하든 안 하든 난민을 수용할 수밖에 없었다. 결과적으로 유럽은 대규모 이민자, 난민 유입으로 엄청난 위기에 처했다.

독일은 유럽에서 난민을 포함한 이민유입이 가장 많은 나라다. 유럽에서 가장 인구가 많은 나라로 2019년 기준 독일 인구는 약 8,302만 명이다. 독일은 이민 인구가 증가하는 초기에는 철저하게 이민자들이 독일의 문화, 종교, 사회적 질서와 가치, 언어 등을 받아들이는 동화주의원칙을 고수했다.

그러다 1998년 독일 사회민주당이 집권하자 '외국인법'을 '이민법'으로 개정하는 작업에 착수했다. 슈뢰더 정부가 제시한 새로운 이민법 개정안을 둘러싸고 수년 간 정치사회적으로 격렬한 논쟁이 벌어진 끝에 2005년 1월 이민법이 제정되었다. 독일 사회민주당 슈뢰더 총리 집권 기간 내 독일 이민자 지원 정책의 전환점이 마련된 것이다.

3. 독일 난민 유입 사태와 쾰른 여성 집단 성폭행 사건

2005년 9월에 치러진 독일 총선거에서 사회민주당이 재집권에 실패하며, 독일 기독교민주연합 당수였던 앙겔라 메르켈이 51세 나이로 역대 최연소 최초 여성총리에 취임하였다.

독일의 인구는 2010년 전까지는 감소 추세에 있다, 2011년부터 이민자 수가 폭발적으로 증가하기 시작했다. 독일의 이민자 수는 약 1천 40여만 명 정도로 그중 터키계는 이민 2세까지 포함하면 400만여 명으로 추산된다.

메르켈은 2005년 총리에 취임하여 2021년 9월에 퇴임한 16년 간 최장수 총리를 지냈다. 메르켈 정치 역정 최대 위기는 2015년 시리아, 리비아 난민 유입 사태다. 2012~2015년까지 약 4백만 명의 난민이 발생하여 독일은 약 97만8천 명의 이민자를 받아들였다.

2015년 난민 위기 사태로 메르켈은 우파, 좌파 모두에게 미움을 샀다. 게다가 2015년 12월 31일 쾰른 시내에서 새해맞이 축제에 참가하던 젊은 여성 100여 명이 북아프리카, 아랍계로 추정되는 이민자 무리들에게 집단 성폭행·성추행을 당한 일이 발생했다. 독일의 난민 수용정책이 전체적으로 심각한 위기에 봉착한 것이다. 독일 전체 인구 중 이민자 인구 비율은 12.5%에 달한다.

4. 영국도 프랑스도 역시 다문화주의 실패 선언

유럽 정치의 여제로 불리는 독일 총리 메르켈의 용감한 다문화주의 실패 선언은 영국과 프랑스 정치지도자들에게 영향을 미쳤다. 메르켈의 선언을 기다렸다는 듯 영국 총리 캐머런은 2011년 2월 뮌헨에서 열린 국제 안보회의 연설에서 "과거 30년 동안 이어진 영국의 다문화주의는 젊은 무슬림들을 극단주의에 쉽게 빠지도록 만들었다. 이제 과거의 실패한 정책(다문화주의)을 접을 시간이 됐다"고 말했다.

영국은 1997년 토니 블레어 노동당이 집권하자 대규모로 이민 문호를 개방했다. 노동당의 전 연설문 작성자였던 앤드루 네서는 과거를 회고하며 한 말은 의미심장하다. 노동당에 충성할 유권자 집단을 만들어 내겠다는 판단으로 의도적으로 이민 규정을 완화했다는 것이다.[24]

노동당 정부 들어 난민이든 이민이든 영국 체류를 허용받고, 이민 제한을 주장하는 측에 대해서는 인종차별로 몰아붙였다. 인종 문제에 대해 거론하는 것은 불편한 얘기가 되어 버렸다. 그 결과 반대의 목소리는 잦아들었고, 이미자 문제에 대한 공적토론도 사라졌다. 현재 영국의 이민자 수는 기록적으로 증가하고 있다.

다시 캐머런의 말을 들어보자. "우리는 다문화주의라는 원칙 아래 별개의 문화들이 주류와 동떨어져 살아가도록 내버려뒀다"며 "우리는 (이주자들이) 사회에 소속감을 느낄 만한 비전을 제시하는 데 실패했다"고 선언했다.[25)]

캐머런의 선언은 야당과 무슬림 단체의 즉각적인 반발을 불러왔다. 영국은 유럽에서 세 번째로 많은 무슬림 인구를 가진 나라다. 영국 통계청 자료에 의하면 영국의 무슬림 인구는 2018년 기준 349만 명이다. 그러나 영국에서 무슬림 불법 거주자는 1백만 명을 훌쩍 넘기 때문에 인구조사에 반영되지 않았다. 2017년부터 2021년까지 가장 인기 있는 남자아이 신생아 이름은 무함마드다.

캐머런의 선언이 있은 며칠 뒤 프랑스 대통령 니콜라 사르코지 역시 텔레비전 인터뷰에서 다문화주의 실패 선언을 하였다. 프랑스는 오랜 이민의 역사를 가진 나라로 2차 세계대전 후 산업의 급격한 발달로 부족한 노동력을 남유럽, 과거 식민지였던 북아프리카 국가 외국인 노동자들을 대거 수용하였다.

프랑스 이민자 분포도를 보면 아프리카 출신은 절반을 넘어섰고 이들은 북아프리카 출신 무슬림들이 대부분이다. 2005년 파리 교외 빈곤층 이민자들의 폭동 이래 프랑스의 사회문제가 되었다.

마그레브 출신(리비아·튀니지·알제리·모로코 등 아프리카 북서부 일대 출신) 무슬림 이민자의 2세들은 사회적 불만을 드러내며 소요 사태를 일으키고 있다. 2016년 니스 테러 범인은 튀니지 출신으로 대형 트럭을 몰고 군중 속으로 돌진하여 84명의 사망자, 202명의 부상자를 냈다.

2020년 10월 파리 북부에서 발생한 무슬림 난민 청년에게 중학교 교사가 참수당한 사건은 큰 충격을 안겨주었다. 사건의 발단은 13세 소녀의 거짓말에서 시작되었다.

학교 수업을 여러 차례 빼먹은 소녀가 모로코 출신 아버지에게 혼날까봐 "선생님이 이슬람 풍자 만평을 보여줘서 항의하다 수업에서 쫓겨났다"고 거짓말을 하였다. 소녀의 아버지는 페이스북에 교사의 신상을 올렸고, 이를 본 무슬림 난민 청년이 범행을 하였던 것이다.

프랑스는 다문화사회 이민자 통합에 실패한 국가이다. 자생적으로 일어나는 테러 공격이 점점 증가하고 있어 프랑스가 이룩한 다문화사회는 무너지고 있다.

Ⅶ. 리뷰 : 「유럽의 죽음」 더글러스 머리 지음

1. 다문화 대륙 유럽은 자살하는 중

유럽은 사라지고 있는가? 아니, 유럽은 자살하고 있는 중이라 우울하고 나지막하게 읊조리는 이가 있다. 다문화의 대륙 유럽 전역을 누비며 이민 자들의 현장을 조사하였고, 이제는 유럽의 문명이 자멸의 길로 향하고 있다고 탄식하는 책이 출간되었다. 마치 영국의 잿빛 하늘만큼이나 음울함을 연상하게 하는 책의 저자는 '더글러스 머리'다.

그는 영국의 언론인이며 정치평론가이다. 저자의 다음 말에는 깊은 함의가 담겨있다. "유럽인은 인도인이나 중국인이 될 수 없다. 그런데 유독 유럽인들은 전 세계의 누구든 유럽으로 옮겨와서 유럽인이 될 수 있다고 믿어야 한다." 반면에 유럽 대륙으로 이주한 무슬림들은 "유럽에 살아도, 유럽인은 되지 말아야 한다."는 말이 그들의 공동체에 떠돈다고 한다.

그렇다면 유럽은 이제 세계인의 대륙, 아니 무슬림의 대륙이 되는 길로 들어섰단 말인가. 인권존중, 인도주의라는 이름 아래 무슬림 난민들이 쏟아져 들어와 차지하고 뿌리를 내리면 진짜 유럽인이 되는 것일까. 유럽인들은 난민들이 들어올 때마다 "난민 여러분 환영합니다."라고 기뻐해야 할까. 그렇다고 이주민들이 유럽 문명에 동화되는 것도 아니지 않는가. 동화주의를 채택한 독일의 이주민 정책은 실패하였다. 그것도 완전히 말이다.

이 책의 저자 더글러스 머리는 영국 런던에서 출생했다. 현재 영국의 상황에 대해 짧게 요약하면, "영국의 기독교 신자 수 급락, 대규모 이민 덕에 무슬림 인구 두 배 가량 증가. 영국은 다른 어떤 나라보다 빠르게 기독교에 대한 소속감이 약해지는 중."이다. 이러한 현상은 벌써부터 전 유럽에 걸쳐 진행되고 있는 일이다. 한 가지 염두에 둘 사항은 저자는 비기독교인이다.

『유럽의 죽음』의 저자는, 1979년생으로 이민, 젠더, 인종, 종교, 저널리즘에 대한 책을 쓰고 다양한 시사 문제에 대해 칼럼을 기고하는 젊은 언론인이다. 젠더와 인종의 문화전쟁을 다룬『군중의 광기: 젠더, 인종 그리고 정체성』(2019) 등 다수가 있다. 『유럽의 죽음』은 2017년 5월 영국에서 출간되어 그해 손꼽히는 베스트셀러였다.

2. 이민 중독된 유럽, 난민 문제 비판하면 인종차별주의자

그럼, 저자를 따라 책 속 유럽으로 들어가 보자. 유럽은 어떻게 이민에 중독되었나. 서유럽은 2차 세계대전 후 경제복구를 위해 외국인 노동자들의 입국을 허용하고 장려하였다. 외국인 노동자들은 노동력 부족을 해소하는 데 기여했다. 유럽 각국은 손님 노동자들이 일이 끝나면 고국으로 돌아갈 것이라 믿었다. 그러나 손님 노동자들은 눌러앉아 가족, 친지를 데려오고 자녀를 키우며 뿌리를 내려 정부의 지원을 받기 시작했다. 이제 더이상 손님 노동자가 아닌 큰 이민자 공동체를 형성한 것이다.

유럽은 다문화주의로 무너지고 있다. 대규모 이민자 유입과 오락가락하는 난민 수용 정책 그리고 폭발적인 무슬림 인구 증가로 유럽 민족의 문화는 무기력하게 자멸하고 있다.

저자가 유럽은 자살하는 중이라는 의미는 유럽이 지닌 고유의 문명이 자살을 감행하고 있다는 말이다. '인종'을 언급하는 것은 금기시되고 대신 '인권'이라는 말이 차지했다. 이민, 난민 문제를 비판하면 인종 차별주의자로 몰아붙였다. 2013년 무렵 본격적으로 등장한 '정치적 올바름(PC: Political Correctness)' 사조에 이어 서구 각국의 잇따른 차별금지법 제정은 인종, 이민, 난민 문제를 포함한 많은 영역에서 비판하거나 부정적 발언은 혐오, 차별, 증오로 간주되었다. 공무원들은 난민신청이 엄청나게 밀려들자 난민 신청이 기각된 사람들에 대해 국외추방 포기 상태에 처한 현실이다.

3. 2060년대가 되면 백인영국인은 거의 사라진다

지금도 기억이 생생한 2005년 7월 런던 지하철 테러는 영국에서 자라난 극단주의 이슬람 이민자 2세에 의해 저질러졌다. 당시 52명의 사망자가 발생했다. 이 사건은 노동당 토니 블레어 정부가 강조해왔던 다문화주의에 대한 근본적인 의구심을 불러일으켰다.

영국 출신인 머리는 자신의 고국이 처한 현실을 충격적으로 밝힌다. 영국의 상황은 상상 이상이다. 대규모 이민은 영국을 완전히 뒤바꾸고 있다. 블레어 노동당 집권 당시 1999년 난민 신청을 한 사람은 9만 명에 달했다. 그해 난민 신청이 기각되어도 출국하지 않은 난민이 대부분이었다. 영국의 댐은 이때부터 무너지기 시작했던 것이다.

영국은 매해 이민자와 난민을 포함하여 30만 명 훌쩍 넘는다. 영국의 신생아 1/3이 이민자의 자녀다. 2011년에 이르러 영국은 이미 다른 곳이 되어 버렸다. 런던의 서른세 개 자치구 가운데 스물세 곳에서 이제 백인 영국인이 소수라는 사실이다. 이민자들의 높은 출산율로 영국 인구는 증가 일로에 있다. 이민자 유입이 이 추세대로 간다면 현재 6천5백만 명에서 20년 후에는 8천만 명을 훌쩍 넘어설 것이라 한다.

영국 옥스퍼드대학교 인구학 교수인 데이비드 콜먼은 현재 추세대로라면 2060년대가 되면 백인영국인은 거의 사라진다고 주장한다.[26] 콜먼 교수는 저출산으로 인한 '인구 소멸 국가 1호'로 우리나라를 지목한 바 있다. 이민 인구 증가로 영국의 주택난은 심각하여 매년 24만 채 신규주택을 지어야 한다. 해마다 리버풀 규모의 도시를 하나씩 지어야 한다는 얘기다. 이민·난민들의 높은 출산율로 인해 학교부족과 국민의료보험비는 증가하고 있다.

앞서 말했듯 독일 쾰른에서 벌어진 충격적인 여성 집단 성폭행 사건처럼 영국에서도 끔찍한 성범죄가 일어나고 있다. 2011년 무슬림 남성 아홉 명-파키스탄 일곱 명, 북아프리카 출신 두 명-으로 이루어진 갱단이 11~15세 아동 성 인신매매 혐의로 유죄 판결을 받았다.

이 사건에서 현대판 노예로 팔린 11살짜리 소녀의 몸에 M이란 낙인이 찍혀 있었다. 모하메드의 M이었다. 인종주의자로 비난받을까 출신지를 그냥 아시아계로 보도했다. 비슷한 사건이 여럿 발생했는데 북부 소도시도 아니고 영국 한복판 옥스퍼드셔에서 발생한 집단 강간, 아동 강간 사건이었다. 상황이 이럼에도 BBC의 이민에 관한 토론에서 집단 강간 사건 거론은 무시된다. 끝없는 다양성 찬미, 좋고 행복한 것들에 관해서만 이야기할 수 있다.[27]

4. 2015년 난민 위기 발생, 메르켈 "우리는 지금 익사하는 중"

메르켈이 다문화 실패 선언을 했던 2010년 난민 신청을 한 사람은 총 4만8천589명이었다. 그런데 불과 5년 뒤 한 해 최대 150만 명이 독일에 입국하도록 허용할 수밖에 없었다. 리비아, 시리아 내전으로 탈출한 난민은 2012~2015년 8월까지 약 4백만 명이었다. 2014년 20만 명이 난민 지위를 신청하였고, 2015년에는 45만 명을 예상했으나 이탈리아와 그리스를 통해 유럽으로 밀려드는 난민만 최대 80만 명에 달했다.

2015년 한 해 난민 약 40만 명이 헝가리 영토를 통과해 이동했다. 하지만 헝가리에 멈춰서 난민 신청을 한 사람은 그중 스무 명도 되지 않았다. 그리고 스웨덴 정부가 이주자를 받아들일 의지를 보이자 매일같이 수천 명의 사람들이 덴마크를 거쳐갔는데, 그중에는 스웨덴까지 가기보다 덴마크에 체류하는 이들도 있었다. 2015년에 2만1천여 명이 덴마크 난민 신청했고 훨씬 더 많은 이들이 스웨덴으로 몰려들었다.

난민 사태는 메르켈의 최대 정치 위기를 불러왔다. 독일 국민 78%가 이슬람 영향이 커지는 상황을 우려했다고 한다. 메르켈은 적극적으로 나서서 용감하게 유럽 각국이 난민을 돕고, 피난처를 제공해야 하는 도덕적 의무가 있다고 주장했다. 메르켈은 정치 인생을 걸고 주변 국가들을 설득했고, 유럽연합 국가들은 일정 수준 이상의 난민 수용은 거부하였다. 메르켈은 인도적인 입장으로 난민 위기에 접근한다는 원칙으로 독일의 모든 정당을 대상으로 타협안을 제시하였다.

시리아 외에 다른 나라에서 온 난민들은 이민자 센터에 수용되고 난민 캠프에 들어갈 자격을 얻지 못하면 본국으로 송환된다는 합의안이었다.

모든 정당의 승인은 받아 한숨 돌렸지만 난민 대열은 계속해서 국경을 넘고, 바다를 건너왔다.

메르켈은 "우리는 지금 익사하는 중"이라고 한숨을 쉬었다고 한다. 유럽은 스스로 자멸의 길과 무기력함에 빠졌으며 사회 전체가 이슬람화되어가고 있다. 다문화주의에 몰두한 나머지 유럽이 가진 정체성 자체가 허물어지고 있다.

5. 서유럽 전체에서 1인당 무슬림 인구가 가장 많은 프랑스

2000년대 들어 영국, 독일, 네덜란드, 스웨덴 그리고 프랑스에서 젊은 무슬림 남자들이 가담한 폭동과 테러가 곳곳에서 발생하기 시작했다. 프랑스는 이주자들이 뿌리를 내려 자생적으로 생겨난 테러가 늘어나고 있다. 무슬림 인구가 가장 많은 도시는 센생드니로 지역인구의 약30퍼센트가 무슬림이라고 한다.[28]

프랑스는 서유럽 전체에서 1인당 무슬림 인구가 가장 많은 나라다. 프랑스를 공포로 몰아넣은 2015년 11월 파리 생드니를 비롯한 지역에서 동시다발 테러로 129명 사망, 수백 명이 부상했다. 시리아의 IS가 자신들의 소행이라 주장하였으며 이들은 허술한 국경을 자유롭게 드나들었다. 2016년에도 니스에서 하루가 멀다 하고 난민들이 시민들에게 무차별 공격 사건이 이어져 프랑스는 혼란에 빠졌다. 테러범들은 프랑스와 국경을 맞대고 있는 벨기에로 옮겨가 자살폭탄 공격을 벌였다. 2016년 3월에 발생한 벨기에 지하철역 폭탄 조끼 테러로 서른두 명이 희생되었다.

서유럽 대륙 곳곳이 테러로 무고한 희생이 늘어도 유럽의 주류 언론, 지식인들은 테러 원인을 프랑스나 벨기에의 과거 식민주의 역사나 인종주의에서 찾았다. 이주자들의 정치적. 종교적 이데올로기에 대해서는 논쟁이 금기시된 상황은 프랑스를 더욱 곤경에 빠트렸다.

테러의 빈발로 반 이민 정서도 확대되어 반 이민 정책을 전면에 내건 정당인 국민연합(전 국민전선)은 주요 선거 때마다 돌풍을 일으켰다. 국민연합의 대표 마린 르펜은 2017년 4월 프랑스 대통령 선거 1차 투표에서 결선에 진출하기도 했다. 르펜은 프랑스가 "세계 모든 이민자의 대합실로 전락했다"고 주장하며 호응을 얻었다.

유럽 각국의 이민자 정책에 대하여 정치 지도자들과 대중의 인식의 차이는 크다. 정치 지도자들은 테러가 발생할 때마다 이슬람과 무관하고 이슬람은 평화의 종교라는 종래의 주장을 되풀이한다. 그러나 대중은 동의하지 않는다는 것에 차이가 드러난다. 르펜이 이끄는 국민연합이 극우정당이라는 낙인이 붙은 이유는 반 이민 정책 때문이다. 독일의 대안당도 반 난민, 반 이민 정서를 바탕으로 2017년 총선에서 연방의회 의원 94명을 당선시키며 약진하고 있다.

6. 난민의 안전한 피난처, 이민자 천국? 스웨덴의 공공 서비스 압박

난민·이민자들이 가장 선호하는 스웨덴은 2010년부터 이주자들이 급속히 증가했다. 난민들에게도 자국민과 동일한 복지혜택, 주거지원, 공공서비스가 제공되기 때문이다.

유럽연합에서 인구 대비 가장 많은 난민을 받아들인 스웨덴은 2015년 입국한 난민의 수가 16만~18만 명에 달했다. 이는 2015년 독일이 인구 대비 받아들인 이주자와 맞먹는 규모였다. 인구 1천만이 안 되는 스웨덴은 높은 복지혜택, 높은 생활수준으로 이주자들에게 유럽에서 가장 안전한 피난처로 여겼다.

이민자 유입으로 인해 인구는 큰 폭으로 증가하기 시작하여 2019년 기준 스웨덴 인구는 천 만 명이 넘었다. 인구 증가는 공공서비스 재정 압박과 공공주택 부족을 낳았다.

머리는 이 책에서 인구 증가가 이 추세대로라면 신규 주택을 2024년까지 총 42만6천 채 건설이 필요하다고 말한다. 공급부족 등의 이유로 부동산 가격은 치솟았고 스웨덴 주택 정책의 자랑인 공공임대주택은 슬럼화되었다. 이주자 폭증은 스웨덴의 탄탄한 공공서비스 전체가 흔들리고 있는 상황이다. 머리는 2050년이면 스웨덴 무슬림 비중은 20.5%에 도달할 것이라 한다.

7. 여성 강간, 성폭력 사건 빈발

『유럽의 죽음』에서 가장 충격적인 사실은 난민 등 이주자들이 여성을 대상으로 저지른 성폭력 사건 사례들이다. 먼저 유럽 무슬림 공동체에서 일어나는 여성에 대한 성폭력 사건이다. 2006년 영국의사협회는 영국에서 최소한 7만4천 명의 여성이 강제 할례를 당했다고 보고했다.[29]

2004년 프랑스 마르세유에서 젊은 무슬림 여성이 어느 무슬림 남성의 구애를 거절했다는 이유로 돌에 맞아 죽었다. 영국에서는 젊은 무슬림 여성들의 수많은 의심스러운 사망 사건에 대해 제대로 수사하지 못한다.[30]

난민 보호소에서도 강간과 성폭력 건수가 늘어나도 외부에 알려지는 일은 드물다. 무슬림 공동체의 소관으로 여기는데다 공동체 내부의 부정적인 측면을 공개적으로 발언하는 사람들은 위협을 받기 때문이다.

이 책의 저자 머리가 조사한 여성강간, 집단강간, 아동강간 사건은 너무도 많지만 일부 사례만 소개해 보겠다.

"몇 년 전에 노르웨이의 좌파 정치인이자 페미니스트이자 반인종주의자인 카르스텐 노르달헤우켄이 자기 집에서 소말리아 난민 남자에게 잔인하게 강간당했다. 가해자는 4년 6개월을 복역한 뒤 추방되어 소말리아로 돌아갈 예정이었다. 그러자 헤우켄은 이에 대해 죄책감을 느낀다고 말했다. 강간범이 소말리아를 돌아가는 데 대한 책임을 느낀다는 사실이었다. 강간을 당하고도 강간범의 미래를 걱정한 것이다." [31]

스웨덴에서 벌어진 사건이다. 2014년 여름 스톡홀름 여름 축제 행사장에서 열네 살 소녀 수십 명이 아프간 출신 이민자 무리에게 추행과 강간을 당했다. 2014년 스웨덴 강간 사건은 6천620건으로 세계에서 레소토 다음으로 두 번째로 높았다. 2015년 16만3천 명이 난민신청을 해서 무작정 입국하여 시골 등지로 사라졌다. 난민 갱단들이 차량 폭탄 사건을 일으키는 등 스웨덴은 대혼란에 빠졌다. 2016년 스웨덴 경찰 80%가 퇴직을 고려할 정도였다.

머리가 조사한 독일의 사례. 2014년 독일에서 여성과 소년에 대한 성폭행 건수가 빈발하였다.

뮌헨 소말리아 난민 여성 강간, 드레스덴 모로코인이 여성 강간, 뮌헨 세네갈 난민신청자 여성 강간, 슈트라우빙에서 이라크 난민신청자가 17세 소녀 강간, 슈투트가르트 아프간 난민신청자 여성 강간, 브레멘 아동 강간 사건, 메링 16세 소녀, 함의 18세 소녀, 하일브론 14세 소년, 카를스루에 20세 여성이 난민에게 강간당했다.

2016년 1월 만하임에서 이주자 세 명에게 24세 여성 집단 강간을 당하는 등 독일 전역에서 강간과 성폭력 사건이 신고되었다. 독일 뿐 아니라 오스트리아, 이탈리아, 프랑스에서 매일 여성 집단 강간 사건 신고가 들어왔다.

8. 유명 배우, 지식인들의 난민환영

2015년 9월 시리아 전쟁을 피해 그리스로 향하던 일가족이 탄 플라스틱 배가 뒤집혀 가라앉아, 세 살짜리 남자아이의 시신이 터키 한 해변으로 떠밀려온 사진이 전 세계로 전파되었다.

전 세계는 일순간에 난민 추방 반대 물결이 확산되었다. 난민 수용에 대한 반대 의견은 인권, 도덕적 인도주의라는 주장 앞에서 밀려난다. 물론 유럽 각국에는 실제로 인종주의자 집단도 존재한다. 하지만 난민자들의 문제에 대해 이견을 제시하면 레이시스트(Racist), 제노포비아(Xenophobia)라는 낙인과 함께 토론장에서 배제되고 정치권 바깥에서 맴돈다.

유럽의 주류언론들은 이슬람 문제에 대해서는 그냥 넘어가며 인권, 인도주의, 평화라는 고상하고 좋은 말만 한다. 여기에 난민 사태가 불거질 때마다 유명 배우, 매스컴에서 활약하는 지식인, 명사들은 난민을 받아들여야 한다며 SNS에 해시태그를 달고 난민환영을 외친다.

『유럽의 죽음』에서 저자가 지적했듯 "많은 유명 배우, 록스타, 종교인에 이르기까지 많은 사람들이 난민 가족을 자기 집에서 지내게 하고 싶다고 말했지만, 1년이 넘도록 이들 중 어느 누구도 난민 가족을 자기 집으로 들이지 않았다."[32]

헝가리 출신 억만장자 조지 소로스는 국경 개방을 주장하며 압력단체와 기관들에 상당한 액수를 쏟아 넣기로 유명하다.

9. 동유럽은 다르다

유럽 대륙은 국경이 없어 이동이 자유롭다. 난민대열은 독일, 북유럽 국가로 가기 위해 동유럽을 거쳐 이동한다.

2015년 난민사태 당시 헝가리를 필두로 폴란드, 슬로바키아, 체코공화국은 비셰그라드 그룹을 만들어 유럽연합집행위원회의 난민 할당치를 끈질기게 거부했다. 헝가리 정부는 보호 장벽을 세우며 국경 수비대를 더욱 강화했다. 그러자 난민들은 크로아티아 국경 쪽으로 유입되었고, 크로아티아 정부가 장벽을 건설하자, 이주자들은 슬로베니아로 몰려갔다.

2015년 헝가리가 비상사태를 선언하며 국경을 폐쇄하자 곧이어 오스트리아까지 장벽을 건설하였다. 유럽 대륙 전체가 난민 유입에 따른 혼란으로 전쟁을 치른다 해도 무리가 아니다. 유럽연합 집행위원회는 동유럽, 중유럽 국가들에 이주자를 수용하라고 위협을 가하고 심지어 유럽 사법재판소에 제소하겠다, 제재와 무거운 벌금을 매기겠다는 압력을 넣고 있다. 하지만 이 나라들은 여전히 유럽연합의 위협에 버티는 있는 중이다. 난민문제로 유럽대륙은 찢어지고 있는 것이다.

10. 유럽 대륙 믿음과 신앙 상실

『유럽의 죽음』 저자 머리는 오늘날 유럽 대륙의 문명 쇠퇴 근저에 기독교 신앙의 상실이 있음을 말한다. 이는 유럽 대륙의 토대인 기독교 문명의 몰락과 다름없다.

> *"유럽 기독교 분파 대부분은 기독교 복음 메시지를 잃어버렸고, 스스로 확신도 없다. 그래서 유럽 기독교 분파에게 있어 기독교 메시지는 일종의 좌파 정치, 다양성 옹호 행동, 사회복지사업이 되었다."*[33]

유럽의 기독교, 교회가 처한 쓸쓸한 현주소다.

> *"유럽 대륙 전체에서 믿음과 신앙을 잃었다는 사실은 흔히 거론되고 당연하게 여겨진다. 하지만 이런 믿음의 상실이 어떤 효과를 낳았는지는 그만큼 검토되지 않는다 ...... 유럽은 종교를 상실함으로써 대륙 차원의 도덕적, 윤리적 관점에 구멍이 생겼을 뿐만 아니라 지리에서도 구멍이 생겼다. 공동체의 심장부에 자리한 교회는 사실상 죽어가는 중이다. 아직 교회에 모이는 사람들은 자신들이 죽어가는 운동에 속해 있음을 감지한다."*[34]

유럽은 외국인 노동자, 이주자들의 대규모 유입에 따른 비효율적인 정책과 무슬림 인구 증가로 인한 끔찍한 혼란을 겪고 있다. 이는 이주자에 대한 사회통합의 실패를 의미한다. 그리하여 무기력에 빠져있는 유럽의 현실을 『유럽의 죽음』은 근본적으로 파헤치고 있다.

나오며

우리나라는 이미 OECD기준으로 보면 전체 인구 중 외국인 비율이 5%에 근접한 다문화국가에 속한다. 그럼에도 다문화주의에 대한 제대로 된 공적토론이 부재한 사회다. 나는 최근 들어 다문화주의에 대한 독서 모임이나 토론회를 직접 개최하며 참가자들과 활발한 대화를 나누었다. 특히 젊은 세대의 다문화주의에 대한 냉철한 진단과 인식은 정치인들이나, 언론에서 다루는 획일적인 다문화주의 찬미와는 확실한 차이가 있었다. 특히 사회복지 관련 종사자들은 다문화가족지원 서비스를 현장에서 직접 수행하기 때문에 누구보다 깊이 있게 인식하고 있었다.

이들의 공통된 의견은 "다문화 정책은 잘못된 부분이 너무 많다. 실제로 폐기되어야 할 정책도 여러 가지가 있다." 또한 "우리나라 다문화 정책은 자국민 역차별이 심각하다. 과장되게 말해 다문화가족지원 서비스는 그들을 요람에서 무덤까지 챙겨주기라고 생각한다." 그러면서 다문화가족이 받는 많은 혜택들, 다문화가족 주택 특별공급 주거 지원제도, 다문화부부를 위한 혼인예식, 웨딩촬영, 가족여행 지원 프로그램, 대학교 입학 다문화 특별전형, 다문화학생 학업장학금 혜택 등은 과도할 정도라고 입을 모았다. 다문화가족 지원에 기업들도 적극 참여하고 있다. 올해 5월에 여성가족부는 포스코와 업무협약을 체결해 중·고등학교에 재학 중인 다문화가족 자녀에게 학업 성취와 진로·직업 탐색을 위한 일대일 맞춤형 학업 상담을 제공하고 있다. 우리 금융그룹은 10여 년 전부터 다문화가족 자녀 및 결혼이민자에게 장학금을 지원하는 사업에 선도적 역할을 한다.

향후 이주자 유입은 더욱 증가 추세이며 저출산·고령화 문제 해결을 위해 이민을 적극 받아들여야 한다는 주장에 힘이 쏠리고 있는 상황에서 다문화지원 국가·지자체 예산도 크게 늘어날 것이다. 그렇다면 다문화가족이라고 전부 시혜적 차원의 복지 지원이 이대로 좋은가에 대한 공적 토론도 분명히 필요하다. 그리고 정치권에서 이 문제에 대해 적극적으로 나서야 한다. 또한 정치권·언론계의 획일적인 다문화 옹호 기조와 이를 대하는 우리나라 국민들의 정서는 크게 차이가 있다. 일례로 대구 북구에 건축 중인 이슬람 사원 건립 공사는 주민들의 반대로 공사가 중단됐다 재개되길 반복하고 있다. 지난 2021년 4월에는 강원도 춘천과 홍천의 한중문화타운사업은 차이나타운 건립 비판 논란이 거세 결국 백지화되었다.

지난 2021년 5월부터 미군 철수가 시작되어, 8월 미국 대사관 철수가 본격화되었다. 미군이 20년 만에 철수하자 아프간은 순식간에 붕괴했다. 한국 정부는 아프간 사태와 관련해 한국의 아프간 협력 사업에 함께했던 현지인과 가족 378명을 군수송기 3대로 한국으로 데려왔다. 법무부 발표에 의하면 특별기여자 입국대상자는 모두 427명이며 나머지 인원은 순차적으로 입국이 진행 중이다. 박범계 법무부 장관은 인천공항까지 직접 마중을 나가 브리핑을 하며 "아프간인 특별입국자들에게 단계별로 국내 체류지위를 부여할 계획"이라고 밝혔다. 지난 8월 26일 도착한 아프간인의 지위는 난민이 아닌 특별공로자 혹은 특별기여자라는 신분이다.

이럴 경우 공식적으로 난민이라 부르지만 정부는 '특별'이라는 지위를 부여했다. 여기서 짚고 가야 할 부분은 우리나라는 엄연히 '난민법'이 제정되어 있다. 난민법안은 2011년 국회 본회의를 통과하여, 2015년 12월 20일부터 난민법이 시행되고 있다. 하지만 이번에 입국한 아프간인에 대해 특별이라는 지위를 붙인 합당한 근거와 이유가 불명확하다. 난민법이 정한 기준과 절차에 따라야 하는지, 아니면 난민법과 무관한 것인지 현재로서는 명확히 알 수 없다.

명백한 것은 정부는 법률이 정한 절차에 따라야 하는 것이다. 더구나 아프간인을 이송함에 있어 어떠한 공적 토론이나 정치적 합의 절차 없이 진행되었다. 상황이 긴박했을지라도 말이다. 이번에 도착한 아프간인이 특별기여자라면 앞으로 발생할 가능성이 높은 난민이나, 현재 국내 체류 중인 아프간인들이 가족·친지를 입국시켜달라는 요구에 대해 어떤 기준으로 처리할 것인지 의문이 든다. 법무부 자료에 의하면 재한 아프간인은 약 400명 정도 된다. 대부분 외교관이나 유학·연수 목적으로 체류하고 있다. 입국한 아프간인에 대해 특별기여자라는 선례가 향후 유사한 사태가 발생하면 어떻게 처리할지 국민의 한 사람으로서 의문이 든다. 이는 인권 차원, 도덕적 인도주의와는 또 다른 문제다.

전 세계적으로 난민은 최대 규모로 증가하고 있다. 법무부 출입국외국인정책 통계연보에 의하면 전 세계 난민은 총 7천950만 명으로 집계되고 있다.[35]

국내 난민 신청건수도 지속적인 증가세를 보여 난민 집계를 한 1994년부터 지난해까지 총 7만646건이다. 난민 신청자는 두 가지로 분류하는데, 인도적체류자와 난민인정자가 있다. 현재까지 인도적 체류자는 2천409명, 난민 인정자는 1천119명으로 총 3천528명이다. 최근 발생한 아프간 사태를 보더라도 우리나라도 대규모 난민을 받아들여야 할 상황 혹은 압력에 직면할 수도 있다.

세계경제 규모 3위인 이웃나라 일본은 외국인 비율이 전체 인구 중 2%

가 못 미치는 OECD국가 중 가장 낮다. 일본은 대규모 이민 유입을 막고 외국인의 일본 시민권 획득은 매우 까다롭다. 일본은 다문화정책을 중앙정부가 아닌 지방정부가 주체가 되어 수행한다.

　상술했듯 유럽 국가 상황을 보면 서유럽 국가들은 난민을 더 이상 수용하기 힘든 지경에 이르렀다. 유럽의 이주자 사태가 이토록 걷잡을 수 없게 된 근본 원인은 정치 엘리트 집단들의 이민·난민문제에 대한 정책의 실패에 있다. 대부분의 유럽인들이 정부의 이민·난민 정책에 압도적으로 반대하고 있는 것과는 다르게 말이다. 우리나라도 다문화주의가 무너지기 시작한 유럽의 전철을 밟지 말기를 바란다. 빗장은 한 번 열기가 쉽지, 그 다음부터는 닫아 걸기 어려운 법이다. 다문화주의를 비판한다고 해서 극우, 인종주의자, 약자의 인권침해, 외국인 혐오 딱지를 붙여서는 안 된다. 흥미로운 조사 한 가지를 소개하며 글을 마친다. 〈2019년 한국인의 의식·가치관조사〉에서 난민 수용 찬성은 31.7%에 불과했다. 다문화주의에 공적 토론이 활발하게 일어나야 한다.

■ 미주 ■

1) 제3차 다문화가족정책 기본계획('18~'22)에 따른 2021년도 시행계획

2) 최영은, 『다문화사회의 국가 정체성과 다문화정책』, 북코리아,2016,p.28.

3) 출입국·외국인정책 통계연보

4) 통계청 '2015년 인구주택 총 조사'

5) 체류 외국인현황, e–나라지표

6) 한국지방행정연구원

7) 대한민국 정책브리핑 '2021년 다문화가족정책 시행계획' 여성가족부 다문화가족정책과

8) KBS NEWS 〈다문화 교실, 가보셨습니까 special multiculture〉 2018년 12월.

9) 앞의 방송

10) 여성가족부 관계부처 합동 다문화가족포용대책 발표. 2020년 12월 11일.

11) 《세계일보》 다문화칼럼 함께하는 세상, 2021년 2월 3일.

12) 《조선일보》 무너지는 지방대, 2021년 3월 15일

13) 최영은, 『다문화사회의 국가 정체성과 다문화정책』, 북코리아, 2016, p.110.

14) 안드레 지그프리트, 『민족의 영혼』, 국내에서 『서구의 정신』으로 번역 출판, 서문당. 1972년

15) 에이미 추아, 『정치적 부족주의』, 부키, 2020. p.17.

16) 에이미 추아, 앞의 책, p.212.

17) 에이미 추아, 앞의 책, p.212.

18) 에이미 추아, 앞의 책, p.216.

19) 에이미 추아, 앞의 책, p.218.

20) 에이미 추아, 앞의 책, p.218.

21) 더글러스 머리, 『유럽의 죽음』, 열린책들, 2020.

22) 더글러스 머리, 『유럽의 죽음』, 열린책들, 2020. p.132.

23) 더글러스 머리, 앞의 책, p.132.

24) 더글러스 머리, 앞의 책, p.30.

25) 《조선일보》 英 캐머런 총리, 다문화주의 실패 선언, 2011년 2월 7일.

26) 더글러스 머리, 앞의 책, p.50

27) 더글러스 머리, 앞의 책, p.42~43

28) 더글러스 머리, 앞의 책, p.153

29) 더글러스 머리, 앞의 책, p.196

30) 더글러스 머리, 앞의 책, p.195

31) 더글러스 머리, 앞의 책, p.242

32) 더글러스 머리, 앞의 책, p.256

33) 더글러스 머리, 앞의 책, p.368

34) 더글러스 머리, 앞의 책, p.294

35) 유엔난민기구, 2019년 난민동향 보고서.

3부

—

국가 안에서의 다문화주의는 반역(反逆)이다.

Multiculturalism in a nation state is treason

국가 안에서의 다문화주의는 반역(反逆)이다.

Multiculturalism in a nation state is treason

– 국가 안에서의 문화공존은 자연법과 국제법 그리고 헌법에 반하는 반역이다–

류병균 대표

'국가 안에서의 다문화주의는 반역(反逆)이다'를 펴내며

대한민국의 다문화정책이라는 것은 1991년도부터 도입된 외국인 노동자 수입정책으로부터 비롯된 것이라고 볼 수 있다. 대한민국에 외국인들이 대규모로 그리고 정례적으로 입국하여 장기체류하기 시작한 것이 바로 1990년대부터 시작한 외국인 노동자 수입정책 때문이다. 이렇게 외국인들이 대규모로 그리고 정례적으로 우리 사회에 유입되어 장기체류하거나 정주하게 되는 것을 두고 이를 서구 유럽사회와 같은 다민족, 다인종 사회로 전환되는 것이라고 전제하고 서구 유럽사회에서 채택하였던 사회통합 모델인 이 다문화정책을 섣부르게 모방하여 도입한 것이다. 다문화정책이란 곧, 문화적 정체성이 다른 외국인 집단을 우리 사회에서 차별하거나 배척하지 말고 그들의 문화를 평등하게 인정하면서 공존할 수 있어야 한다는 '다문화주의'를 정책에 반영한 것이다.

우리나라에 입국하여 장기체류하는 외국인들의 대부분이 외국인 노동자들이고 앞으로도 정부의 정책기조에 변화가 없는 한 이들의 비중은 더욱더 늘어날 것으로 예상된다. 외국인 노동자 이외에도 국제결혼, 난민신청, 외국인 유학생, 재외동포 방문취업 등의 형태로 장기체류하고 있는 이들은 그 대부분이 개발도상국 출신의 저소득층들이거나 중동과 아프리카의 분쟁지역으로부터 온 무슬림들과 중국인들이다. 난민신청자들도 우리나라 난민인정율이 1% 남짓되므로, 그 대부분이 난민신청제도를 악용하여 편법으로 일자리를 구하기 위해 입국한 자들이라 할 수 있다, 외국인 유학생들 또한 상당수가 유학생 비자로 입국하여 노동시장으로 유입되고 있다. 특히 최근 갈수록 대학입학 지원자가 줄어들어 지방의 부실대학들이 모자라는 정원을 채우기 위해 마구잡이로 외국인 유학생들을 입학시키고 있는 실정이어서 대학에는 적만 두고 노동시장에서 일자리를 얻어 돈벌이에 나서는 가짜유학생들이 늘어만 가고 있다. 국제결혼 비자로 입국한 외국인들의 경우도 입국 후, 곧바로 잠적하거나 결혼생활 중 가출하여 취업하는 경우가 적지 않았다. 이러한 외국인 노동자 수입정책은 저임금에 의존하는 구태의연한 방식의 경영관리를 고수하는 고용주들로 하여금 우리 한국인 노동자들에 대하여 임금을 현실화시켜 주거나 근로환경을 개선해 주는 대신에 외국인 노동자들을 대거 수입하여 한국인 노동자들을 배제하고 외국인 노동자들로 대체할 수 있도록 허용한 반인권적이며 비민주적인 정책이라 할 수 있다.

1991년도부터 '외국인산업연수생'이라는 이름으로 편법적으로 산업현장에 투입되기 시작한 외국인 노동자는 2004년 8월 17일부터 시행된 외국인 고용허가제로 본격적으로 유입되기 시작한다. 외국인 산업연수생 제도는 명목상으로는 외국인에 대한 선진기술 전수를 목적으로 하였으나 실제는 현장실습이라는 명분으로 생산현장에 투입하여 사실상 중소기업에서의 저임금 노동인력 수요를 충족시켜 주는 편법으로 이용되었다. 그러나 이러한 산업연수생 제도는 외국인 연수생을 외국인 근로자로 편법 활용함으로써 인권침해와 불법취업 등의 문제를 야기함에 따라, 이를 개선하기 위해 외국인에게 노동법상 합법적인 근로자 신분을 보장하고, 취업 비자를 발급하여 입국시킴으로써 사업장에 투입하는 고용허가제가 도입된 것이다.

산업연수생제도는 2007년 1월 1일부로 폐지된다. 고용허가제와 함께 외국인이 장기체류와 정주를 할 수 있는 가장 흔한 통로가 되어 온 것이 국제결혼이다. 특히, 각 지방자치단체에서 국제결혼하는 주민들에게 1인당 500만 원 내지는 1,000만 원의 지원금을 지급하는 정책으로 인해 전국에 국제결혼중개업소가 3,000여 개 이상 난립하여 저개발국 저소득층 출신의 외국여성들을 마치 돈을 주고 사오는 것과 다름없는 사실상의 매매혼, 위장결혼, 사기결혼이 만연하여 심각한 사회문제를 야기해 왔다. 국제결혼 비자발급의 조건을 강화하고 국제결혼중개업을 신고제에서 허가제로 바꾸는 등 부실 국제결혼중개업체들을 대폭 정리함과 동시에 영주권 전치주의 도입으로 국적취득 절차도 보다 엄격하게 바꾼 2013년 무렵까지는, 이 국제결혼 비자로 입국하는 외국인들이 급격히 늘어나, 많을 때는 고용허가제로 입국하는 외국인 노동자와 거의 같은 수준인 1년에 5만~6만 명까지 입국자 수가 치솟았다. 그로 인하여 결혼비자로 입국한 외국여성이 입국 직후, 도주 잠적하거나 결혼생활을 하다가 도주 잠적하는 등 외국인의 편법입국과 국적취득을 위한 위장결혼과 사기결혼이 만연하였고,

설사 그렇지 않다고 하더라도 결혼 후 3년 내 이혼하는 국제결혼 건수가 한때는 전체의 70%를 넘어서기까지 하였다.

또한, 난민법에 의한 난민보호 제도도 외국인이 편법으로 입국하여 정주할 수 있는 경로로 악용되어 왔다. 2013년 난민법이 제정, 시행되기 전까지는 1년에 불과 200~300명에 불과하던 난민신청자 수가 난민법 시행 이후에는 매년 수직 상승하여 2018년도에는 당해 연도 난민신청자 수가 16,173명으로 늘어났다. 앞으로, 난민 발생지역의 대부분을 차지하는 아프리카와 중동의 난민들이 주로 몰려가던 유럽국가들의 반이민, 반난민 정책기조로 인하여, 이들의 상당수가 우리나라로 몰려들 가능성이 매우 크다. 대한민국 난민법은 일단 난민신청만 하면 난민 인정여부에 상관없이 강제 출국되지 않고 장기체류할 수 있는 등 난민브로커와 가짜난민들이 이를 악용하기에 매우 수월한 구조로 되어 있기 때문이다.

2019년 12월부터는 농어촌의 수확기에 인력부족 문제를 해소한다며 외국인에 대한 단기 취업비자를 발급하는 외국인 계절근로자 제도를 운영하고 있으며, 이는 전국 각 지방자치단체별로 확산되고 있고, 2023년도 입국 인원은 2만 명이 넘을 것으로 예상된다. 그러나 이 계절노동자들도 농어촌지역에 투입된 후 그 지역을 이탈하여 불법 체류하는 자들이 태반이 넘는 실정이어서 계절노동자 제도의 당초 취지와는 달리 불법체류자들만 양산하는 통로가 되고 있다. 외국인 계절노동자를 고용한 사업주들의 입장에서는 외국인들이 계약을 어기고 사업장을 이탈하여 잠적하는 바람에 사업상 막대한 지장과 손실을 입고 있을 뿐만 아니라, 그 모자라는 일손을 채우기 위해 또다시 계절노동자들을 들여와야 하는 악순환이 계속되고 있다.

 이러한 외국인 수입정책은 노동시장에서 우리 국민들을 아예 배제하거나 외국인들과 경쟁시킴으로써 우리 서민들을 점차 일자리에서 멀어지게 하여 빈곤의 늪으로 몰아넣고 있는데도, 외국인 수입 정책은 갈수록 확대되고 있다. 이는 우리나라의 정책이 성장우선, 고용주와 사업자 우선이라는 가치에만 매몰된 채, 서민들의 실질적인 삶의 질 향상과 대한민국 헌법전문에 천명하고 있는 '국민생활의 균등한 향상'이라는 헌법적 가치를 몰각하고 있기 때문으로 보여진다. 다문화주의 내지는 다문화정책이라는 것은 이렇게 외형적인 성장과 당장 손쉬운 문제해결을 위해 우리 한국인들을 외국인으로 대체해 오고 있는 정책이, 우리 한국인들의 건강한 삶의 생태계와 정체성을 파괴하고 있는 심각한 상황을 '다양한 문화가 어우러져 공존하는 개방적이고 역동적인 사회로 진전될 것'이라는 공허한 선동으로 포장하여 눈속임하고 있는 사악한 정책이라 할 것이다. 서구 유럽사회에서는 이러한 자국민을 이주민으로 대체하는 정책이 '거대한 대체(Greate Replacement)'라고 불리우면서 뜨거운 논쟁을 불러일으키고 있다.

 다문화주의 내지는 다문화정책이란 결국, 이러한 인종차별적이며 반인권적이고 비민주적인 정책에 대한 국민들의 비판과 저항을 평등과 공존, 인권과 같은 인류보편적 가치인 평등이념으로 포장하여 이를 무력화하고 억압하는 논거로 활용되고 있는 것이다. 대한민국의 다문화정책은 우리 한국인들이 이들 외국인들을 외국인이라는 이유로 차별하거나 혐오해서는 안 되며, 그들의 문화정체성을 인정해 주고 존중해 줘야 한다고 강요하면서 그들의 권리보호와 편익 증진을 위하여 각종 역차별적인 지원과 혜택을 법제도화해 오고 있다. 대한민국에서 다문화정책이 본격적으로 시행된 지 20년이 거의 다 되어가는 지금은, 외국인 노동자나 이른바 다문화가족들은 더이상 우리 사회에서의 약자가 아니며, 법 제도적인 지원정책에서 소외된 자들이 아니다.

우리나라의 외국인에 대한 어설프고 지나친 온정주의는 불법체류와 마약거래의 확산 등 외국인들에 의한 각종 경제사범과 강력범죄의 급증으로 우리 사회의 안전을 크게 위협하고 있다. 그런데도 국회와 지방의회, 중앙정부와 지방자치단체들은 이러한 당면한 문제는 외면한 채, 끊임없이 외국인들의 권리확대와 지원증대를 위한 법안과 조례안들을 쏟아 내고 있다. 그러면서도 정작 그 무엇보다도 우선적으로 챙겨야 할 우리 서민들과 청년세대들을 위한 양질의 일자리와 실효성 있는 복지대책은 외면하고 있다. 정치권과 언론, 학계 그 어느 누구도 이런 문제에 대하여 목소리를 높이고 있는 인사는 보이지 않는다. 서구유럽에서는 선거 때 가장 뜨거운 쟁점이 바로 반이민과 반다문화주의 논쟁인데도 우리나라에서는 쓸데없는 이념논쟁과 당리당략 그리고 인신공격만이 쟁점이 되고 있다.

우리나라 정치권과 언론은 이미 '이민수용 확대정책'과 '다문화주의'라는 어젠다에 집단으로 중독되어 문제에 대한 통찰력과 판단력을 상실한 지 오래다. 누구라도 나서서 뭐라도 할 수만 있다면 이들의 집단 중독증을 해독하고 미몽에서 깨어나도록 하는 일이 절실하다고 느꼈다. 필자가

이 글을 집필하게 된 동기가 바로 여기에 있다. '이민수용 확대론'과 '다문화주의'를 비판하고 반대하는 출판물이 전무한 이 대한민국에서, 우선 '이민수용확대론'과 '다문화주의'의 위와 같은 실체를 알리고 대한민국에서의 다문화정책의 불합리성과 문제점을 지적하는 내용의 책이 처음으로 출판된다는 것은 그 자체로 의미가 있고 큰 진전이라고 판단하였다. 이 책의 출판을 계기로 더욱 수준 높고 알찬 내용의 '다문화주의' 비판서가 쏟아져 나오기를 기대한다.

　　이 책의 공동저자인 필자는, 다른 두 공저자와는 달리 '다문화주의'의 본질과 그것이 왜곡, 변용되고 있는 배경에 대하여 역사적, 국제법적 고찰을 통하여 밝혀 보려는 취지로 원고를 집필하였다. 즉, 나라와 나라 사이의 평등과 공존이라는 국제관계의 원칙과 이념으로 확립되어 온 다문화주의가 나라 안에서 이질적인 타문화와 공존할 수 있어야 한다는 주장으로 왜곡, 변용된 연원과 그 배경에 대한 해설을 필자의 원고 핵심내용으로 다루면서, 아울러 대한민국의 다문화정책의 실체가 되는 외국인 정책의 불합리성과 위헌성을 국제규범과 헌법규정에 근거하여 설명하였다.

국가 안에서의 다문화주의는 반역(反逆)이다

Multiculturalism in a nation state is treason

다문화와 인권이라는 평등이념의 탈을 쓴 위험한 전체주의가 대한민국을 위협하고 있다!

다문화주의(multiculturalism)와 민족주의(nationalism)는 제 2차 세계대전 종전후, 유엔(United Nations)의 출범과 함께 보편적인 국제규범으로 확립되었다. 그래서 다문화주의와 민족주의는 인류보편적 가치이며 이 지구상에서 가장 정의로운 이념이라 할 수 있다. 국제규범의 기본 문건이라 할 수 있는 유엔헌장과 세계인권선언의 핵심가치가 바로 다문화주의와 민족주의다. 20세기 중반에 새롭게 시작된 이러한 국제질서 하에서 인류는 그 역사상

유례없는 문명의 발전과 번영을 누리고 있는 것이다. 그런데, 인류보편적 가치이며 가장 정의로운 이념이라 할 수 있는 이 다문화주의와 민족주의가 교묘히 악용되거나 왜곡되어 있고, 그것이 갈수록 고착화 되고 있는 것이 현실이다.

다문화주의란 나라와 나라 사이의 질서와 원칙으로 존재할 때만 그것이 정의롭고 아름다운 것이다. 다문화주의가 하나의 독립적인 나라 안으로 들어와 내국적인 질서와 원칙으로 작동된다면 그 나라의 독립성과 정체성 그리고 주권이 부정되고 국제사회를 구성하고 있는 독립적인 주권국가들의 독립성과 정체성을 전제로 이루어지는 오늘날의 국제질서도 무의미해질 것이다. 따라서 국가 안에서의 다문화주의는 이러한 개별국가들의 주권과 독립성과 정체성을 전제로 하고 있는 각 나라의 헌법과 국제질서에 반하는 반역(反逆)이라는 것이다. −본문 중에서−

− 이 글은 자연현상으로서의 다문화가 국제정치적인 이데올로기로 그리고 국제 규범으로 발전해 온 역사적, 사상적 변천과정과 그것이 왜곡, 변용되어 오늘날의 독립적인 주권국가들의 정체성을 위협하고 국제질서를 혼란스럽게 하고 있는 연유와 그 배경에 관한 스토리텔링이다.−

들어가면서

*글로벌네트워크 상상도 – 다문화란 이와 같은 글로벌 네트워크와 같다. "문화는 시공간에 따라 다양한 모습으로 나타난다. 이러한 문화다양성은 이 지구상의 수많은 인간집단들의 독특한 정체성에 의해서 구현된다."라고 한 유네스코문화다양성 선언의 표현과 같이, 다문화란, 이 지구상의 수많은 인간집단들이 각각 그 독창적인 문화정체성을 독립적으로 유지한 채 각자의 위치에서 상호 교류, 협력하면서 공존하는 네트워크라고 정의할 수 있다. 문화는 이와 같이 각자 독립적으로 존재하면서 서로 교류함으로써 지구적으로 공존하는 것이다. 국가와 국가의 관계에 있어서는 문화는 서로 교류할 수는 있어도 서로의 공동체 안에서 공존할 수는 없는 것이다. 문화란 그 자체가 그 각각의 공동체의 고유한 정체성이기 때문이다.

1. 글로벌 이주와 '다문화주의'- 거스를 수 없는 대세인가 지구적 재앙인가?

글로벌 이주와 '다문화주의(multiculturalism)'는 오늘날 국제사회를 구성하고 있는 기본단위인 국민국가(nation state)[1]의 국경과 주권을 허물며 21세기 지구에서의 총성 없는 전쟁을 확산시켜오고 있다.

그래서, 대규모의 이민수용과 '다문화주의'를 반대하고 비판하는 측에서는, 글로벌 이주와 '다문화주의'를 인도주의로 포장한 비폭력적인 침략이라고 규정하기도 한다. 다소 극단적인 견해라고 볼 수도 있겠으나 이는 틀린 말이 아니다. 이질적인 문화정체성을 가진 외국인들을 대규모로 받아들여 그들로 하여금 자신들의 문화정체성을 그대로 유지하면서 공존하게 하는 것은 결국, 그들을 수용한 국가 안에 그들만의 독립적인 공동체를 스스로 허용하는 것이나 다름없기 때문이다. 하나의 독립주권국가 안에서 문화적 정체성이 다른 낯선 이방인들이 평등하고 평화롭게 공존한다는 것은 논리적으로 성립되기 어렵고 현실적으로 실현될 수 없는 망상에 불과한 것이다. 과거의 제국(帝國)이 아닌 오늘날의 국민국가(nation state)라는 것은 하나의 문화정체성으로 이루어지는 것이기 때문이다. 한 사람의 개인이 두 사람 이상의 정체성을 가질 수 없듯이 하나의 독립적인 주권국가가 두 가지 이상의 문화정체성을 가질 수는 없는 것이다.

　다양한 문화 정체성을 가진 인간집단들이 공존하면서 하나의 가치와 질서를 추구하는 통일된 사회를 이룰 수 있다는 이른바 '다문화주의자'들의 주장은 나라와 나라 사이에 존재하는 국제질서와 원칙에 해당되는 것일 뿐, 하나의 독립적인 주권국가 내에서는 실현될 수 없는 궤변에 불과한 것이다. 다문화와 사회통합은 서로 양립할 수 없는 모순의 관계에 있는 개념이다. 혈연이나 문화적 정체성이 같은 사람들끼리 모여 집단을 이루어 산다는 것과 그 속에서 자신의 정체성을 확인하고 구성원들끼리 끈끈한 유대감과 공동체 의식을 갖게 되는 것은 인간의 자연스러운 본능이다. 즉, 다문화주의와 민족주의는 자연스러운 인간의 본능으로부터 나온 자연법적인 당위성을 갖는다. 따라서, 하나의 독립적인 국가 안에서 정체성이 다른 이질적인 인간집단들과 공존해야 한다는 주장과 세계화 시대니 다문화

시대니 하며 민족주의라는 것은 이제는 버려야 한다는 따위의 주장은 인간의 본능과 자연법에 반하는 위선적이고 사악한 주장이라 할 수 있다.

대규모의 이민수용과 '다문화주의'를 먼저 경험해 온 서구 유럽국가들의 경우, 이미 2010년을 전후하여, "문화적 배경이 다른 다양한 인간집단이 공존하는 다문화사회를 건설하고자 한 정책은 실패했다"고 인정하면서 다문화정책의 폐기를 공식 선언한 바 있으며, 그로부터 약 10년이 지난 지금은 반이민과 반다문화주의를 내세우는 정치세력들이 유럽 각국에서 다수 국민들의 지지를 얻으며 급성장하고 있고 선거에서 승리하여 집권하고 있다. 늦었지만 서구 유럽국가들은 이제야 제정신을 차리고 국가의 정체성과 독립성 그리고 온전한 주권을 챙기기 시작한 것이다.

2019. 9. 24. 유엔총회에서 기조 연설하는 트럼프대통령

글로벌 이주와 '다문화주의'가 오늘날의 유엔을 중심으로 하는 국민국가(nation state)와 자유민주주의 체제의 국제질서를 위협하는 악(惡)이며 국제사회의 공적(公敵)이라고 직격탄을 날린 정치지도자는 트럼프 전 미국대통령이다. 트럼프 전 미국대통령은 지난 2019년 9월 24일 제74차 유엔총회 기조연설에서, "지금 이 시대 우리는 전 세계를 가로지르고 역사를 관

통하는 근본적인 분열의 시대에 살고 있으며, 자유민주주의를 기반으로 하는 독립적인 주권국가들의 주권과 전통적인 가치에 기반한 국제질서를 파괴하는 사회주의, 공산주의, 글로벌리즘²⁾의 위협에 직면해 있다"고 지적한 바 있다. 그러면서 그는, '그 분열이란, 통제에 목말라 하며 그들이 다른 이들을 지배할 운명이라는 착각에 빠져 있는 자들과 그들 자신만을 통치하기를 바라는 국민들과 국가들 간의 분열'이라고 덧붙였다.

이어서 그는, "미국을 비롯한 전 세계의 모든 책임있고 독립적인 주권국가들은 세계지배주의의 글로벌리즘(globalism)를 철저히 배격하고, 각국이 자국의 주권(sovereignty)을 온전히 지키는 민족주의(nationalism) 혹은 애국주의(patriotism)를 최우선의 가치로 삼아야 하며, 이러한 독립적인 주권국가들의 국민들이 자국에 대한 긍지를 가지고 자국의 역사와 문화정체성을 소중히 여기며, 자신들의 조국을 스스로 강하고 위대하게 만들면서 상호 협력하는 것이 이 인류사회의 공동의 번영과 평화 그리고 정의를 실현하는 길"이라면서 "각국들은 지키고 기념할 가치가 있는 소중한 역사와 문화와 유산을 가지고 있으며, 그것은 우리에게 독특한 잠재력과 강력한 국력의 원천이 됩니다. 자유진영은 각 국가의 근본(문화적 정체성)을 소중히 지켜나가야 합니다. 그것을 부정하거나 다른 것으로 대체하려고 해서는 안 됩니다"라고 역설하였다. 트럼프 대통령의 이 연설은 일관되게 오늘날 국제사회를 구성하고 있는 모든 국가들의 주권과 독립과 독특한 문화정체성을 소중하게 지키면서 각자가 스스로 자신들의 나라를 강하고 위대하게 만들기 위해 노력하면서 서로 협력하는 것이 국제사회의 보편적 가치와 정의이며 이로써 인류사회의 공동의 번영을 실현하는 것임을 강조하였다.

트럼프 대통령에 대한 호불호의 평가는 극명하게 엇갈리지만, 적어도 그가 유엔총회에서 한 이 연설만큼은 역사에 남을 세기의 명연설이라 할 만하다.

빅토르 오르반 헝가리 총리는 '유럽연합(EU)의 이민정책과 다문화정책은 국제법적 상식에 어긋나는 것'이라며, '유럽으로 몰려오는 이민자들은 유럽국가들의 주권과 문화정체성을 위협하는 침략자들(invaders)'이라고 지적한 바 있다.

PC주의(정치적 올바름)에 매몰된 위선적인 언론과 정치인들은 트럼프 대통령과 오르반총리의 위와 같은 발언을 극우민족주의니 고립주의니 하며 폄하하지만, 위 두 정치지도자들의 발언내용은 바로, 국제사회를 구성하고 있는 모든 국가들이 자국의 주권과 독립과 문화정체성을 최우선의 가치로 지키면서 상호 협력함으로써 국제관계를 발전시켜 나가자는 국제연합의 이념을 상기시키고 있는 것이다.

21세기 세계 지도자들 중 미국의 트럼프 전 대통령과 함께 이 오르반 총리와 같이 PC주의의 공격을 전혀 개의치 않고 글로벌리즘과 '다문화주의'의 해악을 이렇게 적나라하고 신랄하게 지적하고 비판한 지도자는 없을 것이다.

문제는 우리 대한민국이다. 전 세계에서 그 유례를 찾아보기 어려운 민족의 단일성과 독창적인 문화정체성을 가진 대한민국이 지난 2000년대 중반부터 국민들의 정서와 상식은 무시한 채 일방적으로, 세계 어느 나라보다도 극단적인 '다문화주의'를 표방하며 적극적인 이민정책과 다문화정책을 추진해 오고 있다. '다문화주의'의 원산지라 할 수 있는 서구 유럽 국가들이 그 실패를 인정하고 폐기를 선언한 '다문화주의'를 이상적인 미래사회의 모델이라며 맹종하는 정신 나간 정치인, 언론, 지식인, 관료들에 의해서 저질러지고 있는 무책임한 작태가 바로 대한민국의 다문화 정책인 것이다.

국제이주기구(IOM) 2020년 글로벌동향보고서에 의하면, 전 세계 글로벌 이주자는 2억 8,100만 명으로서 이는 지구 전체 인구인 78억 명의 3.6%에 해당되며, 이 중 이주노동자는 그 58.4%에 해당하는 1억 6,400만 명으로 나타나고 있다. 또한, 이주자 및 디아스포라를 통한 국제송금액은 7,020억 달러에 이른다고 한다. 그리고 유엔난민기구(UNHCR) 2020년 글로벌 연례보고서에 의하면, 전 세계 강제 실향민 수는 8,240만 명이고 난민은 2,640만 명이며 유엔난민기구 등록난민은 2,070만 명, 국내실향민은 4,800만 명, 난민신청자는 410만 명, 2020년 신규 난민신청자는 110만 명으로 집계되고 있다고 한다. 2020년 국가별 신규 난민신청 접수현황을 보면, 미국이 25만 800명으로 1위를 차지하고 있고, 독일 10만 2,600명, 스페인 8만 8,800명, 프랑스 8만 7,700명, 페루 5만 2,600명 순으로 그 뒤를 잇고 있다.

우리나라 2020년 신규 난민신청자 수는 6,684명으로 2019년도 신규 난민신청자 15,452명보다 절반 이하로 줄었으며, 2021년 신규 난민신청 접수 건수는 2,341명으로 전년 대비 약 1/3 수준으로 급격히 감소하였다. 그러나 이는 코로나 팬데믹으로 인한 잠정적인 현상일 뿐, 2013년 난민법 시행 후 종전 1년에 수백 명에 불과하던 난민신청자 수는 매년 수직상승하여 2018년도에는 16,173명까지 치솟았다.

이에 법무부에서는 이런 추세라면 2021년도에는 예상 누적 난민신청자 수는 12만 7,000명에 이를 것이라고 예상하기까지 했었지만, 실제 2021년 누적 난민신청자 수는 73,383명에 그친 것이다. 그러나 2022년도 신규 난민신청자 수는 11,539명으로 전년 대비 약 5배로 급증하였다.

이와 같은 대규모의 글로벌 이주현상은 기후 및 환경적 재난, 경제적 파탄과 전쟁 등으로 인한 비자발적 요인과 저개발 지역의 노동자들이 일자리를 찾아 노동력이 부족한 선진공업국가지역으로 이동하는 자발적 요인 등에 의하여 일어나고 있다.

2. 글로벌 이주가 만들어 낸 왜곡, 변용된 평등이념- '다문화주의'와 인권

이른바 '다문화주의'라는 것은 이러한 글로벌 이주현상으로 대규모의 외국인들을 지속적으로 받아들이고 있는 국가들의 국민들에게 낯선 이방인들과 평등하게 공존해야 한다고 요구하는 논거로 변용된 평등이념이다.

원래 다문화주의라는 것은 국가나 민족공동체 같은 독립적인 인간집단들이 각각 그들의 고유한 문화정체성을 유지하면서 공존하는 자연법적인 질서를 의미하는 것이다. 그런데 이를 독립적인 하나의 국가 안에서 이질적인 문화정체성을 가진 인간집단과 평등하게 공존해야 한다는 논리로 왜곡, 변용하여 나라 밖에서 들어오는 이질적인 문화정체성을 가진 이방인들을 받아들여 그들과 평등하게 공존해야 한다고 강요하는 논거로 활용되어 오고 있는 것이다.

이러한 평등해질 권리란 천부인권, 보편적 인권에서 비롯되는 것인데 '다문화주의'는 글로벌 이주를 인권이라고 전제하는 것이다. 그러나 글로벌 이주는 인권이 아니다. 국경과 주권의 제약을 받지 않는 무제한적 이주는 다른 사람의 인권을 침해할 수 있기 때문이고, 그러한 글로벌 이주를 인권이라고 한다면 지금까지의 인류가 만들어 온 국가의 주권과 국경, 문화정체성과 같은 인류의 문명을 스스로 부정하는 것이 되기 때문이다.

세계인권선언 제29조와 30조를 보면, 타인의 자유와 권리를 침해하거나 독립적인 주권국가의 독립성과 주권과 정체성을 침해하는 것은 인권이 아니라는 취지로 표현되고 있다

또한, 이렇게 다문화주의를 소환하고 있는 글로벌 이주도 자연스러운 것이 아니며 바람직한 현상도 아니다. 국제사회는 이민과 난민의 발생 원인을 방임하면서 인도주의를 내세우며 그들을 전 세계 각지로 이주시켜 민폐를 끼치게 할 것이 아니라, 그 지역의 파괴된 환경을 복구하고 삶의 인프라 재건을 지원하는 일에 선제적으로 나서야 하며, 분쟁 발생지역에 대해서도 유엔(UN) 차원에서 조기에 개입하여 전쟁을 억제하고 현지에서 난민을 보호하는 일에 힘을 모아야 한다. 그러나, 현실은 강대국들 간의 이해관계로 인하여 혹은 거대자본과 기업들의 탐욕으로 인하여 그러한 마땅히 우선되어야 할 일들이 방치된 채, 이민과 난민을 세계 각지로 배분하여 수용하는 일에 더욱 관심을 기울이고 있는 실정이다.

이는 각국의 정치인들과 기업들 그리고 인력 송출브로커들로서는 난민과 이민자들을 값싸고 부리기 수월한 노동력으로 혹은 그들을 자국의 국민으로 귀화시켰을 때 선거에서 획득할 수 있는 표로 인식하고 있기에, 이민과 난민의 발생을 자신들의 이익을 극대화할 수 있는 기회로 보고 있기 때문으로 보인다. 대규모 이민자들의 유입으로 인한 사회적 비용과 리스크는 고스란히 그들을 수용하는 국민들이 떠안게 될 것임에도 그들에게는 이러한 서민들이 겪게 될 재앙적 고통은 물론, 국가의 정체성과 주권과 독립이라는 가치는 안중에도 없고 오로지 그들의 정치적, 경제적 이익이 우선할 뿐인 것이다.

영국의 대표적인 거시경제학자인 찰스 굿하트(Charles Goodhart) 런던 정치경제대학교 교수는 그의 저서 『인구대역전(The Great Demographic Reversal)』에서, 세계적 고령화에 대한 방안으로 이민을 생각할 수 있겠지만, 이미 순이민은 감소세로 돌아섰으며, 이머징 마켓(신흥시장)에서 선진경제로의 순이민 또한 2007년을 정점으로 감소 추이에 놓여 있다고 진단하고 있다.

또한, 코로나 팬데믹 이후 더욱 뚜렷해지는 세계화의 퇴조현상과 세계적인 반이민 정서는 각국의 보다 공고해진 내셔널리즘에 기반한 인터내셔널리즘이 글로벌리즘을 밀어내고 보편적 국제질서로서의 그 원래의 자리를 되찾고 있다. 그런데도, 대한민국의 정치권과 언론은 아직도 제정신을 못 차리고 이민확대와 '다문화주의'만이 우리의 미래의 살길이라는 무책임한 소리나 하고 있으니 개탄스럽기 짝이 없는 노릇이다.

결론적으로, 글로벌 이주를 적극적으로 수용하여 그들과 평등하게 공존해야 한다는 이른바 '다문화주의' 라는 것은 그 실체가 인도주의도 아니며 미래의 이상적인 사회모델을 지향하는 이념도 아니다. 오늘날의 이른바 '다문화주의'라는 것은 위와 같은 국제사회의 정치적, 경제적 동기에서 만들어져 선량한 대다수의 국민들에게 강요되고 있는 전체주의적인 사회통합 이데올로기인 것이다. 그런데 신기하게도 우리 대한민국에서는 그 원산지라 할 수 있는 서구 유럽국가들조차도 그 실패를 인정하고 폐기를 선언한 이 '다문화주의'에 대하여 비판하거나 반대하는 정치세력은 그 어디에도 찾아 볼 수 없고, 언론과 학계에서도 '다문화주의'에 관하여 맹목적으로 찬양하고 지지하는 취지의 주장과 글들만 넘쳐 날 뿐 '다문화주의'를 비판하거나 반대하는 취지의 주장이나 글들은 전무한 실정이다. 대한민국에서의 '다문화주의'는 마치 브레이크 없는 자동차처럼 여전히 질주하고 있다.

국가나 민족공동체와 같은 독립적인 인간집단 내에서 이질적인 문화정체성을 가진 인간집단들이 서로의 다른 문화정체성을 인정하고 공존해야 한다는 '다문화주의'라는 것은 우선, 서로 다른 정체성을 인정하는 것을 전제로 국민들에게 일방적으로 강요되기 때문에, 그 자체가 인종차별적이며 비인권적이며 반민주적인 속성을 가지고 있다.

그래서 이 '다문화주의' 라는 것은 본질적으로 오늘날 국제연합을 중심으로 하는 국민국가 단위의 다원적인 국제질서에 반하며, 자유민주주의 체제에 반하는 전체주의적, 제국주의적 특징을 갖고 있다. 즉, '다문화주의'는 이 지구상의 모든 나라들의 주권과 독립과 고유하고 독특한 문화정체성을 최우선으로 하고 있는 국제연합의 목적과 원칙에 반하며, 전통적 가치에 기반한 모든 자유민주주의 국가들의 헌법적 가치에 반하는 것이다. 그럼에도 불구하고, 정치권과 언론, 법조계와 학계, 기업 등 이른바 소수의 엘리트 계층에 의하여 인류보편적 가치인 평등이념과 인도주의로 포장되어 국민 대중에게 마치 그것이 거스를 수 없는 대세인 양 강요되고 있는 것이 이 '다문화주의'다.

다문화주의란 나라와 나라 사이의 질서와 원칙으로 존재할 때만 그것이 정의롭고 아름다운 것이다. 다문화주의가 하나의 독립적인 나라 안으로 들어와 내국적인 질서와 원칙으로 작동된다면 그 나라의 독립성과 정체성 그리고 주권이 부정되고 국제사회를 구성하고 있는 독립적인 주권국가들의 독립성과 정체성을 전제로 이루지는 오늘날의 국제질서도 무의미해질 것이다. 따라서 국가 안에서의 다문화주의는 이러한 개별국가들의 주권과 독립성과 정체성을 전제로 하고 있는 각 나라의 헌법과 국제질서에 반하는 반역(反逆)이라는 것이다.

또한, 하나의 독립적인 국가 안에서 다문화주의를 적용할 경우, 마치 그 사회 안에서 신분별, 계층별, 세대별, 남여별로 각각 독립적인 문화가 존재하는 것인 양, 그 사회를 파편화하고 문화 그 자체의 독립성과 경합성이라는 속성으로 인하여 사회적 갈등과 분쟁을 조장한다.

이 글은 위와 같은 '다문화주의'의 실체를 해부하고 그 위선적이고 불법적인 논거를 분별하고 지적할 수 있는 논리를 간략히 정리한 에세이 형식으로 씌여진 글이다. 학술논문 형식의 글이 아니라 '다문화주의'에 대한 필자의 생각을 자유롭게 정리하여 독자들과 공유하고자 하는 것이기에 가급적 다른 저술의 내용을 인용하거나 주석을 다는 것은 피하였다. '다문화주의'에 대한 국내외 저술이나 논문은 많이 나와 있지만 그 대부분이 '다문화주의'를 맹목적으로 찬양하면서 그것을 수용해야 한다는, 거의 선동에 가까운 일방적이며 획일적인 주장들만 넘쳐나고 있는 실정이다.

우리나라에서는 주로 '다문화주의'에 관한 다양한 주장들과 논쟁들을 소개하고 있는 미국이나 캐나다 학자들의 글들을 많이 인용하면서 아무런 비판 없이 그러한 주장들을 마치 당연한 듯이 우리나라에도 그대로 적용되어야 한다고 주장하고 있는 것이 우리나라 지식인들의 한심한 수준이다. 우리나라가 그 태생부터 이민기반의 다인종, 다민족국가인 미국이나 캐나다와 같을 수가 없다. 미국은 미국대로 캐나다는 캐나다대로, 자국이 처한 상황과 국익에 따라 나름대로 다문화주의를 정의하고 그에 걸맞은 최선의 정책을 선택하여 시행해오고 있는 것이다. 그래서 필자는 이 글에서 '다문화주의'에 관한 잡다한 국내외 주장들을 인용하여 나열하는 것은 가급적 피하였다. 그것은 오히려 독자들에게 혼란만 줄 뿐이며, 지면 낭비, 시간 낭비일 뿐이라고 판단하였기 때문이다. 그래서 이 글에서의 필자의 주장이 다소 독단적이고 편협하게 비춰질 수도 있을 것 같아 미리 양해를 구한다. 이 글에서의 필자는 오로지 국제규범과 우리 대한민국의 헌법에 근거해서 '다문화주의'를 해석하고 평가하고 있을 뿐이다.

3. 다문화주의의 연원(淵源: origin)과 변용(變容)

다문화주의라는 개념이 국제정치사에서 처음 등장한 것은 1648년 유럽에서의 30년 종교전쟁을 끝내면서 체결한 베스트팔렌 조약에서 비롯되었다. 유럽은 이때부터 하나의 패권이 지배하는 국제질서로부터 역내 모든 국가들의 주권과 문화정체성을 평등하게 서로 존중하면서 공존하는 문화 다원주의의 국제질서로 전환되게 되었다. 그러나 서구 유럽국가들이 자국의 사회통합 정책의 일환으로 이 다문화주의라는 용어를 사용하기 시작한 것은 1957년 스위스의 정책을 기술할 때 사용되었고, 1960년대 후반에 캐나다에서 널리 쓰이기 시작하여 특히 영어권 국가들을 중심으로 서구 유럽 국가들에 빠르게 확산되었다고 알려지고 있다.

현재까지 가장 원론적인 다문화주의를 채택하고 있는 나라는 캐나다. 러시아에 거의 필적하는 세계 2위의 광대한 영토를 가진 캐나다의 인구는 약 3,800만 명에 불과한데, 그마저도 그 대부분이 미국과 국경을 맞대고 있는 남부 지역에 집중되어 있어서 그 나머지의 광활한 지역은 사람이 거의 살지 않고 있다. 그래서 캐나다는 여러 민족집단과 민족문화의 개별성과 다양성을 효과적으로 공존시키면서 하나의 통일적인 연방의 틀을 유지·발전시키는 장치로 '다문화주의' 모델을 개발하였다.

캐나다의 다문화주의 이론가로 유명한 윌 킴리카(Will Kymlicka) 퀸스대학교 정치철학과 석좌교수가 주장하는, 서로 상반되는 '다문화주의'와 '민족주의'를 조화롭게 공존시켜야 한다는 소위 '다문화민족주의'라는 것은 전 세계에서 이민을 받고 있는 캐나다의 역사적, 지리적, 정치적 여건에서 '어쩔 수 없이' 선택한 정책에 불과한 것일 뿐, 그것은 다른 국가들에게까지 적용할 수 있는 보편적인 이론은 아닌 것이다.

반면에 미국에서는 다문화주의에 관한 논쟁이 활발하게 일어났던 1990년대 미국의 역사학자들과 미국의 자유주의 지식인들은 집단의 권리와 정체성 정치를 주장하는 '다문화주의'가 미국을 분열시킬 것이라고 우려했다. 미국의 역사학자 아서 슐레진저(Arthur Schlesinger Jr)는 '다문화주의'의 도전에 맞서 개인의 권리와 민주주의를 강조하는 미국적 신념으로 되돌아가야 한다고 주장했다. 미국 UC버클리대 명예교수인 데이빗 홀린저(David Hollinger)는 집단 정체성을 본질적인 것으로 보는 '다문화주의'를 넘어서 문화집단들 사이의 연대를 추구해야 한다고 주장했다. 슐레진저와 홀린저는 각기 다른 미국적 이상을 추구했지만 이들 모두 '다문화주의'를 미국사회의 갈등을 증폭시키는 요소로 보았다.

'다문화주의'의 가치와 국가로서 미국이 추구하는 가치 사이의 대립을 상정하는 이들의 시각은 1990년대 학계의 지배적인 시각이기도 했다. 그러나 여론조사에 의하면 인종과 민족성(ethnicity)의 경계를 가로질러 미국인들은 '다문화주의'를 수용하면서도 미국인으로서의 정체성을 보유했다. 슐레진저와 홀린저는 인종 간 결혼과 다인종인구의 증가로 인해 인종과 민족성의 구별이 자연스럽게 사라질 것이고, 단일 인종정체성에 기댄 '다문화주의'의 세력도 약화될 것이라고 예측했다. 그러나 2000년과 2010년 센서스 결과에 따르면, 다인종인들의 인종 자기정의 방식은 다양했고, 이들이 고정된 인종정체성 대신에 복수의 유동적 정체성을 늘 채택하지는 않았다. 1990년대 미국 역사학자들은 다양성의 가치를 어느 정도까지 미국적 가치로 받아들일 것인가라는 문제에 대해 합의를 하지 못했고 미국사회는 아직도 같은 질문을 대면하고 있다.

'상상의 공동체론'으로 유명한 미국의 베네딕트 앤더슨(Benedict Anderson) 교수는 이 지구상에서 민족주의적 성향이 가장 두드러진 나라가 바로 다양한 민족과 인종으로 국민을 구성하고 있는 세계 최강대국 미국이라고 지적한 바 있다. 미국은 대영제국에 대항한 독립전쟁에서 승리하면서 미국 땅에 존재하는 원주민과 흑인노예, 백인 이주민들을 하나의 미국인으로 통합한 새롭고 강력한 민족주의 국가로 탄생했다는 것이 베네딕트 앤더슨의 주장이다.

이와 같이 같은 이민 배경의 국가라도 '다문화주의'에 관한 캐나다와 미국의 개념과 정책은 근본적으로 차이가 있다. 그런데도 우리나라 지식인들은 위와 같은 캐나다의 모델을 마치 그것이 이상적인 사회모델인 양 당연히 우리나라도 캐나다의 모델을 따라가야 하는 것처럼 주장하는 한심한 이들이 적지 않다. 캐나다는 우리나라와는 지리적, 역사적, 문화적 배경이 판이하게 다른 국가이다. 또한, 캐나다의 모델은 그 자체가 서구유럽국가들 중에서도 극히 예외적인 케이스로 봐야 한다.

지난 2010년을 전후하여 유럽의 주요 정상들이 '다문화주의' 정책이 실패하였음을 인정하고 공식적으로 그 폐기를 선언하였던 사실을 상기할 필요가 있다. 유럽에서 사회 통합정책으로서의 '다문화주의'가 실패한 것은 사필귀정(事必歸正)이다. 다문화주의는 나라 바깥에서 국가 간에 존재하는 국제질서이어야지 하나의 독립적인 주권국가 안에서 적용되어서는 안 되는 것이기 때문이다. 미국도 대표적인 다민족, 다인종 국가이지만 하나의 강력한 통합된 가치체계를 지향하는 국가다. 그러므로 미국은 다민족, 다인종국가로서 하나의 단일한 문화정체성을 지향하는 국가일 뿐 그 자체를 다문화국가라고 할 수는 없을 것이다.

이 글은 위와 같은 견지에서, 먼저 다문화주의에 관한 용어의 기원과 개념 정의로 본문을 시작한다. 그 다음, '다문화주의'를 소환하는 과정에서 우리 사회에서 지나치게 왜곡, 폄하되어 있는 민족주의에 대한 담론을 펴보았다. 그러다 보니 결국 다문화주의와 민족주의는 같은 개념이라는 결론에 도달한다. 그 다음으로, 우리나라 '다문화주의'의 실체를 파악해 보면 결국 '다문화주의'라는 것은 대규모의 외국인들을 지속적으로 이주시키기 위해서 우리 사회의 전통적인 질서와 가치를 파괴하기 위한 논거로 도입되어 국민들을 선동하고 세뇌시키는 수단으로 활용되고 있음을 알 수 있다.

즉, 우리 대한민국이 이질적인 문화정체성을 가진 인간집단들과 그들의 문화정체성을 그대로 인정하면서 공존할 수 있어야 한다는 주장은 결국, 값싼 노동력을 대규모로 그리고 지속적으로 이 나라에 유입시켜 정착시킴으로써 자신들의 이익을 극대화하려는 기업의 고용주들과 이들을 선거판에서의 표로 인식하여 부화뇌동한 정치인과 고위 공무원, 외국인들의 출입국과 체류과정에 개입하여 돈벌이를 일삼는 외국인 출입국 브로커와 국내외 송출업자들, 그리고 외국인 인권을 팔아 생계를 유지하는 생계형 시민단체들의 탐욕으로부터 비롯된 것이라는 이외에 다른 이유는 찾아보기 어렵다.

또한 국가 안에서 다문화주의를 하자는 주장은 평등이라는 이름으로 우리 사회의 전통적 가치와 질서를 파괴하면서 우리 사회를 파편화시키는 논거로 활용되고 있다. 이를테면, 부모와 자녀, 교사와 학생, 노동자와 고용주들을 평등이라는 이름으로 대립시켜 가정을 파괴하고 학교를 파괴하며, 직장을 파괴한다. 동성애, 성전환, 비혼주의 같은 일탈된 비정상적인 성향들을 '소수자 문화'로 포장하여 법제도적으로 그들을 평등하게 인정해 줄 것을 요구하며, 반인권적이며 폭력적이며 여성 차별적인 특정 종교의 교리도 이를 비판하면 어김없이 차별과 혐오라는 프레임을 씌워 공격한다.

4. 국가 안에서의 문화공존 주장은 다문화주의가 아니라 반(反)다문화주의다

국가 안에서 문화적 정체성이 서로 다름을 인정하자는 주장은, 위와 같이 국민들의 보편적인 상식과 자연스럽게 형성된 정서를 무시한 채, 정치적 힘을 가진 소수 그룹에 의해서 왜곡, 강요되고 있다는 점에서 그 자체가 분란을 조장하며 인종차별적이며, 반인권적이며 반민주적인 속성을 가지고 있다. 그래서 이는 자연법에 반하고 헌법과 국제법적 상식에 반하는 사악한 주장이라 할 수 있다. 국가 안에서의 문화공존을 주장하는 것은 궁극적으로 문화다원주의적인 국제질서에 반하는 것이므로, 다문화주의가 아니라 반(反)다문화주의(anti-multiculturalism)라고 불러야 옳을 것이다.

필자는 국가 안에서 문화 공존할 수 있어야 한다는 주장을 다문화주의라고 부르는 것을 반대한다. 국가 안에서 문화 공존할 수 있어야 한다는 주장을 다문화주의라고 부르는 그 자체가 문화해체를 획책하는 세력들의 용어 프레임에 빠져드는 것이기 때문이다. 그래서 이 글에서 필자는 이를 따옴표를 붙여 '다문화주의'라고 표기하기로 한다.

I. 다문화주의의 기원(起源; origin)과 용어의 정의 - 자연법적인 사유로 비롯되어 정치사회적인 이데올로기로 진화되다.

1. 문화

1) 문화(文化; culture)란 무엇인가?

다문화주의(multiculturalism)를 설명함에 있어서는 먼저 '문화'라고 하는 용어의 개념부터 정리하고 시작할 필요가 있다. 많은 사람들이 이 '문화'라는 용어가 주는 익숙하고 거부감 없는 고정관념 때문에 우리 사회에 대하여 '다문화주의'가 야기시키는 사회적 혼란과 모순을 분별하고 경계하기 어려워하는 경향이 있다. 이 책에서 다루고 있는 '다문화주의' 혹은 '다문화정책'에서의 '문화'의 의미는 법적, 정치적 개념으로서 인간집단의 정체성이나 권리 그 자체를 뜻하는 매우 민감하고 엄중한 의미를 가지고 있다. 우리가 일상적, 대중적으로 널리 사용하고 있는 '문화'라는 개념은 엄밀히 말해서 '문화적 산물'이나 '문화적 표현'을 의미하는 것으로 그 의미가 전혀 다르다는 것을 알아야 한다.

국립국어원 표준국어대사전은 문화에 관하여, "자연상태에서 벗어나 일정한 목적 또는 생활이상을 실현하고자 사회구성원에 의하여 습득, 공유, 전달되는 행동양식이나 생활양식의 과정 및 그 과정에서 이룩하여 낸 물질적, 정신적 소득을 통틀어서 이르는 말. 의식주를 비롯하여 언어, 풍습, 종교, 학문, 예술, 제도 따위를 모두 포함한다"라고 정의하고 있다.

글로벌 세계대백과사전을 보면, "문화란, 주로 자연과 대칭되는 개념으로 쓰이는 것으로서 인간을 제외한 자연은 객관적·필연적으로 생기나, 이러한 자연을 소재로 하여 목적의식을 지닌 인간의 활동으로 실현되는 과정이 '문화'이며, 이러한 과정이 구체적으로 형상화된 산물(産物)을 '문화재'(文化財)"라고 설명하고 있다.

또한, 유네스코 문화다양성 선언은 그 서문에서, 문화란, "사회와 사회 구성원의 특유한 정신적·물질적·지적·감성적 특성의 총체로 간주해야 하며, 예술 및 문학 형식 뿐 아니라 생활양식, 함께 사는 방식, 가치체계, 전통과 신념을 포함하는 것으로, 그 사회의 정체성, 사회단결 및 지식기반 경제의 발전에 대한 현행 논의의 핵심을 이루고 있는 것"이라고 정의하고 있다.

위와 같은 문화의 정의들을 종합하여 가장 보편적인 정의를 내려 보면, 문화란, '인간이 그 생존과 번영을 위하여 자연환경을 변화시켜 삶의 방식으로 만들어 가는 정신적, 물질적 활동과정과 그 결과'라고 정의할 수 있다. 그래서 흔히들 문화는 자연에 대칭되는 개념으로 그리고 그 물질적 결과물이라 할 수 있는 문명은 야만에 대칭되는 개념으로 설명되고 있다.

이 지구상의 모든 생물들은 자연환경에 순응하면서 살아가고 있는데 그 자연환경 안에서 생육하는 생물군과 그 생물들을 제어하는 제반요인을 포함하는 복합체계를 생태계(eco system)라 부른다. 그런데 인간들은 다른 생물들과는 달리 그들의 생육과 번성을 위하여 필요한 제반요인들을 스스로 만들어 냄으로써 오히려 자연환경을 제어해 왔다. 이것을 통칭하여 문화라 할 수 있을 것이다. 즉, 인간이 그들의 생육과 번성을 위하여 스스로 자연환경을 제어해 가는 과정과 그 결과들이 문화이며 이는 각 인간집단들이 처한 환경(공간)과 시대(시간)에 따라 저마다 서로 다른 독창적이고 다양한 모습과 형태로 발전해 왔다. 이와 같이 문화란 인간집단들이 그들의 생존과 번성을 위하여 그들이 처한 자연환경에 적응하거나 자연생태계를 제어하기 위한 모든 정신적, 육체적 활동과정과 그 결과를 통칭하는 관념적 표현이다. 따라서, 문화란 그 자체가 어느 특정한 독립적인 인간집단의 정체성을 통칭하는 하나의 관념으로서 그로부터 파생된 문화적 표현이나 문화적 산물과는 그 개념을 달리한다.

2) 문화와 '문화적 산물'/'문화적 표현'은 구분되어야

문화(文化)라는 용어는 우리 일상생활에서 매우 폭넓고 다양한 개념으로 쓰이고 있다. 특히나 요즘 한국사회에서 이 문화라는 용어가 지나치게 남용, 오용됨으로써 문화라는 개념 그 자체가 갖는 독립성과 경합성(競合性)으로 인하여 우리 사회를 세대별, 계층별, 신분별로 갈등을 유발하고 파편화시키고 있는 것이 현실이다.

즉, 주거문화, 음식문화, 놀이문화, 음주문화, 패션문화, 여가문화, 스포츠문화, 레저문화, 소비문화, 기업문화, 노동문화, 청년문화, 여성문화, 소수자문화, 대중문화, 교통문화, 길거리문화 등과 같이, 우리 사회생활에서의 각 분야에서 나타나는 보편적인 특징이나 양식, 기본적인 의식주와 다방면의 사회생활을 위하여 상품과 용역(用役; service)을 소비하고 향유하는 행태나 양식, 사회 내 세대별, 계층별, 신분별로 다르게 나타나는 가치관이나 행동양식 등의 의미로 쓰이고 있다. 1960년대에서 1970년대까지만 해도 이러한 개념의 용어로는 '주거생활', '여성생활', '소비생활', '기업정신', '청년정신', '노동정신', '시대정신' 등과 같이 '문화'라는 용어 대신에 '~정신', '~생활' 과 같이 표현하여 쓰였던 것이 일반적이었는데, 요즘은 이러한 방식의 표현은 사라지고 모두 '문화'로 대체되어 사용되고 있다. 이러한 개념의 '문화'라는 것은 오늘날의 일상화 된 국제교류와 교역을 통하여 국적과 국경의 구분 없이 전 세계적으로 공유되고 있다. 특히, 상품과 용역(用役: service)을 소비함에 있어서 그것이 어느 나라에서 생산되었든 간에 글로벌 공급망을 통하여 국경과 국적을 초월하여 전 세계에서 동시에 소비되고 있으며, 사회 내 세대별, 계층별, 신분별로 다르게 나타나는 가치관이나 행동양식이라는 것도 활발한 국제교류와 연대를 통하여 지역이나 국경을 초월하여 공유되고 있는 것이 현실이다.

문화의 개념을 위와 같이 이해할 경우, 지금 전 세계 거의 모든 나라는 이미, 서로 다른 이질적인 문화가 평화롭게 공존해야 한다는 다문화국가 내지는 다문화사회가 되었다고 말할 수 있다. 국적과 국경의 구분 없이 다양한 '문화'가 그 국가나 사회 내부에 공존하면서 사람들에 의해 향유되고 있기 때문이다.

그러나, 앞서 언급되었듯이 위에 열거한 것들과 같이 '사람들이 일상적으로 소비하고 향유하는 다양한 문화'라는 것은 문화적 산물이나 문화적 표현일 뿐 그 자체를 문화라고는 할 수 없다 할 것이다. 우리 한국 사람들이 일본의 스시를 즐겨 먹는다고 해서 일본 사람은 아니며, 중국에서 유래된 음식인 짜장면과 탕수육을 좋아한다고 해서 중국 사람이 될 수 없으며, 미국에서 유래된 청바지를 즐겨 입고 햄버그를 좋아한다고는 해서 미국 사람이 될 수 없다 할 것이다. 반대로 미국 사람들이 우리나라의 김치와 불고기를 좋아하고 K팝과 한국 드라마를 즐긴다고 해서 한국 사람이 될 수 없듯이, 단지 위에 열거한 것과 같은 문화적 산물이나 문화적 표현을 소비하고 향유하는 것만으로 그 국가의 문화정체성 자체를 받아들이는 것과 동일시할 수는 없는 것이다. 따라서, 오늘날 우리가 다양한 문화적 산물과 문화적 표현을 향유하고 있다고 해서 우리나라가 이미 다문화국가가 되었다고 말하는 것은 틀린 말이다.

3) 문화는 독립적이며 지속가능한 인간집단의 정체성이며 주권이다 - 문화의 법적, 정치적 함의(含意)

이 글에서 다루고 있는 문화의 개념은 앞에서 언급한 바와 같이, 우리 사회생활에서 각 분야별로 나타나는 보편적인 행동양식 혹은, 일상생활에서 상품과 용역을 소비하는 양식이나 세대별, 계층별, 신분별로 다르게 나타나는 가치관이나 행동양식 등을 말하는 것이 아니라, 독립적이며 지속가능한 인간집단의 정체성(正體性; identity) 그 자체를 의미하며, 그것은 그 집단의 내부에서 문화적 정체성이 다른 인간집단과는 결코 혼합되거나 공존할 수 없는 고유하고 독립적인 자연권으로서의 권리, 즉 주권(主權; sovereignty)으로 표현할 수 있다. 즉, 문화란 인간집단의 고유한 정체성이며 주권이다. 그러므로 하나의 독립적인 인간집단 내에 서로 다른 이질적인 문화를 가진 인간집단들이 공존한다는 것은 개념적, 논리적으로 성립될 수 없고 현실적으로 가능하지도 않다. 정체성은 그 인간집단이 공유하는 핵심적 가치로서 정치적 이념과 법적 당위성의 본질을 이루며 대외적으로는 그 자주성과 독립성 그리고 불가침성으로 인하여 배타적 주권을 인정받는 근

거가 된다. 그런 의미에서 문화라는 용어는 법적, 정치적 개념의 용어라는
것이다.

문화란 국가나 민족과 같은 독립적인 인간집단이 다른 집단과 구분되면
서 독립적인 존재로 인정받아야 하는 이유가 되는 그 모든 것을 포함하는
개념, 즉 그 인간집단의 정체성(正體性; identity) 그 자체인 것이다. 모든 개인
은 태어나면서부터 그 누구와도 대체될 수 없는 각자의 인간으로서의 고
유한 정체성을 가지는데, 그것이 바로 인간이라면 누구나 자연권으로서의
천부인권을 가지는 이유이며, 그래서 모든 인간의 인권은 존엄하며 평등
하다는 것이다. 이와 마찬가지로, 인간집단의 정체성인 고유하고 독특한
문화도 그 자체로 평등하며 그 독립성과 자결권이 존중되고 보장되어야
한다는 주장이 바로 문화다원주의(다문화주의)이다.

개인에게 천부인권이 있다면 국가나 민족 공동체 같은 독립적인 인간집
단에게는 자연권으로서의 문화적 자결권 즉, 문화주권이 있다.

4) 집단적 권리로서의 문화적 자결권과 인권과의 상호연관성

국제인권규약 제1조는 집단적 권리로서의 문화적 자결권을 다음과 같
이 규정하고 있다. 즉,

*"모든 국민(민족)은 자결권을 가진다. 이 권리에 기초하여 모든 국민(민족)
은 그들의 정치적 지위를 자유로이 결정하고, 또한 그들의 경제적, 사회
적, 문화적 발전을 자유로이 추구한다. All peoples have the right of self-
determination. By virtue of that right they freely determine their
political status and freely pursue their economic, social and cultural*

development."

라고 규정함으로써, 집단적 권리로서의 민족자결권(self-determination of peoples)을 명시하고 있다. 이 민족자결주의가 국제인권규약의 제1조에 규정되었다는 것은 조문 위치상 그것이 첫 번째 인권유형으로 간주됨을 의미한다. 이 민족자결주의는 유엔총회 결의들과 국가관행 그리고 국제사법재판소(ICJ) 판례들을 통해 법적 권리성이 확립되었다.

1952년 12월 16일 유엔총회 결의 제637(VII)호에서는 이 민족자결권을 개개인의 인권실현을 위한 전제가 되는 집단적 권리로 명시한 바 있다. 이는 곧, 인간이란 그 본질상 사회적, 집단적 존재이며, 천부적 인권이라는 것도 결국 사회와 집단 밖의 고립된 상황에서는 무의미한 것이기에, 자신이 속한 사회와 집단의 정체성 즉, 문화정체성으로부터 개인의 존재와 정체성의 의미를 찾게 되는 것은 당연한 것이다. 따라서 이 집단적 권리의 보장이 개개인의 인권실현을 위한 전제가 되는 것이라는 취지에서 국제인권규약의 제1조에 명시한 것이다. 즉, 인간이란 그 자체가 집단적, 사회적존재이므로, 개인의 정체성이라는 것도 그 개인이 속한 집단의 정체성과 정통성으로부터 확립될 수 있는 것이기에 그 개인이 속한 집단의 정치, 경제, 사회, 문화적 자결권의 존중과 보장은 개인의 인권존중의 전제가 된다는 것이다. 이는 자연권으로서의 개인의 천부인권을 선언한 세계인권선언 전문에도 그 취지가 잘 나타나 있다.

1948년 12월 10일, 제3차 유엔총회에서 채택된 세계인권선언문은 그 전문에서 '국제연합의 기본 목표와 원칙인 모든 국민(민족) 간의 우호관계를 발전시키기 위하여 국제연합의 모든 국민(민족)은 그 헌장에서, '기본적인 인권과 인신의 존엄성과 가치와 남녀동등권에 대한 신념을 재확인하였으며, 또한 보다 광대한 자유 안에서 사회를 향상시키고 일층 높은 생활수준을 가져오도록 노력하기로 결의한 바 있다.'고 상기함으로써, 국가와 민족 간의 상호 존중을 통한 국제사회의 평화와 번영을 추구하는 국제연합의 목표와 원칙은 결국 개개인에 대한 인권존중과 보호로부터 실현된다는 것을 밝히고 있다.

즉, 개인의 인권존중과 보호라는 것도 궁극적으로 국가공동체 내부 혹은 국가 간의 안전과 평화, 번영을 위해서 필요하다는 것이다. 이는 과거 유럽국가들이 타 문명권에 대하여 저질렀던 문화말살과 수탈 그리고 두 번의 세계대전을 통하여 저질러진 참혹한 인명학살과 파괴에 대한 반성과 성찰로부터 비롯된 것이라 할 수 있다. 위와 같은 참혹한 역사가 반복되지 않으려면, 이 지구상의 모든 국가와 민족의 주권평등과 독립과 정체성을 서로 존중하는 가운데 상호 협력함으로써 국가 간의 관계를 평화롭게 발전시켜 나가야 하며, 그러기 위해서는 인류를 구성하는 모든 사람들의 보편적 인권을 존중하고 보호해야 한다는 것이 유엔헌장과 세계인권선언이 그 전문에서 밝히고 있는 취지이다.

인권이란 것도 결국, 유엔헌장의 목적과 원칙에 부합되게 행사되어야 한다고 하는 세계인권선언 제29조 3항의 당위성이 바로 여기에 있다고 할 것이다. 유엔헌장의 목적과 원칙이 바로 국제사회를 구성하고 있는 기본 단위인 국민국가(nation state)들의 주권평등과 민족자결 그리고 독립성을 서로 존중하고 보존해 주는 가운데 상호 교류, 협력함으로써 국제관계를 발전시켜 나가야 한다는 것이므로, 개인의 인권이라는 것도 결국 국제사회를 구성하고 있는 각 국가들의 주권과 문화정체성과 독립성을 훼손하는 방향으로 행사되어서는 안 된다는 것이다.

2. 다문화, 문화다양성, 다문화주의

1) 다문화(多文化; multicultural), 문화다양성(文化多樣性; cultural diversity)

　다문화와 문화다양성은 그 자체가 문화의 본질과 속성을 표현하고 있는 개념으로서, 이 지구상에 서로 다른 수많은 다양한 문화가 공존하고 있는 현상을 말한다. 다문화와 문화다양성의 의미를 굳이 구분하여 정의한다면, 다문화는 이 지구상에 서로 다른 수많은 다양한 문화가 공존하고 있는 자연법적인 현상을 말하고, 문화다양성이란 이러한 다문화현상이 만들어 내는 관념적인 가치를 말한다고 정의할 수 있다.

　문화의 본질적인 속성은 지역에 따라 그리고 시대에 따라 수많은 다양한 문화들이 공존하는 데에 있다. 이 지구상에 하나의 획일적인 문화만 존재한다는 것은 상상조차 할 수 없다. 문화란 인간들이 각자 그들이 처한 자연환경에서 생존하고 번성하기 위하여 자연환경을 제어하는 수단들을 만들어 내는 과정과 결과들이므로, 각자가 처한 시간과 공간에 따라 차이가 있을 수밖에 없다. 인간은 시대와 지역을 막론하고 그 본성은 동일하나 그 인간들이 살아가고 있는 시대와 자연환경에 따라 각각 독특하고 다양한 문화가 만들어질 수밖에 없는 것이다. 시간과 공간의 차이가 인지(認知)되는 것은 시간과 공간에 따라 현상이 달라지기 때문이다. 따라서 같은 물이라도 그 물을 담고 있는 용기의 모양에 따라 그 외연의 형상이 달라지듯이, 시간과 공간을 막론하고 인간의 본성은 동일하나 그 시간과 공간에 따라 인간들이 만들어 내는 문화는 달라질 수밖에 없는 것이다. 시간의 흐름과 공간의 이동에 따라 그 속에서 인간이 만들어 내는 문화는 달라진다. 따라서 문화란 그 시대 그 지역에서 살아가는 한 인간집단의 모든 특성을 그대로 반영한 것으로 볼 수 있다.

그러므로, 문화란 그 시대 그 지역에서 살아가는 어느 특정한 인간집단의 정체성(正體性; identity)을 통칭하는 것이다. 문화는 인간들이 그 생존과 번성을 위하여 자연을 변화시키는 집단적 학습과정과 그 결과들이다. 따라서 문화 없는 인간사회란 있을 수 없고, 인간사회 없는 문화란 있을 수 없다. 문화는 하나의 독립적인 인간집단의 정체성으로서 지속가능하고 독립적이며 생산적이면서 다른 문화와 상호교류하면서 끝임없이 진화하는 속성을 가지고 있다. 그러므로 어느 특정한 인간집단 내의 개개인이나 일부 소수자들의 성향이나 특성은 문화라 할 수 없다. 그것은 독립적이지 않고 지속가능하지도 않기 때문이다.

라빈드라나트 타고르(Rabindranath Tagore : 1861년 5월 7일~1941년 8월 7일)

인도의 철학자이자 시인인 타고르(R. Tagore)[3]는 문화적 다양성을 하나님이 그렇게 원한 것으로 보고, 낯선 문화를 자기 것으로 만들려는 이념 자체를 부정하였다. 그는 그의 저서 '영혼의 속삼임에 대하여'에서, "만일 그러한 파국이 인류를 덮쳐 오직 하나의 문화만이 이 세상 모든 곳에 차고 넘친다면 하나님은 그의 피조물들을 그러한 정신적 파멸에서 구하기 위해 두 번째의 노아의 방주를 마련해야 할 것이다" 라고 말했다. 문화의 다양성은 하나님이 원하는 것이고, 만일 문화다양성이 사라지고 이 지구상에 하나의 문화가 지배하는 세상이 된다면, 그것은 하나님의 창조질서에 반하는 인류문명의 파국을 뜻한다는 것이다. 타고르의 이 말이 바로 문화의 본질적인 속성 자체가 서로 다른 독특하고 다양한 문화들이 공존하는 데 있다는 것이며, 이러한 문화다양성이 사라진다는 것은 생존과 번성을 위하여 자연을 변화시키는 다양한 인간집단의 활동 즉, 문화가 소멸된다는 것이므로 이는 곧 인류의 파멸을 의미한다는 것이다.

2) 기독교 성경에 기록된 자연과 인간 그리고 문화의 기원(起源; orign)에 관하여

천지창조; 1508~1512년. 미켈란젤로의 작품. 로마 바티칸 시스타나 성당. 하나님이 자신을 닮은 아담에게 손가락을 뻗어 생명을 불어넣어 주고 있다. 하늘과 땅과 인간, 그리고 그것을 연결하는 네트워크가 문화인데, 이 그림은 그러한 문화의 기원을 상징적으로 표현한 것이라 할 수 있다.

바벨탑; 1563년 피터브뤼겔 1세 작품, 비엔나 미술사박물관 소장. 세상 만물을 지배하여 땅에서 생육하고 번성하라고 하신 하나님의 명령과 축복을 거스르고, 한데 모여 하늘에 닿고자 한 인간의 오만과 죄악을 상징하면서 바벨탑 이후 인간들이 각지로 흩어짐으로써 이루어진 다문화의 기원을 상징하는 그림이다.

자연과 인간 그리고 문화의 기원(起源; origin)에 관하여는 기독교 성경의 창세기(1장 1절~31절, 11장 1절~9절)에 다음과 같이 구체적으로 기술되어 있다,

"하나님께서는 우주 만물을 창조하신 후, 맨 마지막에 사람을 하나님의 형상과 모양대로 만드시고, 사람으로 하여금 그 모든 피조물을 지배하게 하시며 생육하고 번성하여 땅에 충만하라 하셨다, 그 후, 그 후손들이 한데 모여 견고한 성읍과 하늘에까지 닿을 높은 탑을 쌓아 그들의 이름을 떨치고 땅에서 흩어짐을 면하려고 하자, 하나님께서 분노하여 그들이 서로 언어가 통하지 않게 하여 흩어져 살게 함으로써 거기서 온 땅의 언어가 혼잡하게 하셨으므로 그 탑의 이름을 바벨이라고 하였다."

하나님이 만물을 창조하시고 자신의 모양과 형상대로 인간을 만드신 것은 인간으로 하여금 하나님이 창조하신 만물을 지배하게 함으로써 이 세상에서 하나님의 형상과 모양, 즉 하나님의 성품과 속성을 인간을 통하여 나타나게 하려 한 것이다. 그러므로, 하나님이 창조하신 이 자연을 하나님의 성품과 속성을 닮은 인간이 지배함으로써 생육하고 번성하여 땅에 충만하게 되는 그 모든 과정과 결과가 바로 문화라는 것이다.

문화란 성경적으로 표현하면 하나님의 형상과 모양, 즉 하나님의 성품과 속성을 인간이 이 세상에 구현한 것이라 할 수 있다. 따라서 문화란 바로 하나님이 오직 인간에게만 부여한 축복이자 특권이며 또한 창조주 하나님의 명령이라 할 수 있을 것이다.

성경에 기록된 하나님의 성품과 속성이란 선함과 의로움, 거룩함, 사랑, 분별과 판단의 지혜, 시공을 초월하여 언제 어디든지 동시에 임재(臨齋)하는 존재 등으로 표현되어 있다. 따라서 문화란 그 속성이 하나님의 성품과 같아서 언제 어디서든지 그 시대와 그 지역의 환경과 여건에 맞게 다양한

모습으로 나타나게 되는데, 바로 그러한 문화의 속성 내지는 현상을 다문화(multicultural)라고 표현한 것이다.

또한 문화란 하나님이 명령하신 대로 인간이 땅을 지배함으로써 생육하고 번성하여 땅에 충만하게 되는 그 모든 과정과 결과를 말하는 것이므로, 이에 역행하는 것은 문화가 아닌 것이다. 이를 테면 동성애, 성전환, 비혼주의와 같은 건 문화라 할 수 없다. 그래서 문화는 그 자체가 생산적이며 창조적이고 세대를 넘어 지속가능한 속성을 갖는 것이다.

2001년 11월 2일 채택된 유네스코 문화다양성 선언 제1조에서,

> *"문화는 시공간에 걸쳐 여러 형태로 나타난다. 이 다양성은 인류를 구성하는 수많은 집단과 사회가 가진 독창적인 정체성에 의해 구현된다. 생태 다양성이 자연에 필요한 것처럼 교류 · 혁신 · 창조성의 근원으로서 문화 다양성은 인류에게 필요한 것이다. 이러한 의미에서, 문화다양성은 인류의 공동 유산이며 현재와 미래 세대를 위한 혜택으로써 인식되고 확인되어야 한다.*
>
> *Culture takes diverse forms across time and space. This diversity is embodied in the uniqueness and plurality of the identities of the groups and societies making up humankind. As a source of exchange, innovation and creativity, cultural diversity is as necessary for humankind as biodiversity is for nature. In this sense, it is the common heritage of humanity and should be recognized and affirmed for the benefit of present and future generations."*

라고 한 것은 위와 같은 성경의 메시지와 일맥상통하고 있다고 보여진다. 시간과 공간이 구분되고 인지되는 것은 시간에 따라 그리고 공간에 따라 그 현상이 달라지기 때문이며, 그렇기 때문에 문화란 시대에 따라서 그리

고 지역에 따라서 서로 다른 다양한 형태로 나타날 수밖에 없는 것이다. 문화다양성 그 자체가 문화의 자연법적인 본질과 속성을 말하고 있는 것이다. 따라서 문화란 서로 다른 다양한 모습으로 흩어져 각자의 영역에서 꽃피우게 되는 것이지, 서로의 구분이 없이 하나로 모여 뒤섞이게 하는 것은 자연의 이치에 반하며 하나님의 창조질서에 반하는 것이다. 땅을 정복하고 생육하여 번성하라고 하신 하나님의 말씀을 어기고 한데 모여서 높은 성읍을 쌓아 흩어짐을 면하려고 한 것은 하나님의 자연질서를 어기는 인간의 오만과 타락이라고 기독교 성경이 가르치고 있다. 그러므로 다문화란 인간의 무리들이 이 지구의 도처에 흩어져서 각자가 처한 환경에 적응하며 서로 다른 문화를 꽃피우며 번성하는 것을 말하는 것이지, 서로 다른 문화가 뒤섞여 각자의 고유성과 정체성을 잃어버리고 획일화되는 것은 자연의 질서에 반하는 것이며 하나님이 원하는 바가 아니라는 것이다.

3) 다문화주의(多文化主義; multiculturalism) – 다문화주의의 본질은 자연법이다.

위와 같이 다문화라는 자연법적 신학적 사유(思惟)가 근대자연법과 국제법의 발전과 함께 국제질서의 원칙과 규범으로 진화해 온 것이 문화다원주의, 즉 다문화주의다. 다문화주의는 이 지구상의 수많은 독립적인 인간집단들이 각자 저마다의 고유하고 독창적인 문화정체성을 독립적으로 유지하면서 평등하게 공존하자는 이데올로기라고 정의할 수 있다.

이 지구상의 모든 동물들과 식물들은 같은 종끼리 집단과 군락을 이루어 살아가고 있듯이, 이 지구상의 수많은 인간집단들도 태초부터 같은 종족끼리 무리를 이루어 각자가 처한 시대와 지역에 따라 독특하고 다양한 문화를 이루어 생존하고 번성해 왔다.

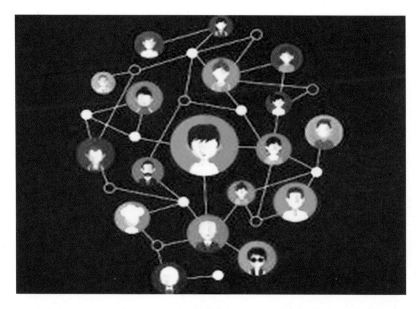

다문화의 개념도: 다문화란 이와 같이 독립적이며 지속가능한 인간집단들이 다른 인간집단들과 교차하거나 중첩됨이 없이 각각 완전한 독립상태에서 서로 교류, 협력하는 글로벌 네트워크와 같은 개념이라 할 수 있다. 이 지구상의 모든 인간집단 간의 자연법적인 질서의 개념이 정치사회적으로 이데올로기화된 것이 다문화주의다. 회원국들의 완전한 주권과 독립을 전제로 상호 교류협력함으로써 국제관계를 발전시켜 나가자는 국제연합헌장의 이념이 바로 이것이다.

즉, 다양한 문화의 인간집단들이 공존하고 있는 이 지구적인 현상이 다문화인 것이며, 다문화주의는 이 지구적인 자연스러운 현상인 다문화가 정치사회적으로 이데올로기화되면서 만들어진 개념인 것이다.

어느 특정한 생물군의 생태계에 외부에서 이질적인 종이 들어오면 그 생태계에 교란이 일어나서 그 생태질서가 파괴되듯이 어느 특정한 인간집단에 외부로부터 이질적인 문화의 인간집단이 들어오게 되면 갈등과 분쟁이 일어나기 마련이고, 종국적으로는 힘이 약한 집단이 강한 집단에 흡수

통합되어 그 문화정체성이 소멸되게 된다.

이렇게 인류 역사상 수많은 인간집단들의 다양한 문화가 약육강식의 국제질서 하에서 흥망성쇠(興亡盛衰)를 거듭하며 오늘에 이른 것이다.

Ⅱ. 국가 간의 질서와 원칙인 다문화주의가 국가 내부의 질서와 원칙으로 왜곡, 변용되다.

1. 문화다원주의와 국가 다양성이라는 국제규범의 출현- 1648년 유럽 베스트팔렌 체제

위와 같은 약육강식의 국제질서를 종식시키고 비록 유럽 내에 국한된 것이기는 하지만, 인간집단들 간의 문화적 충돌로 인한 분쟁이 일어나더라도 최소한 서로의 문화정체성과 주권은 존중하고 보호해 주기로 하는 원칙을 합의한 인류 역사상 최초의 사건이 있었으니 그것이 바로 1648년 유럽에서의 30년 종교전쟁을 끝내면서 체결한 베스트팔렌평화조약(Peace of Westfalen)이다.

베스트팔렌 평화회의 조약 조인식 장면

1648년 5월 독일 노르트라인 베스트팔렌 민스터 시청에서 베스트팔렌평화조약을 매듭짓기 위해 각국의 대표들이 선서하고 있다. (헤라르트 테르뷔르흐 GerardTerburg 네덜란드 화가 작품)

이 베스트팔렌 조약으로 유럽은 신성로마제국[4]과 카톨릭 교황의 지배로부터 독립하여 각국이 완전한 주권을 가진 국민국가(nation state) 중심의 다원적인 국제질서로 재편됨으로써 종전의 신성로마제국 황제와 카톨릭 교황의 패권적 지배체제는 사실상 붕괴되었다.

이러한 베스트팔렌 평화조약에 의한 유럽에서의 문화다원주의적 국제질서를 베스트팔렌체제(westphalia regime)라 부르는데. 이것이 유럽 제국주의 국가들의 팽창과 함께 전 세계로 확장됨으로써, 유럽에 국한되었던 베스트팔렌 체제가 전 지구적으로 보편화되어 오늘날 국제연합을 중심으로 하는 문화다원주의의 국제질서로 진화되었다고 할 수 있다.

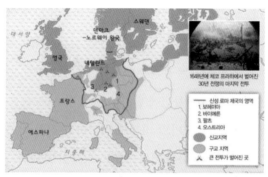

30년 전쟁 이전 유럽의 판도〈위〉 / 30년 전쟁 직후 유럽의 판도〈아래〉

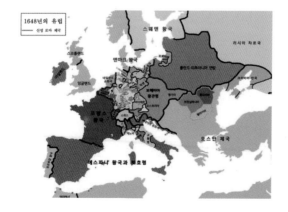

즉, 유럽에서의 베스트팔렌 조약으로 태동된 문화다원주의의 국제질서가 제2차 세계대전 후, 인류 보편적인 국제규범으로 채택된 국제연합헌장과 세계인권선언에 포섭되어 이 지구상의 모든 국가와 민족 그리고 개인들의 평등과 공존을 추구하는 오늘날의 국제질서가 확립된 것이다. 국제연합헌장은 그 제1장의 목적과 원칙에서, 국제사회의 기본 단위인 개별 국민국가들의 주권과 문화정체성과 독립성의 존중을 최우선의 가치로 전제하고 국가 간의 교류와 협력을 통하여 국제관계를 발전시켜 나간다는 국제질서와 원칙을 천명하고 있으며, 제103조에서는 그 어떠한 국제협약도 이러한 원칙에 우선할 수 없다고 못 박고 있다.

따라서, 우리 국가와 사회 안에서 문화적 정체성이 다른 이질적 문화를 가진 외래의 인간집단이 그들의 문화정체성을 그대로 유지하면서 평등하게 공존할 수 있어야 한다는 주장은, 위와 같은 국제연합 헌장의 목적과 원칙을 근간으로 하는 국제규범에 반하는 것이다. 서로 다른 문화와의 평등과 공존이라는 원칙은 국가의 바깥에서 나라와 나라 사이에 적용되는 국제질서와 원칙이어야지 이를 하나의 국가나 사회 안으로 끌어들여 개별 국민국가의 주권과 독립과 문화정체성을 훼손하여서는 안 된다는 것이다. 그럼에도 불구하고, 이 다문화주의라는 용어는 오히려 하나의 독립적인 국가나 사회 안에서 서로 다른 문화적 정체성을 가진 인간잡단들이 그들 각자의 문화정체성을 그대로 유지하면서 공존할 수 있어야 한다는 주장으로 더 널리 쓰이고 있고 그러한 현상이 고착화되고 있는 반면, 다문화주의의 원래의 의미는 점차 잊혀지고 있는 실정이다.

다문화주의는 이 지구상의 다양한 민족적, 인종적, 문화적 차이를 극복하자는 이론이 아니라 오히려 그러한 차이를 전제로 하는 이론이다. 따라서, 다문화주의의 전제가 되는 다양한 민족적, 인종적, 문화적 차이가 사라진다면 다문화주의라는 것은 그 자체가 설 곳이 없어지게 될 것이다. 그러므로, 하나의 독립적인 국가나 사회 안에서 이질적인 다양한 문화가 평등하게 공존하게 된다면, 그 독립적인 국가나 사회공동체의 독립성과 정체성은 유지하기 어렵게 될 것이므로, 이 지구상의 국제사회를 구성하고 있는 개별 독립주권국가들의 독립과 주권과 정체성을 전제로 하고 있는 오늘날의 국제질서라는 것도 무의미해 지는 것이다. 따라서, 하나의 독립적인 주권국가 내에서 서로 다른 이질적인 문화정체성을 가진 인간집단들이 공존할 수 있어야 한다는 주장은, 원래의 자연법적인 사유로부터 비롯된 다문화주의에 반하는 것으로서 이를 다문화주의라고 불러서도 안 되는 것이며 말 그대로 다문화주의에 반하는 반다문화주의(anti-multiculturalism) 라고 불러야 옳을 것이다.

2. 국가 간의 문화공존이라는 다문화주의가 국가 내에서의 문화공존으로 왜곡, 변용된 연유와 배경

비너스의 탄생; 르네상스 시대 인문주의를 상징하는 대표적인 작품으로서 여성의 우아함과 아름다움을 표현하는 영원한 모델이 되고 있다.(1486년 보티첼리의 작품, 이탈리아 피렌체 우피치 박물관소장)

민중을 이끄는 자유의 여신; 프랑스 혁명의 상징으로 인식되어 온 이 그림은 1780년 프랑스혁명이 아닌 1830년의 7월 혁명을 기념한 작품이다. 프랑스혁명은 주권은 국민으로부터 나온다고 선언함으로써 국민공동체를 중심으로 한 국민국가의 이념을 확산시켰다.(외젠 들라크루아의 작품, 루브르 박물관 소장)

1648년 유럽에서의 30년 종교전쟁[5])을 종결지으면서 체결한 베스팔렌 평화조약(Peace of Westfalen)으로 문화다원주의가 국제사회에서의 정치이데올로기로 처음 등장하였고, 이것이 유럽 제국주의 국가들의 팽창과 함께 전 세계로 확장됨으로써 오늘날 국제연합을 중심으로 하는 문화다원주의의 국제질서의 모델이 되었다고 할 수 있다.

14세기에 이탈리아에서 시작되어 16세기에 유럽 전역으로 전파되면서 전성기를 이룬 문예부흥운동이 꽃피운 인문주의와 합리주의 사상은 16세기 초에 시작된 종교개혁 운동의 원동력이 되어 신학에 대한 학문적 방법론과 교회개혁에 커다란 영향을 주었고, 이는 결국 17세기 유럽에서의 신·구교 간의 종교분쟁으로 촉발된 30년 전쟁으로 이어졌다. 이 30년 전쟁을 1648년 베스트팔렌 평화조약으로 종결짓고 유럽 각국이 신성로마제국과 카톨릭 교황의 지배로부터 독립하여 각국이 완전한 주권을 가진 다원적인 국민국가 중심의 국제질서로 재편됨에 따라, 이러한 다원적인 국제질서를 규율할 국제법 이론이 자연법사상을 기반으로 발전하였다.

또한 서구 유럽국가들의 타 문명권 내지는 타 대륙에 대한 식민지 지배의 경험은 유럽국가들의 타 문화에 대한 문화우월주의를 성찰하고 반성하게 함으로써, 문화는 서로 다르기는 해도 우열이 있을 수 없다는 문화상대주의 이론이 대두되었다. 이러한 자연법 사상에 입각한 다원주의의 국제법 이론과 문화상대주의 이론이 2차 세계대전 종전 직후 출범한 국제연합의 새로운 국제질서의 기본원칙으로 포섭됨으로써, 종전 유럽중심의 보편주의적 평등이념에서 전 세계로 확장된 보편적 평등이념으로서의 국제규범으로 자리잡게 되었다. 그러나 이러한 국제연합헌장의 기본 원칙과 목표로 규정되어 있는 국가 간의 문화공존을 추구하는 다문화주의가 점차 그 본래의 의미가 왜곡, 변용되어 국가 안에서 이질적인 문화와의 공존을 뜻하는 의미로 고착화되었는데 그 배경과 연유는 아래와 같다.

1) 국가 내에서의 문화공존은 과거 유럽국가들의 제국주의 식민지 지배에서 비롯된 구시대적 산물

국가 간의 문화공존이라는 자연법적인 사유의 다문화주의가 국가 안에서의 문화공존을 의미하는 개념으로 왜곡, 변용되게 된 기원은 다음과 같은 유럽의 역사적 · 정치적 배경에서 찾을 수 있다.

즉, 베스트팔렌 평화조약으로 유럽은 신성로마제국과 카톨릭교회의 지배로부터 벗어나 문화다원주의와 국가다양성의 국제사회로 변천하게 되었다. 이는 종전의 약육강식의 야만적인 국제질서가 아니라 국가 간에도 최소한 서로간의 문화적 정체성을 인정 · 존중하고, 제한적이지만 법과 원칙이 적용되는 국제질서가 태동된 것이다. 그러나 이와 같은 질서와 원칙은 어디까지나 유럽에만 적용되는 것이었고 유럽 바깥에 있는 타 문명권의 국가들을 무력 침략하고 정복·수탈하는 것은 정당화되었다. 베스트팔렌조약이 가져온 평화와 안정을 바탕으로 유럽국가들은 해외로 눈을 돌려 경쟁적으로 식민지 개척에 나섰고, 그로 인하여 막대한 자원과 부가 유럽으로 쏟아져 들어와 축적되면서 18세기 유럽 산업혁명의 원동력이 되었던 것이다.

이와 같이 국가 안에서의 문화공존을 추구하는 다문화정책은 서구 유럽 국가들의 타(他)대륙, 타(他)문화권에 대한 침략과 식민지배를 통하여 그들의 국가개념이 베스트팔렌 체제의 국민국가 개념을 넘어서 타 대륙, 타 문화권을 포함하는 제국주의적 국가개념으로 확장됨으로써 하나의 국가 안에 타문화가 공존하는 것은 자연스럽고 당연시되었다. 그런데 2차 세계대전 후, 제국이 해체된 뒤에도 이미 유럽 각국의 영토에 들어와 있거나 제2차 세계대전 직후 부족한 노동력 문제를 해결하기 위해 대규모로 유입된 식민지 출신 이민족들을 포용하여 하나의 국가체제에 통합하기 위한 사회통합 이데올로기로써 이 다문화주의를 채택함으로써, 다문화주의가 '국가 내에서의 문화공존'을 추구하는 의미로 고착화되어 온 것이다. 따라서 국가 내에서의 문화공존을 추구하는 다문화주의라는 것은 오늘날의 국민국가 중심의 자유민주적 국제질서와는 모순되고 자연법에도 반하는 제국주의적 속성을 가질 수밖에 없으며, 그런 의미에서 이는 청산해야 할 구시대적인 산물일 뿐이다.

2) 국가 내에서의 문화공존 주장은 문화막시즘과 PC주의로 대변되는 좌파이념의 문화해체 작업

국가 간의 문화공존이라는 자연법적인 사유의 다문화주의가 국가 안에서의 문화공존을 의미하는 개념으로 왜곡, 변용되고 있는 또 하나의 배경으로는 문화막시즘(cultural marxism)[6]과 PC주의[7]로 대변되는 좌파이념이 있다. 초기 마르크스주의는 '전 세계의 노동자들은 하나다'라는 기본이념 하에 전 세계의 노동자들이 하나로 뭉쳐 자본주의 체제를 무너뜨리면 공산주의의 이상향이 실현될 것이라는 믿음을 가지고 있었다. 그러나, 정작 전 세계의 노동자들은 하나로 뭉쳐 자본가에 대항하여 싸우는 것이 아니라 국적이나 종족, 인종, 민족, 종교 등 문화적 정체성에 따라 갈라져 서로 싸우는 것을 경험한 공산주의자들이 마르크스주의에 근본적이고도 중대한 오류와 결함이 있다고 판단하고 초기 마르크스주의를 수정, 보완한 이론이 신(新)마르크스주의인 문화막시즘이다. 즉, 국적, 종족, 인종, 민족, 종교 등과 같이 오랜 세월에 걸쳐 형성된 각 나라마다의 고유한 문화적 정체성이 전 세계의 노동자를 공산주의 이념 하에 하나로 뭉치는 데 대한 결정적인 장애물이 되므로, 이러한 문화정체성을 해체시킴으로써 장애물을 제거해 버리는 것이 문화막시즘의 혁명전략이라 할 수 있다.

이 문화막시즘은 국적, 종족, 인종, 민족, 종교 등으로 형성되는 각 민족공동체들의 문화정체성을 해체하기 위해서는 초기 마르크스주의처럼 노동자계급이 주도하는 급진적이며 폭력에 의한 체제전복이라는 방법은 서구 자유민주주의 체제의 선진 자본주의사회에서는 가능하지가 않으므로, 시민사회와 지식층으로 서서히 스며들어 그 사회를 지탱해 온 기존의 질서와 가치관, 그 사회가 공유하고 있는 믿음 등을 부정하고 난도질하듯 비판함으로써 정치적, 사회적, 문화적 헤게모니와 도덕적 우월성을 확보하고자 한다. 나아가 그러한 헤게모니를 바탕으로 한 대중의 지지로써 민주적 절차와 사회적 합의에 의한 체제전환을 만들어 내어야 한다는 것이다. 서구 선진자본주의 사회에서는 출산율 저하와 인구감소로 인한 외국인 노동자 수입 필요성과 난민법에 의한 난민수용 의무 등으로 문화적 정체성이 다른 외국인들을 정례적, 합법적, 지속적으로 대규모로 유입시킬 수 있는 요건과 명분을 갖추고 있다. 이 점에 관해서는 우리 대한민국도 마찬가지다.

유럽국가들은 이렇게 유입되는 외국인 이주민들에 대하여 그들의 문화정체성을 보호·존중하고 그들이 이주한 국가의 문화와 차별없이 평등하게 공존할 수 있도록 하는 이른바 다문화 정책을 추진한 것이다. 그리고 이러한 다문화 정책에 대하여 반대하거나 경계하는 목소리를 내는 국민들에 대하여는 어김없이 차별과 혐오라는 프레임을 씌워 비난하고 공격함으로써 외부로부터 유입되는 낯선 이방인들에 대한 거부감과 경계심조차도 함부로 표현하지 못하게 만드는 것이다. 이러한 교조주의적이며 전체주의적인 대중선동과 세뇌수법을 PC주의라고 일컫는다.

이 PC주의는 사회 내부적으로 계층별, 신분별 또는 특정한 취향에 대한 태도에 따라 '억압받는 자'와 '억압하는 자'로 양분하여 '억압받는 자'를 사회적 약자나 희생자로 규정하여 사회갈등과 분쟁을 조장한다. 또한 PC주의는 이른바 '억압받는 자들'에게 불리하다고 생각되는 사회적 평가나 도덕적 기준, 나아가 법규범까지도 혐오와 차별이라는 프레임을 씌워 그들 '억압받는 자들'의 사회적 지위와 정치적 영향력을 끊임없이 강화시키고 확장시킴으로써 그 사회의 기존질서와 가치를 해체하고 파편화시키는 문화막시즘의 유용한 수단이 되고 있다.

3) 문화막시즘과 포괄적 차별금지법

정치권과 좌파 시민단체들이 끈질기게 법 제정을 밀어붙이고 있는 「포괄적 차별금지법」의 차별금지 항목에 반드시 들어가는 것이 바로 이 '국적, 종족, 인종, 민족, 종교'라는 문화정체성과 관련된 항목들이다. 그러므로 「포괄적 차별금지법」이라는 것은 평등과 공존이라는 인류 보편적인 가치로 포장된 '다문화주의', 즉 문화막시즘의 결정판이다. 문화막시즘의 사악한 음모가 이 「포괄적 차별금지법」안에 압축되어 있다. 이 「포괄적 차별금지법」 안(案)이 국회를 통과하여 시행된다면 그것은 이 대한민국에서 문화막시즘이 법제도화되는 것이다. 즉, 이 대한민국을 문화막시즘이 지배하는 법제도적 기초가 마련되는 것이다. 그런데도 일부 기독교계 보수단체들은 「포괄적 차별금지법」 안(案)의 차별금지 항목 중, 동성애와 관련된 단 두 가지 '성적지향'과 '성별 정체성'만 가지고 반대목소리를 내고 있다. 그러면서 「포괄적 차별금지법」을 '동성애 반대 금지법'이라는 이름을 붙이기까지 하고 있다.

그렇다면, 「포괄적 차별금지법」 안(案)의 차별금지 항목 중 '성적지향'과 '성별 정체성'만 제외된다면 「포괄적 차별금지법」 안(案)이 시행되어도 괜찮다는 입장인지 궁금하다. 동성애 등 '성적지향'과 '성별 정체성' 관련 사안도 중요하지만, '국적, 종족, 인종, 민족, 종교'라는 문화적 정체성에 따른 차별금지가 법으로 강제되기 시작하면 우리 국가와 사회공동체의 존립 자체가 위험해진다. 동성애 등 성적지향과 성별정체성에 따른 차별금지를 반대하는 것은 우리 국가와 사회의 근간이 공고하게 유지될 때 의미가 있는 것이다. 문화적 정체성에 따른 차별금지를 법으로 강제하게 되면 우리 국가의 문화정체성과 헌법적 가치 및 질서는 존립되기 어렵다. 포괄적 차별금지법 제정 시도는 교회에 대한 위협이기 이전에 대한민국 국민 전체에 대한 위협인 것이다.

자유민주주의 국가인 대한민국의 정체성이 해체되고 기존가치와 질서가 무너지면 교회와 종교의 자유도 지켜지기 어렵다.

이 대한민국에서의 자유와 권리는 유엔(UN)이나 다른 나라가 지켜 주는 것이 아니라, 오로지 우리의 국가인 대한민국이 헌법과 법률로써 보장하고 있기 때문이다. 즉, 먼저 대한민국의 정체성, 헌법적 가치가 지켜져야 교회와 종교의 자유도 지켜질 수 있는 것이다.

4) 좌파운동권, 안토니오 그람시의 사상과 이론으로 대한민국을 장악하다.

원래 다문화주의의 문화의 공존이라는 것은 국가의 바깥에서 국가 간에 존재하는 자연스러운 질서인데, 이러한 국가 간의 자연스러운 질서를 인위적으로 하나의 국가 영역 안으로 가져와 적용하려는 것은 위와 같이 국가의 영역을 이질적인 문화를 가진 타(他)국가에까지 확장하는 제국주의나 신(新)마르크스주의처럼 개별국가들의 문화정체성을 해체하여 문화적 차이라는 장벽을 없애고 단일한 이념으로 세계를 획일화하여 지배하려는 전체주의적 사유에서 비롯된 것임을 알 수 있다.

그 어느 쪽이든 자연법에 반하고 국제연합헌장과 세계인권선언에 기반한 오늘날의 자유민주적이며 문화다원주의적인 국제질서와 규범에 반하는 반민주, 반인권적이며 반역사의 퇴행적인 사조라 할 것이다.

2010년을 전후하여 서구유럽의 주요 국가들은 사회통합을 위한 이데올로기로써 국가 내에서의 이질적인 문화와의 공존을 추구한 정책은 실패하였음을 인정하고 이를 폐기할 것임을 공식 선언하였으나, 서구 유럽사회 전반에 깊숙이 침투해 온 문화막시즘과 PC주의는 여전히 정치권과 언론의 주류(主流: main stream)를 장악하고 있는 실정이다.

문화막시즘의 창시자라 할 수 있는 대표적 인물들은 진지전(陣地戰)과 헤게모니전략이론의 창시자인 이탈리아의 공산주의자 안토니오 그람시(1891~1937), 성해방과 학교에서의 급진적 성교육을 주장하여 성도덕과 전통문화의 파괴를 도모한 항가리의 철학자이자 정치인인 게오르그 루카치(1885~1971), 문명비판이론으로 유명한 독일 출신 미국 철학자 헤르베르트 마르쿠제(1898~1979) 등이다. 이 중에서 우리나라 80년대 운동권에 지대한 영향을 끼친 인물이 안토니오 그람시다.

안토니오 그람시(Antonio Gramsci;
1891. 1. 23~ 1937. 4. 27.)

안토니오 그람시의 짧았던 삶은 고난과 불행의 연속이었다. 4살 때 등이 휘는 척추 장애자가 되었고 아버지가 실직하여 어머니는 7남매를 바느질로 먹여 살렸다. 결혼한 부인은 이혼하여 도망가고 자식은 아버지를 모른 체하며 살았다. 제1차 세계대전 전후로 그람시는 이미 직업 정치가로서 사회주의 지도자로 인정받고 있었으며, 이탈리아 공산당 창당을 주도하고 코민테른(공산주의 인터내셔널)에 가담하였다.

이탈리아 파시스트 정부가 공산당을 불법화하고 공산주의 정치지도자인 그를 위험한 인물로 지목하였기에 체포하여 재판에 회부하였고, 법원에서 20년 형을 선고하여 감옥에 수감하였다. 수감 중 병으로 석방되어 입원하였으나 1937년 46세 나이로 뇌출혈로 사망했다. 그가 할 수 있었던 유일한 일은 감옥에서 대학노트에 글을 쓰는 것이었다. 그 책이 유명한 옥중수고(Prison Notebook)다. 32권 2,848페이지로 구성되어 있다.

유럽에서는 1947년 번역되어 유럽을 휩쓸었고 한국에는 1970년대 소개되었지만, 1980년대 좌익 운동권의 혁명운동 교본으로 널리 사용되었다. 미국의 마르크스주의자이며 그람시 연구자인 폴 피콘은 공산주의 사상사에 있어서의 그람시의 위상에 대해 다음과 같이 말하고 있다.

> *"마르크스주의의 역사에서, 마르크스 사후인 1891년 독일 사회민주당이 채택한 에어푸르트 강령(Erfurt Programm)으로부터 1914년까지의 시기가 제2차 인터내셔널의 시대, 1917년부터 1920년대 중반까지는 레닌주의, 1924년부터 1950년대 초반까지는 스탈린주의 그리고 1950년대 후반부터 1970년대 초반이 마오이즘(모택동 사상)으로 특징짓는다면, 1980년대는 아마도 그람시주의라고 불릴 수 있을 정도로 새로운 국면을 맞이했다."*

그 새로운 국면이 1980년대 후반의 대한민국을 폭풍우처럼 휩쓴 것이다. 폴 피콘은 '마르크시즘이 정치이념으로서의 지위를 유지하려면 그람시의 방식을 따라야 할 것'이라고 하였는데, 그의 예언은 정확히 들어맞았다. 그람시의 사상과 이론은 1970년대부터 유럽을 휩쓸었고 1980년대부터 대한민국 좌파운동권을 휩쓸었다. 지금 우리 대한민국을 포함한 전 세계 자유민주주의의 국민국가 체제를 위협하고 있는 좌파운동권 사상은 마르크시즘도 마오이즘도 아닌 그람시의 사상이라고 해도 과언이 아니다.

1980년대 좌파운동권은 폭력적인 투쟁혁명으로 한국사회 전체를 뒤흔들었다. 하지만 1987년 6.10항쟁과 그로 인한 노태우 대통령의 6. 29선언을 통해서 더이상 폭력을 통한 급진적 혁명을 포기하고 어떤 방법론을 택할지를 논의했다. 물론 운동의 계보에서 NL(Nation Liberation: 민족해방주의)과 PD(People's Democracy: 인민민주주의) 등의 계파싸움이 치열했다. 결국 좌파운동권은 그람시의 점진적 혁명론을 받아들였고, 각 분야에서 진지를 구축하고 헤게모니를 장악하여 혁명에 도달하는 노선을 선택했다.

그람시의 진지론은 음지에서 양지로 가야 대중성을 확보할 수 있으며, 계층과 직능별 참호를 파고 진지를 구축하여 헤게모니를 장악하며, 지도자는 보편적 가치와 상식을 토대로 지적, 도덕적 우월감을 보여야 한다고 말하고 있다. 한국에서는 그람시의 혁명론에 한국의 좌경학생운동론인 의식화, 조직화, 투쟁화가 내면에 학습되어 구체적이고 체계적인 혁명론이 완성되었다.

1990년대 소련이 해체되고 마르크스식의 공산주의가 소멸되면서 한국의 운동권은 대한민국의 계층별 직능별 진지를 구축한다. 학원계는 한총련과 범청학련, 노동계는 민노총, 문화예술계는 민예총, 종교계는 종단별 소위 '진보단체' 구성(예. 천주교 정의구현사제단), 교육계는 전교조, 법조계는 민변, 언론계는 민언련, 정당은 민노당, 시민사회는 경실련, 참여연대, 진보연대 등이다. 이들이 각각의 진지에서 대중을 선도하는 정책과 운동을 제시하여 헤게모니를 장악하자 정치계에서는 앞다투어 진지에서 헤게모니를 장악한 운동권 출신의 지도자를 입법, 사법, 행정 분야로 초대했으며 이들은 자연스럽게 제도권에 진입하여 권력을 장악하게 된다. 그 대표적인 사람은 우리가 이름 석 자만 들어도 아는 유명한 정치인들이다.

1980년대 한국사회에 그람시 사상이 본격적으로 소개되었고 그 대표적인 저술들이 최장집의 '그람시의 헤게모니론'(1989), 임영열의 '그람시의 헤게모니론과 이행의 문제틀'(1985), 김성국의 '시민사회 시민운동'(1985), 김세균의 '시민사회와 시민운동'(1995), 김현우의 '옥중수고와 혁명의 순교자'(2005) 등이다.

이들이 성공한 뒷배경에는 대중의 의식과 관점을 선도하는 집단지성이 있어 나름대로 시대정신을 만들고 주도했기 때문이다. 또한 이데올로기의 문화예술화에 성공함으로써 그들의 주장을 지성과 예술이라는 지적, 도덕적, 문화적 우월성으로 포장하는 데 성공하였기에 대중으로 하여금 그들을 선하고 정의로운 변혁의 리더들이라고 믿게 하였기 때문이다.

5) 안토니오 그람시의 진지론과 헤게모니이론-문화와 인권을 선점하여 대항 헤게모니로 삼다.

헤게모니이론, 진지전(陣地戰: war of position), 기동전(機動戰: war of movement) 이론은 안토니오 그람시[8](Antonio Gramsci)가 창안한 정치사상에 쓰인 개념이다. 진지전은 시민사회 내에서 장기적인 지적, 도덕적, 문화적 헤게모니를 장악하기 위한 전략이다. 기동전은 진지전에 대응하는 용어로서 러시아혁명과 같은 일차원적인 국가권력을 획득하기 위한 탈권투쟁과 같은 투쟁전략을 통칭한다.

즉, 그람시는 언론과 대중문화 그리고 민주적 법체계와 교육제도가 발달한 선진자본주의 사회에서는 과거 소련이나 중국의 경우와 같은 노동자 계층인 하부구조로부터의 물리적, 폭력적 혁명투쟁보다는 시민사회 내에서 획득되는 사회적 합의를 통하여 계급에 의한 지배가 이루어진다고 보았다. 그리고 정치사상, 이념, 문화 등 상부구조를 변화시킴으로써 기존의 가치체계와 그에 기반한 권력에 맞설 수 있는 '대항(對抗) 헤게모니적 세계관과 가치관'을 창출해야 그 체제를 전복할 수 있다고 주장했다.

나아가, 이를 위해서는 미래를 내다보는 기나긴 이념전쟁으로서 시간이 걸려도 시민사회 내에서 지적·도덕적·문화적 헤게모니를 장악하기 위한 장기적 투쟁을 감행함으로써 점진적인 방법으로 자본주의 체제의 이념적 헤게모니를 사회주의자들의 '대항 헤게모니'로 전환해야 한다고 주장했다. 즉, 교육, 언론, 학계, 예술, 문화 등 광범한 영역에 진지를 구축하고 대항 헤게모니를 전파하여 대중의 의식을 변화시키고 이를 고착화시킴으로써 지지자가 점증하여 대세를 이루면 전위대들이 참호에서 뛰쳐나와 '기동전'으로 승부를 결정해야 한다는 그의 주장을 이데올로기적 혹은 문화적 헤게모니이론, 진지전 이론이라고 부른다.

1980년대 한국 좌파운동권의 교본역할을 한 안토니오 그람시 관련 번역서들

대한민국에서의 좌파 운동권은 지난 1980년대 이후 40여년 간 정치, 경제, 사회, 교육, 문화, 학계와 언론, 법조 등 전 영역에 걸쳐 진지를 구축함으로써 이데올로기적 헤게모니, 문화적 헤게모니를 장악하는 데 성공하

였고, 대한민국의 보수우파는 벼랑 끝에 몰려 있다고 해도 과언이 아니다. 그들이 헤게모니를 잡은 이데올로기의 핵심개념이 문화와 인권이라는 평등이념이며, 바로 그 사상적 진지의 중심이 유엔헌장과 세계인권선언을 근간으로 하는 국제규범이다. 문화와 인권 헤게모니는 우리 국가의 문화적 정체성과 독립성 그리고 주권을 급격히 훼손·약화시키면서 우리 사회 내부적으로는 계층별, 세대별, 성별 갈등과 분열을 촉진시켜 우리 사회를 파편화시키고 있는 심각한 상황인데도 이에 대하여 사실상 속수무책인 상황이다. 이들은 우선 문화라는 용어를 왜곡, 남용하여 사회 모든 계층과 신분, 세대별, 남녀별로 구분하여 문화를 갖다 붙임으로써 사회와 공동체를 파편화시킨다.

문화란 용어는 그 자체가 독립성과 경합성(競合性), 타자와 구분되는 다른 정체성을 내포하고 있으므로, 사회 공동체를 각 계층과 신분별, 남녀별, 세대별로 구분한다. 이를 테면 청년문화, 여성문화, 노동문화, 노인문화, 학생문화, 지역문화 등이 그 예이다. 또한 인권도 마찬가지다. 인권이란 인간이면 누구나 누리는 보편적 권리인데, 이를 학생인권, 여성인권, 노동인권, 외국인인권, 다문화인권, 군인권, 소수자 인권 등으로 분리하고, 이를 인권을 억압하는 측과 억압을 당하는 측으로 이분화하여 갈등과 투쟁을 부추긴다. 문화란 하나의 독립적인 인간집단의 정체성 그 자체이므로 이를 그 공동체 내에서 계층별, 신분별, 세대별 남녀별로 분리하는 것은 문화의 본질과 속성에 맞지 않는, 원래 그 본질적 개념을 왜곡, 확장한 것이다. 인권 또한 세대별, 계층별, 남녀별로 인권이 따로 존재하는 것이 아니라 인권은 그냥 인권인 것이다. 이와 같은 문화와 인권의 왜곡과 남용은 그 자체가 유엔헌장과 세계인권선언 등 국제규범에 배치되는 것이다.

좌파운동권이 유엔헌장과 세계인권선언 등 국제규범의 내용들을 자신들의 의도대로 왜곡하거나 훼손하여 자신들의 비상식적인 주장에 대한 논거로 삼고 있는 수법은 자신들에게 불리한 중요한 조항은 아예 없는 듯이 무시하거나 외면해버리면서, 자신들에게 유리하고 필요한 부분만을 선택적으로 인용하거나 번역이나 해석을 자의적으로 해버리는 경우가 많다. 가장 중요한 부분이 유엔헌장 제1장의 목적과 원칙, 유엔헌장 제103조, 세계인권선언 제29조와 제30조, 국제인권규약 제1조, 유엔인종차별철폐협약 제1조의 제1항, 제2항, 제3항 등이다.

위 문건들의 각 조항들의 내용을 알게 된다면 좌파운동권 세력이 유엔헌장과 세계인권선언 등 국제규범의 문건들을 앞세워 주장한 것들이 허구임을 당장 확인할 수 있다.

그 대표적인 사례들을 예시하면, 유엔헌장과 국제인권 규약상에 표현되어 있는 'people'이라는 용어는 '사람들'이라는 의미가 아니라, 집합명사로서의 '국민'이나 '민족'의 의미로 해석하여야 하는데, 이를 '사람들'이라고 해석해 버림으로써 그 의미가 정반대로 왜곡되고 있는 경우가 많다. 또한, 국제인권규약에 표시된 차별금지 사유 항목 중 'national origin(출신국가)'을 '국적(nationality)'으로 해석해 버리거나 일부러 왜곡해 버림으로써 "국제규범상으로 국적에 상관없이 평등해야 한다고 규정되어 있기 때문에 외국인도 국민과 동등한 권리를 누려야 한다"고 주장하고 있다. 인터넷이나 국제법 관련 서적에조차 위와 같은 번역과 해석상의 왜곡이나 오류를 범하고 있는 경우가 많으므로 반드시 영문으로 된 전문(全文)을 확인할 필요가 있다.

최영애 전 국가인권위원장은 2020년 12월 10일 제72회 세계인권선언일 기념사에서, "국가인권위원회의 존재는 세계인권선언을 근간으로 하고 있고, 국가인권위원회의 활동은 세계인권선언의 내용을 구체적으로 실현해 낸다는 중대한 의미를 갖고 있다"며 "모두를 위한 평등을 위해 희망을 품고 목소리를 낼 때 우리는 지금의 위기를 건너 더 나은 세상을 만들어낼 수 있을 것"이라고 말한 바 있는데, 국가인권위원회가 그동안 세계인권선언의 권위를 앞세워 저질러 온 반인권, 반민주, 반헌법적 만행에 비추어 볼 때, 위와 같은 최영애 전 위원장의 발언은 세계인권선언의 이념을 왜곡하고 훼손하는 사악한 위선에 불과하다 할 것이다.

최영애 전 국가인권위 위원장이 그의 재임기간 중에 스스로 적나라하게 보여주었듯이, 국가인권위원회라는 조직은 세계인권선언을 근간으로 하고 있고, '모든 사람을 위한 평등과 인권'이라는 세계인권선언의 이념을 실현하고 있는 조직이 아니라, 특정의 이념과 사상, 즉 외국인, 다문화, 동성애, 이슬람 등 소수자들의 욕구와 특권을 위하여 우리 사회를 지탱해 오고 있는 전통의 윤리와 가치관을 무너뜨리고, 대다수의 국민들의 자유와 권리를 억압하려는 전체주의적 사상에 매몰된 자들이 장악하여 그들의 진지로 삼은 지 이미 오래다.

사태가 이 지경에 이른 것은 우리나라와 우리 사회의 정체성과 전통적 윤리와 가치를 지키려는 보수우파 진영 스스로의 책임도 적지 않다. 그동안 보수우파진영은 보수우파의 사상적, 논리적 거점과 진지라고 할 수 있는 국제연합헌장과 세계인권선언과 우리 대한민국 헌법에 대하여 무관심한 채로, 이를 외면하고 있는 동안, 저들은 보수우파의 사상적, 논리적 거점과 진지가 되어야 할 문화와 인권을 선점하여 온갖 거짓 논거를 만들어 내며 국민들을 세뇌하고 선동하는 것을 당연한 듯 방관해 온 것이다.

늦었지만 지금부터라도 좌파운동권이 자신들의 논리적 거점으로 삼고 있는 국제연합헌장과 세계인권선언을 근간으로 하는 국제규범과 대한민국 헌법을 보수우파의 논리적 진지로 되돌려 놓아야 한다. 그러기 위해서는 먼저 국제연합헌장과 세계인권선언 그리고 우리 대한민국 헌법의 핵심 조항들을 올바르게 이해하고 그 본질적 의미를 깨닫는 것이 중요하다.

다시 강조하지만 좌파사상, 문화막시즘을 분쇄하기 위해서는 이 '문화'와 '인권'이라는 용어의 혼란으로부터 벗어나야 한다. 대중에 대한 선동은 용어를 혼란시킴으로써 시작된다.

인권이란 천부인권, 즉 모든 사람을 위한 보편적 인권을 말하므로 학생 인권, 여성인권, 외국인 인권, 소수자 인권 등과 같은 것이 별도로 존재할 수 없다. 그리되면 그것은 인권이 아니라 다른 사람의 인권을 억압하고 침해할 수 있는 특권과 이권이 되어 버린다. 문화 또한 민족공동체나 국가와 같은 독립적이며 지속 가능한 인간집단들의 정체성을 통칭하는 것인데, 그 집단 내의 일부 소수자들의 특성을 문화라 해서는 안 되는 것이다. 그것은 그 공동체의 단일성과 독립성을 부정하고 분리와 해체를 조장하게 된다.

Ⅲ. 이민(移民)과 다문화정책으로 쇠락(衰落)하는 서구 유럽 사회의 정체성

1. 이민(移民)과 다문화정책으로 몰락해 가고 있는 유럽 사회를 일깨운 지식인들 - 틸로 자라친, 에릭 제무르, 더글러스 머리

우리나라에서 다문화정책이 본격적으로 시작된 2000년대 중반 그 무렵에는 '다문화정책'의 원산지라고 할 수 있는 유럽에서는 이미 '다문화주의'로 인한 심각한 사회문제로 '다문화정책'을 폐기하기 시작하였을 때인데, 오히려 우리나라는 그 때부터 다문화정책을 본격적으로 시작하여 지금도 한창이다. 이는 마치 원산지인 유럽에서는 이미 퇴출되기 시작한 불량품을 수입하여 우리 국민들에게 신제품이라고 선동하면서 강매하고 있는 웃지 못할 형국이라 할 것이다.

그런데, 유럽사회의 이민자들에 대하여 그들의 문화정체성을 그대로 유지하게 하면서 유럽사회로의 통합을 추구하였던 다문화정책은 결국 돌이키기 어려운 사회적 갈등과 분란만 남긴 채 실패로 끝나고 말았고, 2007년 7월 호주를 시작으로 독일, 영국, 프랑스 등 서구유럽의 주요 국가들은 다문화주의의 실패를 인정하고 그 폐기를 공식선언한 바 있다. 이민자들의 문화정체성을 그대로 유지하게 하면서 어떻게 이민자들과 사회통합을 할 수 있겠는가? 인간이란 본능적으로 인종적, 문화적 배경이 같은 사람들끼리 뭉쳐 집단을 이루고 살게 마련이다. 그들 이민자들이 그들의 문화정체성을 그대로 유지한다는 것은 결국, 이민자들이 자신들이 이주하여 정착한 사회에 통합되지 않고 그들만의 공동체를 이루고 살게 된다는 것이다. 그러므로 서구유럽에서 '다문화주의'라는 이름으로 이민자들의 문화정체성을 그대로 유지하게 하면서 공존을 추구한 정책이 실패로 끝난 것은 너무나 당연한 귀결이라 하겠다.

유럽 국가들은 이미 다른 문화권의 영토와 국민들까지 포섭하여 지배한 제국경영의 경험이 있었기 때문에 제2차 세계대전 후, 제국이 해체된 이후에도 하나의 단일한 국가 영역 안에 이질적인 문화를 가진 인간집단과의 공존을 상정한 다문화국가나 다문화사회가 가능할 것이라고 착각하였던 것인데, 그 결과는 참담한 실패로 드러났고 그로 인하여 유럽사회는 지금 회복불능의 정체성 혼란을 겪고 있는 것이다. 제2차 세계대전을 전후하여 중동과 아프리카로부터 유럽으로 유입되어 온 이슬람 이민자들은 유럽사회에 통합되지 않은 채, 유럽사회 내에서 그들만의 이슬람 공동체를 확장해 왔다. 그런데도 유럽 각국의 정치지도자들과 사회엘리트 계층은 이러한 이슬람 이주자들의 행태에 대하여 전혀 문제삼지 않았으며, 오히려 포용과 공존이라는 도덕적·정치적 올바름을 내세워 이들 이슬람 이주민들을 옹호하면서 자국의 국민들에 대하여도 이들 이슬람 이주민들을 포용하고 공존할 것을 강요하였다. 그 결과 유럽사회는 이민자들에 의한 사회갈등과 불만의 누적으로 유럽 전역에 걸쳐 대규모의 집단 난동과 여성들에 대한 성폭력이 일상화되었고, 그 피해는 고스란히 그들 이주민들을 포용하고 공존하라고 강요받은 유럽 서민들의 몫이었다.

서구 유럽사회의 이와 같은 문화정체성의 혼란과 쇠락으로 인한 위기상황을 도발적이고 신랄한 문언으로 지적하여 유럽사회는 물론이고 전 세계적으로도 관심과 공감을 불러일으킨 인물들이 있다.

2010년 8월 『독일이 사라지고 있다(부제: 우리가 어떻게 우리나라를 위험에 빠뜨렸나)』를 출간한 전 독일연방은행 이사 틸로 자라친(Thilo Sarazzin)과 2014년 10월 『프랑스의 자살(부제: 프랑스를 무너뜨린 40년)』을 출간한 프랑스의 언론인 출신 정치인인 에릭 제무르(Eric Zemmour), 그리고 2017년 5월에 『유럽의 죽음(원제 'The Strange Death Of Europe')』을 출간한 영국의 언론인이자 정치평론가인 더글러스 머리(Douglas Murray)가 그들이다. 책 제목에서 알 수 있듯이 이들은 모두 이른바 '다문화주의'로 인한 국가 정체성의 쇠락과 파멸을 경고하고 있다. 이들의 명철한 통찰력과 촌철살인(寸鐵殺人)의 논리와 표현은 PC주의에 억눌려 있던 유럽사람들의 정체성과 양심을 일깨웠고, 나아가 그들로 하여금 자신들의 솔직한 목소리를 낼 수 있게 함으로써 유럽 각국의 민족주의 세력의 결집과 보수우파 정당들이 약진하는 계기가 되었다. 위 세 사람의 지적과 경고는 지금 세계 어느 나라보다도 급진적인 이민정책, 다문화정책을 펴나가고 있는 대한민국 국회와 정부가 타산지석(他山之石)으로 삼아야만 할 것이다.

2. 독일의 틸로 자라친, 프랑스의 에릭 제무르, 영국의 더글러스 머리, 그들의 눈으로 보는 유럽 문화정체성의 쇠락과 그 원인

1) 틸로 자라친(Thilo Sarazzin) - "독일이 사라지고 있다"

『독일이 사라지고 있다』는 2010년 8월 30일 출간 이후 그 해 12월 말까지 무려 125만 부가 팔려나갈 정도로 독일사회를 뜨겁게 달구었다. 이는 독일연방공화국 건국 이래 양장본 비소설 분야에서 가장 많이 팔린 책으로 알려지고 있다.

틸로 자라친과 그의 저서《독일이 사라지고 있다》

책의 주제는 제목 그대로 '독일이 스스로 몰락하여 사라지고 있다'는 것이며, 그 핵심 원인의 하나로 저자는 이주민 문제를 꼽는다. 그는 '이민자의 자질'을 이민허용 여부에 대한 가장 중요한 기준으로 삼아야 하며 값싼 노동력은 해당 기업주에게는 이익이 되겠지만 국가나 사회 차원에서는 대대손손 부담이 된다고 했다. 2차대전 종전 직후 독일의 재건과 경제 호황기를 거치면서 부족한 노동력을 메꾸기 위해 무분별하게 대거 받아들인 외국인 노동자들은 독일사회에 통합되지 못한 채 독자적이고 병렬적인 '평행 사회'에 살고 있고, 앞으로 몇 십 년 뒤에는 독일 전체 인구 중 혈통적으로 진정한 독일인 비중은 줄어드는 반면, 높은 출산율에 힘입어 이주민 비중은 더욱 늘어날 것이라고 전망하면서 이러한 이민자들 때문에 독일의 몰락은 더욱 가속화될 것이라고 주장한다.

즉, 혈통적으로 진정한 독일인에 비해 이민자들(특히 무슬림들)은 언어와 문화적 핸디캡을 갖고 있어서 현재 수준의 기술과 산업생산성을 감당하기 힘들게 되고, 이들이 다수가 될 미래의 독일은 현재보다 못한 나라가 될 것이라는 것이 자라친의 주장이다.

이 때문에 틸로 자라친(Thilo Sarazzin)은 '인종주의자'라는 비난을 받기도 하였지만, 이런 민족주의적 발언에 열광하여 20%의 독일인이 틸로 자라친(Thilo Sarazzin)이 창당하면 지지하겠다는 의사를 표명하였다고 한다. 그러나 이 책이 오랫동안 베스트셀러를 유지하는 것은 이 같은 도발적 주장 때문만은 아니다.

이 책의 핵심은 빈곤과 불평등이 심화되는 독일사회에서 질적으로 향상된 교육을 통해 기회의 균등을 도모하고 사회통합을 이루어야 한다는 것이다. 즉, 세계화와 정보화 및 기술 발전의 사회변화 속에서 적절히 대응하지 못해 '쇠락하고 있는 독일'의 원인을 찾고 그 대안을 제시한 것이다. 빈곤이 확대되고 불평등이 심화되고 있으며, 저소득층은 점점 더 노동세계에서 배제되어 빈곤층으로 전락해 헤어나지 못하고 있지만, 정치권에서는 적절한 대안을 내놓지 못하고 있다는 것이다.

이 책이 제시하는 대안은 고용창출을 위한 정책과 질적으로 향상된 교육을 통해서 사회정의를 회복·실현하는 것이다. 즉, 이 책은 사회통합을 이루어 궁극적으로 쇠락해 가는 독일을 회복하기 위한 대안으로써 교육의 질적 향상과 노동의 중요성을 강조함으로써 절망과 불만으로 팽배한 독일 사회의 희망을 대변하고 있다는 점에서 독일의 정치권과 국민대중에게 큰 반향을 불러일으켰다고 평가받고 있으며, 이는 2013년도에 전후 최초의 우파 포퓰리즘 정당인 '독일을 위한 대안(AfD)'이 창당되는 결실로 이어진다.

2018년 7월 27일, AfD와 그 지지 단체들이 이끄는 대규모 반이민 집회 광경(위)

2017년 독일 총선에서 AfD의 돌풍을 이끈 무라우케 페트리(Frauke Petry) 전 공동대표. 그녀의 거침없고 직설적인 화법으로 인하여 '여자 트럼프'라고 불리고 있다. 총선 직후 내부 불화로 탈당하여 '파란당'을 창당하였다(아래).

2) 에릭 제무르 – "프랑스의 자살"

"우파는 자유의 이름으로 민중을 배신했다. 약자를 억압하고 강자를 공고히 하는 잘못된 자유! 좌파는 평등의 이름으로 국민을 배신했다. 부모와 아이들 사이의 평등은 교육을 죽이고, 교사와 학생들 사이의 평등은 학교를 죽이며, 프랑스인과 외국인 사이의 평등은 민족을 죽인다."

에릭 제무르가 그의 저서 '프랑스의 자살'에서 남긴 인상 깊은 명언이다.

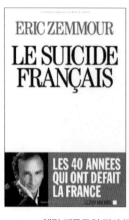

에릭 제무르의 저서 '프랑스의 자살'   지난 2021년 12월 5일 대선 출정식에서,
환호하는 지지자들에게 답례하는 에릭 제무르

　에릭 제무르는 알제리 출신의 이민자 1세대로서 프랑스의 일간지 르 피
가로의 논설위원 출신이다. 그는 '이민자 없는 프랑스'와 '유럽법의 지배
를 받지 않는 프랑스'를 꾸준히 주장해왔다. 이민자인 에릭 제무르가 이민
을 반대하다니 아이러니하다. 영국의 수낙 총리도 인도출신 이민자로서
강력한 반이민 · 반다문화주의 정책을 펴고 있고, 미국의 유명한 애국단체
로 알려진 'Act for America'를 이끌고 있는 가브리엘 브리짓도 요르단 출
신의 이민자 1세대다. 이민자 출신이 자신을 받아 준 나라의 정체성과 국
익을 위하여 반이민 · 반다문화주의에 앞장선다는 것은 그 만큼, 미국과
프랑스, 영국 등 서방국가들의 무분별한 이민정책과 다문화정책으로 인한
폐해가 심각하다는 것을 반증하고 있다고 하겠다.

　영국매체 이코노미스트는 에릭 제무르를 두고 '프랑스의 도널드 트럼
프'(French Trump)라 표현하기도 했다. 논란이 있는 사안에 대해 에두르지 않
고 직설적인 화법을 구사해 미국 트럼프 전 대통령을 연상시키는 캐릭터

라는 의미다. 에릭 제무르와 같은 보수우파성향의 국민연합(RN) 마린 르펜 후보와의 공통핵심정책은 이민법 개정이며, EU법보다 프랑스의 자주권을 앞세워야 한다는 주장도 공통적이다.

그는 이민자, 동성애 등의 문제로 프랑스는 자살의 길을 걷고 있다며 그 시작을 1968년의 프랑스 5월 혁명이라고 지목했다. 당시 그의 책은 2014년 10월 출간 직후 3개월 만에 40만 부나 팔려 나가며 소설·비소설을 통틀어 베스트셀러 3위에 오르는 등 프랑스 사회에서 뜨거운 화제가 된 바 있다.

이민·동성애에 대한 프랑스 보수 진영의 비판은 새삼스러운 것이 아니다. 그런데 제무르의 주장이 유독 폭발성을 갖는 것은 프랑스 사회의 가장 예민한 부분을 건드렸기 때문이라는 분석이다. 이 책의 부제는 '프랑스를 무너뜨린 40년'으로 되어 있는데, 여기서 말하는 '40년'은 1968년, 즉 68혁명[9] 이후의 프랑스를 말한다.

프랑스 5월 혁명 학생시위("금지함을 금지하라") 광경과 포스터,
'68년 5월, 기나긴 혁명의 서막'이라고 적혀 있다.

1789년의 프랑스 대혁명이 근대 프랑스를 만들었다면, 현재의 프랑스는 '68혁명'의 기초 위에 서 있다고 해도 과언이 아니다. 이민자와 다른 종교를 포용하고 자유·환경·페미니즘 등 비물질적 가치를 존중해야 한다는 인식이 그 밑바탕에 깔려 있는 것이다. 이는 효율성을 중시하는 영미식 자본주의나 절제를 강조하는 독일 사회와 구분되며, 프랑스를 '자유와 톨레랑스(관용)의 나라'라고 자평해 온 이유이다.

그런데 제무르는 "이런 '68혁명'의 가치가 바로 프랑스 몰락의 원인"이라고 직격탄을 날린 것이다. 그는 한 이탈리아 신문과의 인터뷰에서 "프랑스가 500만 명이 넘는 이슬람 신자를 추방하지 않으면 내전에 빠질 것"이라고 발언했다가 자신이 진행하던 TV프로그램에서 하차하기도 했다. 하지만 이러한 제무르의 주장과 궤를 같이하는 주장이 잇따르고 있다.

사회학자 쥘리 파지는 '68혁명' 참가자들의 이후 삶을 추적한 그의 저서에서 "무엇이든 가능하다고 생각한 사람들이 사회에 적응하지 못하면서 자살·약물중독 등에 빠지는 경우가 많았다"고 분석했다. 동성결혼 반대 단체인 '모두를 위한 시위(LMPT)'도 '68혁명'의 이데올로기가 동성결혼의 뿌리라고 주장했고, 인터넷에서는 '표현의 자유'를 이유로 제무르의 방송 퇴출에 반대하는 캠페인이 벌어지기도 했다.

소설가 레기스 드브레는 "68세대는 1980년대 신자유주의를 거치면서 스스로 새로운 상류계층이 됐다"며 '68세대'의 자기반성을 촉구한 바 있다. 에릭 제무르가 불러일으킨 프랑스 우선주의, 애국주의의 돌풍은 2022년 4월 10일의 프랑스 대선에 즈음하여 더욱 강력해졌다.

2021년 10월에 실시한 여론조사에서 무려 18%의 유권자가 에릭 제무르를 지지했는데, 이러한 지지에 힘입어 에릭 제무르는 2021년 12월 5일

대선 출마를 공식 선언했다.

제무르의 시국관은 명확하다. 프랑스가 문화적, 사회적, 경제산업적으로 몰락했다는 것이다. 즉, "시네마와 자동차를 발명한, 콩코드여객기와 핵발전소의 나라 프랑스는 그 어디를 보나 절망으로 가득 차 있다. 지금 살고 있는 프랑스의 젊은 세대들은 그런 사실들도 모른 채 어렴풋한 향수만 가지고 있을 뿐이다. 소중히 간직해야 할 나라가 사라져 가고 있다"는 것이 그의 주장이며, 이 모든 게 국민의 이익보다 강요된 글로벌리스트의 어젠다를 우선으로 하는 프랑스 정치지도부의 위선적 행태와 능력부재 때문이라고 그는 말하고 있다.

프랑스는 지금까지 글로벌리스트의 굴레에 얽혀 주권을 제대로 행사하지 못했다. 지금까지 프랑스 대통령들은 한때 꿈꿨던 프랑스적인 생활방식을 회복시키겠다고 공언했지만 그것은 말뿐이었다. 어느 누구도 국민 대중에게 혜택이 돌아가는 경제, 정치적 독립과 자유를 이루지 못했다. 너무나도 오랫동안 프랑스 유권자들은 변화를 원했지만 여기에 부합하는 정치인은 없었다. 국가의 사회보장이 국민에게 혜택을 별로 주지 못하면서 주머니에서 나가는 돈만 많았다. 벌이도 시원찮은데 세금으로 빠져나가는 돈이 많았고 생활비는 계속 올랐다.

프랑스는 미국이 이끄는 서방경제의 집단자살 코스에 동참했다는 불만이 팽배해 있었다. 즉, 산업해체와 아웃소싱, 무분별한 외국인 노동자 유입 등등 글로벌리스트들의 논리를 따르는 미국의 기득권세력을 그대로 모방해 나라에 망조(亡兆)가 들었다는 것이다.

이런 상황에서 63세의 정치평론가 출신인 에릭 제무르의 "유럽연합(EU)과 불법 이민자에 빼앗긴 프랑스를 되찾자"라는 그의 호소는 프랑스인들을 격동시키기에 충분했다. 그의 당 이름도 '재정복'을 의미하는 '르 콩케트(Reconquête)'이다. 그래서 프랑스인들에게는 그가 미국이 주도하는 NATO와 EU의 추종자 노릇을 그만하고 프랑스가 독립적이고 자주적인 길을 가게 함으로써 지금까지 프랑스의 정치지도자들이 보여 온 트랜드를 확 바꿀 인물로 기대되고 있었다.

2021년 12월 5일 파리 외곽 발팡트의 파크데젝스포지시옹(전시공원)에서 열린 그의 대선 출정식에 운집한 약 15,000명의 지지자들은, "제무르 르 프레지당(제무르를 대통령으로)!"를 연호하며 그의 말 한마디마다 환호성을 지르며 열광했다.

이날 연단에 등단한 에릭 제무르는 두 주먹을 꽉 쥐고 지지자들을 향해 양팔을 들어올리며 "오늘 이 자리에 1만 5,000명의 애국자가 왔다. 극좌 세력의 위협과 언론의 거짓 선동에 흔들리지 않고 이곳을 찾아준 올바른 정치관과 용기를 갖춘 사람들"이라고 말하자 또다시 그의 이름을 외치는 소리가 행사장을 뒤흔들었다. 이어서 그는 행사장에서 자신을 인종차별주의자라며 소란을 피운 일부 시민들을 보고 "나는 인종차별주의자가 아닙니다. 여러분들도 인종차별주의자가 아닙니다. 우리가 원하는 것은 우리의 소중한 유산을 지키자는 것 뿐입니다." 라고 외치자 그를 지지하는 군중들은 더욱 열광했다.

2022년 11월 30일 대선 출마를 공식화한 제무르는 노골적인 반이민 정책 표방으로 인종차별 논란을 일으켜 왔다. 그는 대통령이 되면 이민을 '0'에 수렴케 하겠다고 공약했고, 불법이민자들을 추방할 것이라고 밝혔다. 이날 유세에서도 반이민, 반이슬람 노선을 부각했다.

제무르는 "내가 대선에서 승리하면, 세계에서 가장 아름다운 나라를 되찾는 시작이 될 것"이라고 목소리를 높였다.

　그는 이날 약 50여분 간에 걸쳐 그동안 자신이 해온 주장을 다시 한 번 강조했다. 즉, 지난 5년간 에마뉘엘 마크롱 대통령의 이른바 다문화 정책, 문화다양성 정책과 친 EU정책으로 인해 이슬람과 불법난민이 더 극성을 부리게 되었고, 프랑스인들은 자신들이 이 땅의 주인인데도 이민자와 외국인들의 뻔뻔함에 눌려 오히려 자신들이 이방인 같은 삶을 살고 있다고 했다. 이 과정에서 프랑스의 자랑스런 문화와 문명이 파괴되고, 프랑스라는 나라는 빈껍데기가 됐다는 것이다.

　제무르는 "오늘 여러분의 지지에 힘입어 우리는 이제 빼앗긴 프랑스를 다시 되찾기 위한 여정을 시작할 수 있게 됐다"면서, "프랑스의 경제, 프랑스의 안보, 프랑스의 주권, 프랑스의 정체성 그리고 무엇보다 프랑스라는 나라를 다시 되찾는 것이 우리의 목표"라며 "여러분 모두가 이 운동에 동참해 달라"고 역설했다.

　그러나, 이러한 프랑스 대선 국면에서의 에릭 제무르 지지 열풍은 2022년 2월 24일 러시아가 우크라이나 침공을 개시하면서 크게 위축되었다. 러시아의 우크라이나 침공으로 프랑스 국민들의 반(反)러시아 여론이 급격히 확산된 탓이다.

　마린 르펜과 발레리 파크레스 등 다른 보수 우파 정당의 후보들도 마찬가지였다. 반면, 엠마뉘엘 마크롱 대통령의 지지율은 급등하여 결국 대선에서 낙승했다. 이들 보수우파 정당의 후보들이 러시아와 푸틴 대통령을 지지하는 발언을 한 반면, 마크롱은 러시아의 우크라이나 침공을 '부끄럽고 부도덕한 전쟁'이라고 지적하면서, 푸틴은 위선적이며 우크라이나 침공을 정당화하려고 거짓말을 퍼뜨리고 있다고 비난하였을 뿐만 아니라,

러시아의 침략행위에 대처하고 분쟁해결을 위해 적극적으로 나서는 등 리더의 모습을 부각시켜 지지율을 크게 끌어 올렸기 때문이다.

이에 대하여 에릭 제무르는 "나는 프랑스판 푸틴이 되고 싶다", "미국, 영국, 독일보다는 러시아가 더 믿을 만하다"라는 등의 발언으로 인하여 일취월장하던 지지율이 발목이 잡혀 그의 대선 도전은 실패하고 말았다.

2022년 4월 10일에 있었던 1차 투표에서 제무르는 마크롱(27.60%), 르펜(23.41%), 맬랑숑(21.95%)에 이어 7.05%를 득표함으로써 4위에 머물렀고, 결선 투표에서 58.55%를 득표한 마크롱이 41.45%를 득표한 르펜을 누르고 재선에 성공했다. 반(反)이민, 우파성향의 르펜 후보의 득표율은 지난 2017년도 대선에서 21.3%의 득표로 2위에 올랐던 것에 비하여 크게 상승한 것은 의미 있어 보인다.

지난 2017년 대선에서 놀라운 부분은 반(反)이민, 우파 세력의 비약적인 부상에 있다. 마크롱 후보와 함께 결선투표에 오른 마린 르펜 후보의 국민연합(RN, Rassemblement National)은 2007년 대선에서는 10.4%(1차)로 정당 득표율 4위에 머물렀던 소수정당이었는데, 10년 후인 2017년 21.3%로 정당 득표율 2위를 차지해 결선투표에 등장하게 됐던 것이다.

그러한 르펜 후보가 러시아의 우크라이나 침공이라는 악재에도 불구하고 이번 대선에서 또다시 5년 전보다 약 두 배 가까이 상승한 득표율을 얻었다는 사실은 차기 대선에서의 성공전망을 밝게 해준다.

프랑스 사회에서 오랫동안 극단적인 것으로 여겨지던 이민자 유입 반대, 자국민 우선주의 등이 이제 다수의 프랑스인의 생각으로 부상한 것이다. 제무르의 지난 2022년 4월 10일의 프랑스 대선도전은 실패했지만, 프랑스 보수우파 대선후보로서의 그의 등단은 실패라고 단정하기는 어렵다.

언론과의 인터뷰에서 많은 프랑스인들은 대선결과와는 상관없이 에릭 제무르의 주장에 공감과 지지를 나타내었기 때문이다.

파리 근교에 사는 공무원 헬레나(60세)는 "대중교통에서 프랑스어로 대화하는 사람을 듣기 힘들 정도"라며 '불법 이민자들에게 빼앗긴 프랑스를 돌려놓겠다'는 제무르의 공약에 공감을 표했다. 파리에서 외과의사로 일하는 자크 오하나(65세)는 제무르의 지지자로서 그가 이민문제를 대선의 화두로 띄우는 데 성공했다고 진단했다. 이어 "제무르가 당선되든 낙선하든 이미 절반은 승리한 셈"이라고 덧붙였다.

한 70대 여성 지지자는 외신 카메라들을 모아 놓고 "지금 이 나라에서는 이슬람 극단주의자들이 젊은이들의 일자리 뿐만 아니라 목숨까지 뺏어가고, 아프리카 이민자들이 노인을 구타하고 돈을 갈취하고 있다"면서 "에릭 제무르가 이 모든 상황을 바꿔 줄 것이라고 믿는다"고 했다.

3) 더글러스 머리 – "유럽의 죽음"

더글러스 머리와 그의 저서 《유럽의 죽음》

더글러스 머리(Douglas Murray)는 영국의 언론인이며 정치평론가이다. 2017년 5월에 출간된 그의 저서 '유럽의 죽음'(원제 'The Strange Death Of Europe')은 그 명철하고 통찰력 있는 주장, 신랄하고 명쾌한 표현으로 뜨거운 관심과 환호를 받았다. 영국과 미국에서 17만 부 이상 팔리고 카타르, 이스라엘, 일본, 중국을 비롯해 유럽 각국 총 25개국에 판권이 팔렸다.

그는 이 책에서 매우 도발적인 표현으로 '유럽의 질병'을 진단하고 있다. 즉, 그는 "우리가 유럽이라고 알고 있는 문명은 자살을 감행 중"이라고 하면서 그 주된 원인이 이민자의 대규모 유입이라고 주장한다. 무책임하고 안일한 정치지도자들과 사회엘리트계층들에 의하여 저질러진 무분별한 이민 허용은 그 시작은 노동력 부족을 해결하기 위하여 시작되었으나, 유럽은 금세 이민에 중독되었고 이러한 유럽으로의 이주의 흐름을 막을 수 없게 되었다는 것이다.

유럽인들은 일자리를 찾아 돈 벌러 온 이주자들이 돈을 벌어 그들의 고향으로 돌아가거나 유럽사회에 동화될 것으로 믿었으나, 그들은 돌아가지 않았고 오히려 그들의 가족과 친척까지 불러들여 유럽사회에 눌러앉았다. 그들은 유럽인들의 믿음과는 달리 유럽사회에 동화되지도 않았지만 그 누구도 이를 문제 삼지 않았다는 것이다. 오히려 유럽인들은 그와 동시에 자신들의 정통과 정체성에 대한 신념과 정당성에 대한 믿음을 잃어버림으로써 오늘날 유럽을 유럽이라고 부를 수 있는 정체성의 핵심조차 찾아보기 어려울 정도로 유럽의 질병은 회복불가능의 상태에 이르렀고, 그 어떠한 유럽 국가들도 이 운명을 피할 수 없다는 것이 더글러스 머리의 지적이다.

"유럽은 이민에 중독되었다"는 강력하고 도발적인 발언으로, 그는 다루기 민감한 이야기들을 본격적으로 시작한다. 그 중독의 시작은 제2차 세계대전 이후 노동력 부족 현상을 겪고 있던 유럽국가들이 외국인 노동자들의 입국을 장려하면서부터다.

유럽의 부족한 노동력은 제국해체와 그에 따른 탈식민화의 결과였고, 유럽인들은 제국시대에 그들의 선조들이 식민지에 저지른 만행에 대한 부채의식에 사로잡혀 있었고, 제국시대의 피지배국민들은 정당성을 가지고 유럽으로 들어왔다. 그리고 뒤이어 가족을 데려오고 시민권을 얻어 뿌리를 내리고 유럽에 눌러 살게 되었다. 그렇게 시작된 서유럽 국가로의 인구이동은 점차 막을 수 없는 흐름이 되었다.

유럽 정치인들은 제국주의의 잔인했던 나라에서 인도주의의 강대국으로, 그리고 더 젊고 평등하고 다양한 문화의 대륙으로의 긍정적인 이행이 될 것이라고 믿었다. 그러다가 2015년 시리아 난민 사태 이후 유럽의 이민자 인구는 통제가 불가능할 정도로 급증했다. 중동, 북아프리카, 동아시아로부터 수백만이 넘는 인구가 유럽으로 유입되었다. 유럽의 어느 정부도 그때부터는 이민자의 수를 예측하지 못했고, 이러한 무제한적인 이민정책은 사회적 혼란으로 이어졌다.

이민중독을 이끌어 왔던 또 다른 원인은 바로 유럽 스스로가 믿음을 상실한 데에 있다. 유럽의 종교, 역사, 정통성에 관한 믿음이다. 이미 종교와 철학, 역사, 정치에 관한 다양한 시도 및 번영, 그리고 제1·2차 세계대전으로 인한 좌절을 모두 경험한 유럽인들은 〈유럽의 시대〉는 이미 지나갔다는 회의적인 생각을 품고 있었으며, 그들로 하여금 지켜나갈 유럽의 정체성은 특별한 것이 없으니 모두가 유럽이 될 수 있고, 유럽은 세계인의 고향이 될 수 있다고 믿는다는 것이다.

무슬림을 필두로 한 대규모 이민은 유럽 인구변동과 범죄증가, 사회 전체의 이슬람화로 이어진다. 무슬림들의 투철한 이슬람 신앙은 유럽의 기독교 가치관과 민주주의에 정면으로 배치되며, 이로 인한 테러와 범죄는 유럽의 정치적 목적에 의해 감춰지고 회피된다는 것이 저자의 설명이다.

더글러스 머리는 이 책에서 이민자에 대한 적절한 규제는 필요하며, 유럽사회에서 이민자들에 대한 사회통합정책이 실패하였다는 사실을 은폐하는 일은 없어야 하고, 그것을 인종주의, 민족주의와 연결시키면 안 된다고 말한다. 또한 유럽국가들의 이민자 통합정책이 실패했음이 드러나는 각종 테러 사건들[10]에 대해 '이슬람 테러'라는 정확한 명명이 필요하다고 주장한다. 더이상 세계 전체를 한 배에 태울 수 없으며 어느 나라도 국경을 한없이 열어놓을 수 없다는 것을 인정해야 한다는 것이다.

대규모 이주로 인한 위험은 전쟁이나 자연재해처럼 갑자기 우리를 무력하게 만드는 것은 아니지만, 물이 서서히 흘러들어 해안을 잠식하듯이 이주는 처음에는 인도주의적 대의로 포장되어 평화로운 듯이 이루어지지만, 궁극적으로는 그들이 유럽인들의 영토와 문화정체성을 침탈하게 되는 것이고, 그로 인하여 유럽인들은 자신들의 문화정체성과 영토를 잃게 된다는 것이다.

주야장천 인권만 외쳐대는 세력들은 이러한 이민으로 인한 사회문제를 우려하는 유럽인들을 질책하고 차별과 혐오라는 혐의를 뒤집어씌우려는 충동에 사로잡혀 있으면서, 기회만 되면 어김없이 적개심에 불타는 외국인 혐오론자라고 공격함으로써 유럽의 정치인들과 언론은 물론 대중을 침묵하게 만들어 지금과 같은 돌이키기 어려운 상황을 만들었다는 것이다.

이렇게 무분별하게 허용된 대규모 이주는 유럽의 일반 시민에게 그 대가를 치르게 하고 있다. 범죄와 테러를 목격하는 시민들은 증가하고, 일자리 경쟁은 물론 공공 서비스와 주택확보에 영향을 받게 함으로써 유럽 전역에서 반이민 정서가 들불처럼 일어나게 만들었고, 이는 결국 영국의 브렉시트와 유럽 각국의 보수우파정치세력의 결집과 득세로 연결된다.

IV. 서구 유럽 주요국 정치지도자들의 뒤늦은 자각과 반성 – 독일, 프랑스, 영국, 호주 지도자들의 다문화 정책 실패 선언

서구 유럽국가들은 과거 타 대륙 침략과 식민지 지배의 역사로 인하여 사회구성원이 이미 다인종, 다민족화 된 점과 과거 침략과 수탈에 대한 부채의식 등으로, 자국 내에서 이주민의 문화를 포용하고 존중하는 다문화주의를 대놓고 비판하거나 반대하는 것은 인종차별주의자나 극우 민족주의자로 낙인찍히기 쉬운 사회분위기여서 쉽지 않았다. 이는 특히 정치지도자나 사회저명인사일수록 더욱 그러하다. 그러나 유럽에서 위 세 사람의 저서가 출판된 시기보다 조금 앞선 2010년을 전후하여 서구 유럽의 주요국가 정상들이 다문화정책의 실패를 인정하고 다문화정책의 폐기를 공식선언하면서 발표한 메시지는 상당히 절제되어 있으면서도 매우 단호하다. 이는 이미 다인종, 다민족 사회화된 서구 유럽국가들조차도 국가의 정체성과 독립성을 지키기 위해서는 이민자들의 문화정체성을 인정하는 전제로 공존을 추구하는 다문화정책이라는 것이 얼마나 비현실적이며 모순되는 것인지를 뼈저리게 느꼈기 때문일 것이다.

서구 유럽식 다문화정책을 맹목적으로 추종하고 있는 우리나라 정치인들과 공무원 그리고 소위 지식인들이라는 인사들이 읽어보고 타산지석(他山之石)으로 삼기를 바라면서, 다문화정책 실패 선언에 관한 언론에 게재된 주요 국가별 기사내용을 정리해 보면 다음과 같다.

독일, 프랑스, 영국 지도자들의
다문화 정책 실패 선언

1. 프랑스 사르코지 대통령

프랑스의 사르코지 대통령은 2011년 2월 10일, 프랑스 최대민영방송 TFI와의 인터뷰에서 다문화주의에 대해 "그것은 실패했다."라고 분명히 선언했다. 그리고 그는 "물론 우리는 모든 다양성을 존중해야 하지만 우리들은 여러 커뮤니티가 공존하는 하나의 사회를 원한다"며 이렇게 밝혔다. 그는 "만약 당신이 프랑스로 왔다면 (프랑스라는) 한 사회에 녹아드는 것을 받아들여야 한다. 만약 그것을 받아들일 수 없다면 프랑스에서 환영받을 수 없다"고 분명히 하고, "프랑스는 오랜 생활방식, 남성과 여성 간의 평등 그리고 어린 소녀들이 학교를 다닐 권리 등에 대한 변화를 받아들일 수 없다"고 말했다. 이어 그는 "우리들은 이민자들이 어느 곳에서 왔는가라는 그들의 정체성에 대해 너무 많은 관심을 쓰는 바람에 정작 그들을 받아준 프랑스의 정체성에 대해서는 충분히 고려하지 않았다"고 말했다.

2. 독일 앙겔라 메르켈 총리

앙겔라 메르켈 독일 총리는 2010년 10월 16일, 베를린 남쪽의 포츠담에서 자신의 기민당(CDU) 청년당원들에 행한 연설을 통해 "다문화 사회를 이룩하려던 독일의 시도는 완전히 실패했다"면서, "다른 문화적 배경을 가진 사람들이 독일 사회에 통합되지 않은 채 우리와 이웃해 살도록 허용하는 (다문화) 접근방식은 400만 무슬림이 살고 있는 독일에서 성공하지 못했다"며 이같이 평가했다.

메르켈의 이와 같은 발언은 보수 정당인 기민당(CDU) 내에서 이민자 및 이슬람을 둘러싼 논쟁을 가열시켰음은 물론, 유럽연합(EU)을 이끌고 있는 독일 총리의 이와 같은 발언은 전 세계적으로 '다문화주의'에 관한 논쟁을 확산시키고 있다. 메르켈은 과거 이민자들에 대한 우리의 요구가 너무 적었다면서 그들은 학교교육 이수를 위해 독일어를 배우고 노동시장에서 기회를 가져야 한다는 종래의 입장을 되풀이했다.

이보다 앞선 2008년 12월 독일 정부와 여당인 기민당은 이주민들을 독일사회에 통합시키기 위한 사회통합 정책의 일환으로, 독일어를 구사하지 못하여 독일 주류사회에서 소외되고 있는 이주민들에 대한 독일어 교육 강화를 위하여 "독일연방공화국의 국어는 독일어다"라는 조항을 독일 연방헌법에 명시하기 위한 헌법개정을 추진하였으나, 야당인 사민당과 녹색당 그리고 이주민 단체들의 강력한 반대에 부딪혀 좌절된 바가 있었다.

당시 독일 정부로서는 이주민들이 독일어를 배워 학교에서 교육받고 노동시장에서 일을 하여 독일사회에 통합되고 더 나은 삶을 살기 위해서는 독일어를 꼭 배워야 한다며 독일어 교육을 적극 밀어붙였다.

그러나, 이주민 단체에서는 "우리가 왜 독일어를 배워야 하나? 독일어처럼 끔찍한 언어를 배우라고 강요하는 것은 이주민에 대한 차별이며 인권침해"라고 강하게 반발하였고, 독일에서 이주민의 다수를 차지하는 터키계 이주민들은 오히려 터키어를 독일어와 함께 공용어로 지정해야 한다고 주장하기도 했다. 이 사건으로 독일은 '독일연방공화국의 국어는 독일어'라는 독일 민족으로서는 너무나 당연한 상식이 정치적으로 부정되는 뼈아픈 경험을 한 바 있으며, 2015년 12월 독일 쾰른에서 발생한 수천 명의 이민자들의 집단폭동과 성폭행 사건은 독일사회를 충격에 빠트린 바 있다. 위 두 사건은 독일에서의 다문화정책과 이민자 사회통합 정책이 얼마나 순진하고 허망한 정책인지를 단적으로 보여준 사례라 할 수 있다.

3. 영국 데이비드 캐머런 총리

데이비드 캐머런 영국 총리는 2011년 2월 5일 "영국이 지난 50년 동안 지속해온 '다문화주의'(multiculturalism) 정책은 실패했다"고 선언했다. 영국은 지난 30여년 간 이주노동자를 많이 받아들이고 그들의 문화를 인정해온 '다문화주의' 정책을 펴왔다. 캐머런 총리는 이날 독일 '뮌헨 안보 회의'에서 앙겔라 메르켈 독일 총리가 참석한 패널토론에 참석해 "영국은 그동안 서구적 가치를 거부하는 민족적 혹은 종교적 소수집단에 대해 '무간섭 관용(hands-off tolerance)' 정책을 써왔지만, 이는 이주민들을 인권, 민주주의, 사회통합, 법 앞의 평등과 같은 전통적 가치로써 통합하기보다는 이슬람 극단주의가 번창할 수 있는 폐쇄적 공동체를 양산하였을 뿐"이라며 대대적 정책전환을 시사했다.

그는 "지금은 평등한 권리, 법치주의, 언론의 자유, 민주주의를 적극적으로 촉진하고 더 강력한 국민정체성을 확립하기 위해 '더 적극적이고 힘 있는 자유주의'가 필요한 때"라고 하면서 이슬람 단체 등에 대한 공공자금 지원 제한과 이슬람 사원에서의 '증오의 설교' 금지 등의 새로운 다문화 접근 방식을 도입하겠다고 밝혔다.

또한 젊은 무슬림들이 국내에서 자라난 극단주의와의 싸움에서 승리하고 사회에 더 잘 융합되도록 하기 위해 노력해야 한다는 입장도 밝혔다. 총리의 이날 연설은 영국의 보수단체인 '영국수호동맹(EDL)'이 런던 인근의 루턴 시내에서 대규모 반이슬람 가두시위를 벌이기 불과 몇 시간 전에 나왔다. EDL 측은 총리 발언에 대해 공식 논평을 내놓지 않았지만, 언론 보도는 '참가자들은 "총리 연설 내용과 우리가 거리에 나온 이유가 별반 다르지 않다"며 반색하는 분위기였다'고 전했다.

4. 호주 존 하워드 총리

호주의 관습과 언어를 익혀야만 우리 시민 될 수 있을것

존 윈스턴 하워드(John Winston Howard; 1936년 7월 26일~): 오스트레일리아 제25대 총리, 오스트레일리아 자유우파계열 자유당 대표로 1996년 총선에서 승리, 1996년 3월 11일~2007년 12월 3일, 11년 간 재임하였다.

호주는 2007년 1월 23일, 지난 30여 년 동안 이민정책의 골격이 되어 온 '다문화주의'의 공식 폐기를 선언했다.

존 하워드 호주 총리가 이날 부분 개각을 단행하면서 전격적으로 이민부의 공식 명칭을 '이민 다문화부'에서 '이민 시민권부'로 바꿔버린 것이다. 단순히 부처 이름이 바뀌는 데 큰 의미를 둘 필요가 있느냐는 시각도 있었지만, 그간 하워드 총리가 보여 온 태도로 볼 때 이민자들을 바라보는 그의 시각의 한 단면을 가장 확실하게 보여주는 대목이라는 주장이 우세하였다. 물론 하워드 총리 자신은 당시 다문화주의라는 말을 이민부의 명칭에서 빼버린 게 다문화주의 폐기처분을 뜻하는 것은 아니라고 강조하였지만, '시민권'이라는 말이 새로 오는 이민자들에 대한 호주인들의 여망을 더 잘 표현하고 있는 것으로 생각한다고 간단하게 호주 언론들에 설명했다.

그는 명칭에서 빼버렸다고 해서 다문화주의라는 용어가 사라진다고는 결코 생각하지 않는다면서 모든 호주인들은 이민자들이 호주 땅에 왔으면 호주인들이 되어야 하는 것으로 믿고 있다고 강조했다. 이는 이민자들이 호주 땅에 살면서도 영어나 호주의 가치도 잘 모른 채 자신들의 가치만을 추구하며 다문화주의 깃발 아래 안주해보겠다는 식의 태도는 절대 받아들일 수 없다는 뜻이다.

특히 공공연하게 호주에 대한 테러위협이나 반 호주 구호를 외치고 있는 일부 이슬람권의 행동에 대해서는 강력하게 제동을 걸겠다는 의지를 내비친 것으로 풀이되고 있다. 다문화주의의 폐기는 "이민자들에 대한 시민권 심사 때 영어 등 호주의 가치에 대해 시험을 보도록 할 것"이라고 밝힌 정책과도 맥락을 같이하는 것이었다. 호주시민이 되려면 자신들의 고

유문화를 주창하기에 앞서 호주사회에 통합될 수 있는 자질과 능력을 먼저 보여주어야 한다는 논리를 펴고 있는 셈이다.

지난 1970년대 초 캐나다에서 영어와 프랑스어 문화권 간의 충돌을 조정하기 위해 사용하기 시작한 '다문화주의'라는 용어는 호주에서도 고프 휘틀람 내각에서 곧 사용되기 시작해 호주 이민정책의 근간이 돼왔다. 그러나 1980년대 호주의 역사학자 제프리 블레이니 교수[11]가 '다문화주의'가 야기하는 문제점들을 하나하나 지적하기 시작하면서 정부에서도 '다문화주의'에 대한 재검토 작업을 진행해 온 것으로 알려지고 있다.

당시 이민부 명칭변경과 관련, 호주의 한 언론은 다문화주의가 이날 호주 연방정부 정책에서 공식적으로 떨어져나갔다면서, "다문화주의가 지금 당장 죽지는 않겠지만 결국 하워드 정부에 의해 서서히 질식사하고 말 것"이라고 논평한 바 있다.

V. 대한민국 다문화정책의 실체와 그 기원

1. 대한민국 다문화정책의 실체 - 외국인 수입정책, 자국민 배제정책

이와 같은 서구 유럽국가들과는 역사적, 문화적 배경이 전혀 다른 우리나라가 서구 유럽에서 실패한 다문화주의를 맹목적으로 따라함으로써 유럽사회의 혼란과 실패를 답습할 이유가 전혀 없다.

그런데 대한민국은 지난 1990년 중반 무렵부터 시작하여 지금까지도 '비숙련 단순노동인력 부족문제'를 해결하기 위하여, 그리고 저출산과 인구감소에 대한 대책으로 국내에서 유효한 정책적 대안을 찾아보지도 않은 채 무턱대고 외국인 수입에만 의존하는 정책으로 저개발국의 빈민층을 외국인노동자로, 혹은 결혼이주여성이라는 이름으로, 혹은 난민신청자라는 이름으로 매년 정례적으로 그리고 대규모로 우리 사회로 유입시키고 있다. 그리고는 그로 인하여 파생되는 여러 가지 사회문제를 해결한다며 막대한 재정을 쏟아부으면서 아무런 잘못도 없는 대다수의 우리 국민들로 하여금 이들을 포용해야 한다고 강요하고 있다.

나아가 정치권과 언론 그리고 인권을 앞세우고 있는 좌파 시민단체들은 국적, 인종, 언어, 출신국가, 출신민족 등 문화적 정체성에 따른 차별을 금지하고, 심지어는 동성애와 같은 우리 사회 내에서의 소수의 비윤리적인 일탈행위조차도 이를 '소수자의 문화'라며 왜곡, 미화하여 이들에 대한 국민들의 당연한 비판과 우려를 차별과 혐오로 규정함으로써 국민들을 검열하고 제재하겠다는 이른바 '포괄적 차별금지법' 제정을 밀어붙이기에 이르렀다.

대한민국의 다문화정책이 갈수록 전체주의적 독재정치로 변모되면서 국민들의 기본적인 자유와 권리까지도 억압하려 하고 있는 것이다. 앞서 강조하였듯이, 문화공존이란 국가나 민족과 같은 그들만의 고유하고 독창적인 문화정체성을 가진 독립적인 인간집단들이 각각 그들의 영역에서 서로 인정, 존중하면서 교류·협력하는 국제질서를 말하는 것이다.

대한민국에 이주해 온 외국인들은 대한민국의 문화를 존중하고 그것에 적응하여 사는 것이 자연스러운 것이며, 또한 그렇게 하는 것이 국제법적 상식에 맞는 것이다. 그런데 정부가 나서서 오히려 외국인들의 문화를 인정, 존중하고 이것을 그들의 권리로 받아들이기를 강요하며 아무 잘못도 없는 대한민국 국민들을 혐오, 차별 운운하는 상투적인 용어 프레임으로 억압하고 있는 다문화정책은 그 자체가 비민주적이며 전체주의적인 정책으로써 국제규범과 대한민국 헌법에 반하는 엄연한 불법행위이다.

다문화정책의 원산지인 서구유럽국가들조차 그 실패를 인정하고 폐기하고 있는 정책을 맹목적으로 추종하여 밀어붙이고 있는 저들의 행태는 정책적 선택의 잘못이라기보다 우리 대한민국의 정체성과 이 사회를 지탱하고 있는 가치와 질서를 무너뜨리려는 사악한 고의가 숨어 있다고 볼 수밖에 없다 할 것이다.

따라서 대한민국의 다문화정책이란 자국민 배제정책, 자국민 역차별 정책, 자국민 탄압정책이라 해야 마땅하다. 설사 처음에는 그렇게 의도 되지는 않았다고 하더라도 그 과정과 결과가 그렇게 나타나고 있다. 대한민국 다문화정책의 시작은 앞서 언급되었던 바와 같이 외국인 노동자 수입정책으로부터 비롯되었다고 볼 수 있다. 외국인 노동자는 현재까지도 우리나라 외국인정책과 다문화 정책의 가장 큰 비중을 차지하고 있는 대상이며, 현재까지의 정부 정책기조가 바뀌지 않는 한 앞으로 그 비중은 더욱 커질 것으로 전망된다.

외국인 노동자 수입은 이른바 3D업종[12] 종사자들에 대한 임금상승억제를 목적으로 한국인 노동자들을 배제하고 외국인 노동자 수입을 허용하는 외국인 노동자고용허가제로부터 비롯되었다. 그러니까 외국인 노동자 고용허가제라는 것은 국가가 노동시장에 개입하여 고용주들로 하여금 힘없는 3D업종노동자들의 임금인상과 근로환경개선을 위한 투자를 하지 않아도 되게끔 저개발국 빈민출신의 노동자들을 대거 수입하여 투입함으로써 임금인상과 근로환경 개선의 여지를 아예 없애 버린 것이다. 나아가 해당 업종의 기업들이 값싼 임금에만 매달려 구태의연한 후진적인 경영방식에 안주함으로써 스스로 혁신하고 선진화하여 기업경쟁력을 키울 수 있는 기회를 외면한 최악의 정책이라 할 수 있다.

이러한 열악한 중소기업들의 고용주들이 이제는 노동시장에서 아예 외국인들만 찾고 있기 때문에 고용과 노동생태계가 갈수록 외국인 노동자 의존구조로 고착화되어가면서 외국인 노동자들에 대한 처우도 내국인에 비해 역차별이라 할 만큼 우대되고 있다.

그러면서 이러한 현상에 대하여 문제 제기하거나 불만을 토로하면 어김없이 차별과 혐오라는 프레임을 씌워 탄압하고 있는 것이 대한민국 다문화정책의 실체인 것이다. 어렵고 위험하고 더러운 일, 즉 3D 업종에 종사하는 노동자들일수록 더 많은 임금을 주는 것이 상식에 맞고 그러한 사회가 공정한 사회라 할 것이다. 미국에서의 3D업종 종사자들은 연봉 기준 1억 원에 육박한다고 한다. 그것이 상식적이고 정의로운 것이다. 그런데 오히려 대한민국은 3D업종 근로자들은 임금을 올려 주면 안 된다며 외국인 노동자들을 대규모로 들여와 경쟁시키는 잔인한 짓을 국가가 나서서 저지르고 있다.

대한민국 헌법 전문에는 "국민생활의 균등한 향상을 기해야 한다"고 천명하고 있다. 외국인 노동자 수입정책은 이러한 우리 헌법정신에 정면으로 위배되는 것이다.

임금을 현실화시켰을 때 제조원가가 오르고 물가가 상승해서 기업의 경쟁력이 떨어진다는 소리들을 한다. 그러면 과연 외국인 노동자들을 대거 고용하고 있는 업종들이 상품이나 서비스 공급가격이 값싼 임금만큼 내려갔는가? 아파트 건설현장은 이미 외국인 노동자들이 장악한 지 오랜데 아파트 분양가격이 외국인 노동자 고용으로 하락하였다는 소리는 들어본 바가 없다.

또한 기업의 가격경쟁력 하락이 임금인상 때문만인가는 따져 볼 문제다. 기업의 경쟁력을 값싼 노동력에만 의존하는 후진적 경영은 벌써 퇴출되었어야 했다.

그럼에도 불구하고 고용주들과 정부관계자와 언론은 우리 한국인들이 3D업종과 같은 데서는 일을 안 하려고 하기 때문에 구인난을 겪고 있는 업계의 문제를 해결하기 위해서 어쩔 수 없다는 말도 안 되는 변명을 늘어놓고 있다.

우리 한국인 근로자들이 그런 곳에서 일을 안 하는 것이 아니라 하고 싶어도 못하는 것이다. 외국인 노동자들과의 경쟁으로 실질소득은 물가 인상률을 감안하면 오히려 더 줄고 있고, 하청 노동자들의 경우 대부분의 업종에서 경력 20년이 넘는 숙련 노동자들조차도 월 평균임금이 최저임금을 약간 넘는 200~300만 원 수준에 머무르고 있는 실정이다.

그러므로 이런 임금수준으로는 이 대한민국에서 가족을 부양하고 자녀를 양육하면서 최소한의 인간다운 삶을 영위하기는 어려운 것이 현실이다. 반면에 외국인 노동자들의 경우 월 200~300만 원이면 자신들의 나라에서는 적어도 1년 이상의 임금에 해당하는 엄청난 수준의 액수이다.

따라서 우리 한국인 노동자들과 외국인 노동자들을 동일한 선상에서 단순 비교를 해서는 안 되는 것이다. 또한 외국인 노동자들은 이렇게 국내에서 일자리만 차지하고 그들이 받는 임금은 대부분 본국으로 송금을 하고 있다. 은행연합회 발표 통계에 의하면 외국인 노동자들의 해외 송금 액수는 2017년도 기준 약 18조 원이라고 알려지고 있다.

그러나 외국인 노동자들은 그 대부분이 은행이 아닌 환치기 수법이나 직접 인편으로 해외송금을 하고 있어서 실제 송금액은 연간 약 50조 원에 이를 것으로 추산된다. 이는 계절 노동자들까지 포함하여 외국인 노동자들 수를 약 200만 명으로 잡고 이들의 평균적인 월 송금액을 약 200만 원으로 추정하였을 때 나오는 계산이다. 노동자가 산업현장에서 일을 하고 받은 임금으로 시장에서 소비를 하고 남는 돈은 은행에 저축을 함으로써 그 돈이 다시 시장과 산업으로 유통되어 경기를 활성화시키는 선순환적인 구조가 되어야 하는데, 외국인 노동자들은 일자리만 차지하고 그들이 벌어들인 돈은 대부분 본국으로 송금을 해버리므로 시장의 왜곡현상과 장기적인 불황의 원인이 되고 있는 것이다.

그런데도 불구하고 정신나간 정부와 지방자치단체 공무원과 정치인들은 그들이 번 돈의 대부분을 해외로 송금해 버리는 외국인 노동자들의 주거와 의료, 생계를 지원해야 한다며 막대한 나랏돈을 퍼주고 있는 실정이다. 어디 그뿐인가. 외국인 노동자들이 장악한 업종과 산업에 대하여는 외국인 의존구조가 가속화, 고착화되고 그 분야의 기술과 기능도 한국인들에게 전수되는 것이 아니라 그들 외국인 노동자들에게 전수됨으로써 머지않아 기술과 기능의 단절 현상이 일어날 수 있다.

따라서 외국인 노동자 수입 정책은 백해무익한 정책이므로 전면 폐지하든가 극히 제한적인 경우에 한하여 허용하면서 점차 줄여 나가야만 할 것이다. 그러면 우리 대한민국에서 이 다문화정책이 언제 어떻게 만들어졌고 그 정책기조와 문제점은 무엇인지를 살펴보자.

2. 대한민국 다문화정책의 기원 - 2006년 노무현 정부 때 법제도화 되다.

"우리 대한민국이 다문화사회로 진전되는 것은 거스를 수 없는 시대적 대세로서 이미 억제의 단계를 넘어섰다."

지난 2006년 4월 26일 노무현 대통령은 청와대에서 열린 국정과제 회의에서 '여성 결혼이민자 가족과 혼혈인·이주자의 사회통합을 위한 종합대책'을 보고받은 뒤 위와 같이 말했다. 노무현 대통령의 이 발언은 국가해체 선언, 주권포기 선언이나 다름없는 망언이다.

이후 언론과 학계, 정치권, 교육계 등 사회 각계각층에서 이 '다문화사회로의 진전은 거스를 수 없는 대세'라는 이 말은, 그것이 마치 절대적이며 불변의 진리인 양 널리 인용되고 회자되어 오고 있다.

특히 외국인정책과 이민정책 그리고 다문화정책 관련 행사의 기조연설이나 학술논문의 서문에 이 말은 마치 정해진 요식인 양 항상 등장한다.

이는 마치 수학이나 논리학에서 증명없이 참으로 인정되는 공리(公理)와 같은 명제(命題)가 되어 오고 있는 것이다. 그래서인지 '다문화사회로의 진전은 거스를 수 없는 대세' 라는 이런 말도 안 되는 이상한 명제 자체에 대해서는 다문화정책을 비판하거나 반대하는 주장들은 있어도, 근본적으로 다문화정책의 대전제가 되는 이 명제 자체를 부정하거나 이러한 명제에 대하여 이의를 제기하는 주장은 그 어디에서도 찾아보기 어렵다.

이와 같이 우리나라에서 이질적인 문화정체성을 가진 외국인들의 문화를 인정, 존중하고 그들을 우리 사회의 일원으로 받아들여 공존해야 한다는 다문화정책이 외국인정책이라는 이름으로 법제화되기 시작한 것이 바로 노무현 정부 때인 이 무렵부터였으며, 그 때 수립된 위와 같은 정책기조가 지금까지 그대로 계승되어 오고 있다.

노무현 대통령 집권시기인 2000년대 초·중반 당시, 1990년대 초반부터 시행해 오던 외국인 산업연수생제도와 함께 새로이 도입한 외국인고용허가제를 2007년도에 전면 실시할 때까지 병행 실시하면서 외국인근로자 입국이 급증하고 있는 시기였고, 국제결혼 건수도 2000년도 총 결혼 건수의 3.7%에서 2005년도 13.6%로 급증하였고, 농어촌지역의 경우는 39.9%까지 결혼이민자 수가 급증하여 1년에 외국인노동자가 약 5만 명 내외, 결혼이민자 역시 약 5만 명 내외가 밀려들어오면서 외국인 장기 체류자가 급증하던 시기였다.

이에 노무현 대통령은 외국인 이민유입 증가에 대응할 사회통합을 위한 종합대책을 마련하고 각 부처별로 다양하게 제기되는 외국인 이민정책들을 통합, 조정하기 위한 법적 근거를 가지는 총괄기구를 설치하라고 지시하였으며, 2006년 5월 26일 노무현 대통령이 주재한 제1회 외국인 정책회의에서 '외국인정책기본방향 및 추진체계'가 마련되었고, 그 후속 조치의 일환으로 이미 2003년 8월 16일 외국인 고용허가제를 도입하기 위한 「외국인근로자의 고용 등에 관한 법률」의 제정(2008. 2. 29. 시행)에 뒤이어, 2007년 5월 17일 「재한외국인 처우기본법」이 제정(2007. 10. 31. 시행)되었고, 이 「재한외국인처우기본법」에 의거하여 국무총리 직속의 '외국인정책위원회'가 설치되어 우리나라의 외국인 정책 및 다문화정책을 종합, 조정해 오고 있다.

그 다음 이명박 정부 때인 2008년 3월 21일 「다문화가족지원법」 제정(2008. 9. 22. 시행), 2014년 5월 28일 「문화다양성의 보호와 증진에 관한 법률」제정(2012. 8. 2. 시행), 2012년 2월 10일 「난민법」 제정(2013. 7. 1. 시행) 등의 입법 과정을 거치며 우리나라의 외국인정책 내지는 다문화정책이 법제화되어 왔다.

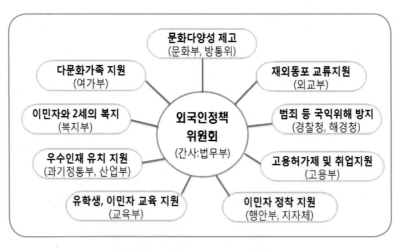

외국인 정책 조직도(출처; 법무부)

3. 외국인정책을 이민정책, 다문화정책과 동일한 범주의 개념으로 다루고 있는 잘못된 대한민국의 외국인 정책기조

당시 노무현 대통령은 피를 섞어야 세계화가 된다면서 다인종, 다문화는 거스를 수 없는 대세이므로 우리나라 이민관련법을 점차 완화하여 외국인 근로자들이 한국에서 더 오래 노동하고 우리 사회에 어울려 지낼 수 있도록 이민정책을 다듬어야 한다고 강조하였는데, 우리나라의 외국인 정책은 이러한 노무현 정권의 사고방식이 그대로 반영되어 국가의 주권과 안보, 국익 측면은 전혀 고려되지 않은 오로지 외국인 권리보호 및 확장에만 매몰된 비상식적인 정책이 되어 버렸고, 지금까지도 그러한 기조가 바뀌지 않고 있는 것이다.

따라서 대한민국 정부의 외국인 정책은 처음부터 그 대상과 방향부터 잘못 설정되었던 것이다. 대한민국의 외국인 정책은 결과적으로 저개발국 출신의 빈곤층을 대규모로 유입시켜 주권자인 국민들의 의사나 선택과는 상관없이 이들을 우리 대한민국에 정주시키는 이른바 다문화정책 내지는 이민정책과 연계되어 있는 것이다.

이는 '외국인 정책은 미래 우리 사회의 인적구성을 결정하는 정책'이라는 기조 하에, '외국인 정책이란 국경 및 출입국관리, 국적부여 정책과 이민자 사회통합 정책을 포괄하는 개념으로 이민정책(Immigration Policy)을 의미한다'라고 하면서, '대한민국으로 이주하고자 하는 외국인과 그 자녀들에 대하여 영구적, 일시적 사회구성원 자격을 부여하거나 국내에서 살아가는 데 필요한 제반 환경조성에 관한 사항을 종합적인 관점에서 다루는 정책'이라고 정의하고 있는 법무부의 '외국인 정책 기본계획'에 의하여 명

백하다.

지난 2006년도부터 법무부에서 매 5년 단위로 수립 시행해 오고 있는 외국인 정책기본계획상의 외국인 정책의 개념 정의는 다음과 같다.

◎ [제1차 외국인정책 기본계획상 개념]
대한민국으로 이주하고자 하는 외국인과 그 자녀 등에 대해 영구적 또는 일시적 사회구성원 자격을 부여하거나, 국내에서 살아가는 데 필요한 제반 환경조성에 관한 사항을 종합적인 관점에서 다루는 정책 – 미래 우리사회의 인적구성을 결정하는 정책

◎ [제2차 외국인정책 기본계획상 개념]
국경 및 출입국관리, 국적부여 정책과 이민자 사회통합 정책을 포괄하는 개념으로 이민정책(Immigration Policy, 국민의 해외이주는 제외)을 의미

◎ [제3차 외국인정책 기본계획상 개념]
국경 및 출입국관리, 국적부여 정책과 이민자 사회통합 정책을 포괄하는 개념으로 이민정책(Immigration Policy)을 의미
– 대한민국으로 이주하고자 하는 외국인과 그 자녀 등에 대해 영구적 또는 일시적 사회구성원 자격을 부여하거나, 국내에서 살아가는 데 필요한 제반 환경조성에 관한 사항을 종합적인 관점에서 다루는 정책

이와 같이 우리나라에 볼일 보러 들어와서 한시적으로 체류하는 외국인들을 우리 사회의 구성원의 일부라고 전제하고, 이들을 사회통합의 대상

으로 보고 있는 우리나라의 외국인 정책의 기조는 그 기본적인 사고방식과 방향부터가 잘못된 것이다.

외국인 정책은 우리 헌법 제6조 2항[13]이 명시하고 있는 바와 같이, 우리나라에 볼일 보러 들어온 외국인들에 대하여 그들이 출국할 때까지 국제법과 조약이 정하는 바에 따라 보호해 주는 정책에 그쳐야 하며, 이민정책은 대한민국의 국익과 발전에 기여할 수 있는 우수한 외국인들을 대상으로 처음부터 엄격히 선별하고 이들을 우리 사회에 동화, 정착시키는 정책으로써 외국인정책과 이민정책은 이원화하여 전혀 별개의 차원에서 다루어져야 한다.

그럼에도 불구하고 우리나라는 외국인 정책을 이민정책 및 다문화정책과 동일한 개념으로 다루다 보니, 결국 그 대부분이 저개발국의 저학력, 저소득 계층으로 구성된 노동자와 결혼이민자들과 난민신청자들을 사실상 우리나라에 정주시키는 정책이나 다름없어 이들에 대한 복지, 교육, 의료지원을 위한 막대한 재정 지출과 외국인 범죄, 국가정체성 혼란과 사회갈등 등 직·간접적인 막대한 사회비용을 부담하고 있는 실정이다.

다문화 예찬론자들이 상투적으로 주장하는 바와 같이 이민으로 인한 경제활력과 다양한 문화의 공존으로 국가경쟁력 제고라는 기대성과는 다문화정책 추진 20년이 다 된 지금까지도 그 어디에도 보이지 않는다. 오히려 국회에서는 여야를 막론하고 이러한 다문화 정책으로 인한 사회문제를 해결해야 한다며 기존법령을 개정하거나 새로운 법안을 제정하는 법안들을 경쟁적으로 발의하고 있고, 지방자치단체에서도 다문화 관련 조례와 외국인지원 관련 조례안들이 쏟아져 나오고 있다.

중앙정부와 지방자치단체에서의 관련 예산 규모도 늘어만 간다. 이와 같은 현상은 정부의 외국인정책과 다문화정책이라는 것이 끊임없이 사회문제를 발생시키면서 마치 밑 빠진 독처럼 국민 혈세만 쏟아붓고 있다는 사실을 여실히 보여주고 있는 반증이라 할 것이다.

외국인 이민으로 경제활력과 국가경쟁력이 제고되었다면 위와 같은 막대한 소모성 재정을 끊임없이 투입해야 할 필요가 어디 있겠는가? 이는 바로 대한민국의 다문화 정책이 저개발국의 저소득층을 대규모로 유입시켜 정주시키는 정책이며, 이는 결과적으로 빈곤과 분란과 범죄를 유입시킴으로써 사회적 리스크와 막대한 비용만 발생시키고 있기 때문이라 할 것이다.

위와 같이 외국인 정책을 이민정책, 이주민 사회통합 정책을 포함하는 개념으로 정의하고 있어서 체류목적과 체류기간이 끝나면 돌아갈 외국인 체류자와 대한민국에 귀화하여 우리 사회 구성원으로서 정착할 이민자와의 구분이 모호하여 대한민국 국적이 아닌 체류 외국인을 우리 사회구성원의 일원으로 보고 사회통합 정책의 대상으로 포함시키고 있고, 지방자치법상의 주민의 개념에 주민등록법상의 주민이 아닌 외국인도 당연히 포함되는 것으로 해석하는 등의 정책적·행정적 혼란과 오류가 확산되고 있는 상황이다.

'Immigration'이라는 용어가 국제사회에서 내외국인의 국경(Border) 통과와 이주를 포함하는 개념으로 통용되고 있기는 하나, 우리 정부의 정책적·법률적 용어로 사용할 때는 혼란과 오해가 없도록 외국인 정책과 이민정책은 개념상 명확히 구분하여 정책을 이원화할 필요가 있다.

즉, 외국인 정책은 외국인이 우리나라에 입국하여 볼일을 보고 출국할 때까지 그 체류목적과 체류자격에 따라 국제법과 조약에 정한 바대로 보호해 주는 정책이며, 이민정책은 우리나라 국익에 도움이 되는 인재들을 선별하여 귀화시키고 정착, 지원하는 정책으로 구분하여 이원화되어야 하는 것이다.

현재 우리나라에 정례적으로 대규모로 입국하는 외국인들은 그 대부분이 저개발국의 저소득층들인 외국인 노동자와 결혼이주민 그리고 주로 중동과 서남아시아의 분쟁지역 이슬람 국가 출신이 많이 포함된 난민신청자 등인데, 우리나라 외국인 정책은 주로 이들을 대상으로 우리 사회구성원의 일부라고 규정하고 사회통합 정책을 펼치고 있는 것이 우리나라 외국인 정책이 저지르고 있는 중대한 오류다.

즉, 현재 우리나라에 정례적으로 그리고 대규모로 입국하여 체류하고 있는 저개발국의 저소득층 외국인노동자, 난민신청자, 결혼이주민 등이 우리나라 체류 외국인들의 대부분을 차지하고 있고, 정작 우리 국가의 미래를 위하여 필요한 우수 인재들은 우리나라가 외국에서 받아들이기보다는 오히려 국내 우수인력을 외국에 싹쓸이하듯이 빼앗기고 있는 실정이다. 그러므로 현재 우리나라 외국인 정책 및 이민정책이라는 것은 저개발국의 저학력, 저소득층을 노동자 혹은 난민신청자 그리고 결혼이주자로 정례적, 대규모로 받아들여 이들을 우리 사회구성원으로 인정해야 한다며 사회통합정책을 펼치느라 이들로 인하여 발생하고 있는 직간접적인 막대한 사회적 비용을 감당하기 위해 혈세를 쏟아붓고 있는 실상인 것이다. 외국인을 우리 사회구성원으로 보고 이들을 사회통합정책 대상으로 보고 있는 비상식적인 대한민국 외국인 정책기조는 당장 시정되어야 한다.

즉, 외국인 정책과 이민정책은 개념상 분리하고 정책을 이원화하여 운영해야 한다.

우리 헌법 제6조 제2항은, "**외국인은 국제법과 조약이 정하는 바에 의하여 그 지위가 보장된다**"라고 규정하고 있다. 즉, 외국인은 국민과는 달리 국제법과 조약이 정하는 범위 내에서 제한적, 혹은 선택적으로 그 지위가 보장된다는 것이다. 외국인은 헌법상 우리 국가에 대하여 어떤 권리를 가지는 지위에 있는 자가 아니라, 우리 국가가 국제법과 조약이 정하는 바에 따라 그 지위를 보장해 주는 자라는 것이다. 이와 같은 우리 헌법 제6조 2항의 취지는 우리 헌법뿐만이 아니라 국제법상의 일반 상식에 속하는 것이라 할 수 있다.

1982년 미국 연방대법원은 각 지방자치단체는 미국 시민만이 경찰공무원이 될 수 있도록 규정할 수 있다고 판시한 바 있다. 즉, **외국인은 '그 정의상 당연히 지방자치정부의 통치하에 있는 자들로 구성되는 사회의 외부에 있는 자'라는 것**이다.

실제로 미국 내의 외국인들은 많은 실질적 이익을 누린다. 인신보호영장을 요구할 수 있고, 형사소송절차에 있어서 권리장전(Bill of Rights)의 보호를 받을 수 있으며, 정당한 보상 없이 재산권을 박탈당하지 않는다. 그러나 **미국에 거주한다는 자체는 '권리가 아니며 단지 허가 혹은 용인된 사항'에 불과하다**는 것이다. 그러므로, 외국인을 우리 사회의 구성원으로 인정한다든가 외국인들을 대상으로 사회통합정책을 추진한다는 따위의 법무부 외국인정책의 발상은 우리 헌법과 국제법적 상식에 반하는 감상적인 수사에 불과한 것으로 정부의 정책이나 법률상 개념으로 사용되어서는 안 되는 것이다. 따라서 우리 지방자치법 제16조(주민의 자격) "지방자치단체의 구역에 주소를 가진 자는 그 지방자치단체의 주민이 된다."는 규정에서 '주민'의 범위에 주민등록법상 주민등록의 대상도 아닌 외국인이 당연히 포함되는 것을 전제로 하는 정부와 지방자치단체의 각종 정책 그리고 선거법상 영주권을 취득한 지 3년이 된 외국인에게 지방선거권을 부여한 규정 등은 반드시 시정되어야 한다.

VI. 잘못 설정된 국가비전 – '다문화사회로의 진전은 거스를 수 없는 대세'

1. 다문화사회, 다문화 국가? 그런 것은 없다

노무현 전 대통령 이후 우리사회 언론과 학계, 정치권의 소위 엘리트라는 자들이 입버릇처럼 말하고 있는 '다문화사회로의 이행은 거스를 수 없는 대세' 라는 이 말이 맞는 말인가? 이는 한마디로 터무니없는 헛소리다. '다문화사회로의 진전'이라는 것은 '거스를 수 없는 대세'가 아니라 정부의 정책적 필요에 의하여 인위적으로 그렇게 조장되어 오고 있는 것이다. 이른바 3D 업종 분야의 노동력 부족 문제를 해결한다면서 1990년대부터 들어오기 시작한 외국인 산업연수생부터 비롯하여 고용허가제도에 의한 외국인 노동자의 유입, 농촌지역 남성들의 국제결혼을 위한 정부와 지방자치단체의 지원정책 등 인위적인 정책으로 인하여 대규모로 외국인들이 정례적으로 입국하여 체류하게 되면서, 외국인 내지는 외국출신 국민들이 급격히 늘어나고 있는 현상을 '다문화사회로의 진전'이라고 이름 붙인 것이므로 이를 두고 '거스를 수 없는 대세'라고 하는 것은 전혀 사실과 맞지 않으며, 국민들을 선동하기 위한 뻔한 거짓 프레임에 불과하다 할 것이다.

우리나라의 외국인정책 및 다문화정책의 실체를 들여다보면, 결국 이른바 3D업종 분야의 노동력부족 문제와 농촌지역 남성들의 결혼문제를 해결한다며 무턱대고 저개발국의 저학력 · 빈민층을 대규모로 그리고 정례적으로 입국시켜 체류하게 함으로써, 이들로 인하여 발생하는 각종 사회

문제를 해결한다며 '이주민 사회통합 정책'이라는 이름으로 막대한 재정을 쏟아부으면서 아무 잘못도 없는 우리 국민들로 하여금 그들의 문화를 인정하고 수용할 것을 강요하고 있는 것이 우리나라 외국인 정책, 다문화 정책의 현실이다.

문화적 정체성이 다른 다양한 인간집단이 함께 어우러져 평화롭게 공존하는 사회를 상정한 다문화 사회란 존재할 수 없는 '상상의 공동체'에 불과하다. 누구든지 이 지구상에 그런 사회나 국가가 있다면 한번 예시해 보기 바란다.

우선, 다문화사회니 다문화국가니 하는 것은 개념적, 논리적으로 성립될 수가 없다. 독립적인 하나의 국가나 사회공동체는 하나의 단일한 문화정체성이 전제되어야 하기 때문이다. 또한 그러한 국가나 사회 공동체는 현실적으로도 존재할 수도 없고 지속가능하지도 않다.

제2차 세계대전 종전 후 이 지구상에서 일어난 참혹한 전쟁과 학살은 모두 자발적 혹은 비자발적인 이민으로 인하여 다민족, 다인종화 된 국가에서 벌어진 민족분쟁이나 종교분쟁으로 인한 것이었으며, 이러한 분쟁은 지금도 세계 도처에서 일어나고 있다.

아래 그림에 표시된 지역 이외에도 영국 내 스코틀랜드 분리 독립 운동과 남아프리카공화국 인종분쟁, 스페인 카탈루냐 자치주의 독립운동, 러시아 사하공화국 독립운동 등이 있다.

그러니까 다민족, 다인종으로 구성된 국가라 할지라도, 오히려 그 다양성으로 인하여 하나의 통일된 국가체제를 유지하려면 단일한 문화정체성으로 통합을 추구하는 것이 필요한 것이다.

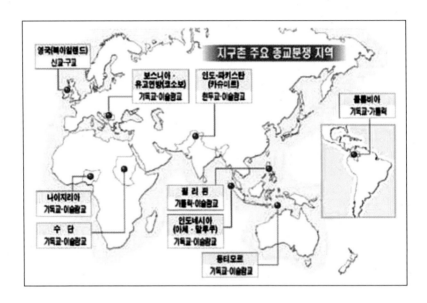

다문화국가 또는 다문화사회라는 용어가 갖는 개념처럼, 이질적인 문화 정체성을 가진 인간집단들이 각자의 문화정체성을 그대로 유지하면서 공존한다면 하나의 독립적인 국가나 사회로 통합될 이유가 어디에 있겠는 가?

대표적인 다문화국가로 예시되고 있는 미국의 경우도 세계 유일의 초강대국인 미합중국의 시민권자로서 국가에 대한 절대적인 충성과 통합을 요구하고 있고, 다수민족인 한족과 55개 소수민족으로 구성되어 있는 중국의 경우도 공산당의 강력한 일당 독재체재와 한족을 포함한 56개 민족을 중화민족이라는 하나의 통합된 민족을 상정한 중화민족주의로써 억지로나마 통일국가를 유지하고 있다. 따라서 미국과 중국도 다문화국가가 아니라 다양한 인종과 민족으로 구성된 국민들을 하나의 통일된 국가 정체성과 가치로 통합을 추구하고 있는 다인종·다민족국가라고 불러야 옳다.

그러므로 '다문화사회로의 진전은 거스를 수 없는 대세'라는 명제는 우선 그것이 참인지 거짓인지는 차치하고, 그 의미가 논리적으로 성립될 수 없다. 존재할 수도 없는 허구의 개념인 다문화사회라는 것을 상정해 두고는 그것으로의 진전이 거스를 수 없는 대세라니 이게 무슨 잠꼬대 같은 소리인가? 따라서, 다문화사회가 아니라 '다민족, 다인종 사회로의 진전은 거스를 없는 대세'라고 해야 일단 말이라도 성립되는 것이다.

다문화국가 혹은 다문화사회란 그 자체가 존재할 수도 없는 허구이며 오늘날의 국민국가체제 중심의 국제질서와 대한민국 헌법이 천명하고 있는 국가정체성을 부정하는 개념이므로 이러한 혼란스러운 용어는 아예 사용하지 말아야 할 것이다.

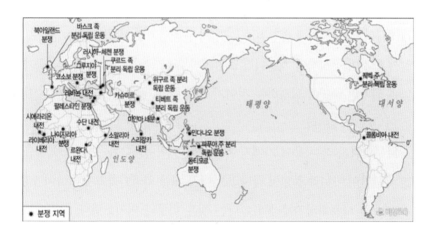

2. OECD 기준 '국내거주 외국인, 귀화인 등 이주배경 인구가 5%면 다문화국가' 라는 주장과 논거, 과연 옳은 것인가?

우리나라가 이미 다문화국가로 진입하였다거나 다문화국가로의 진입을 눈앞에 두고 있다면서 '이민기반의 사회로 전환하기 위한 법제도적인 여건 마련과 정책 파라다임을 바꾸어야 한다'든가, '우리도 다양한 이질적인 문화를 가진 사람들과 더불어 살아가야 할 준비를 해야만 한다'는 따위의 상투적인 주장들이 제시하는 논거가 경제협력개발기구(Organization for Economic Cooperation and Development)에서 제시하였다는 '거주외국인과 귀화인 등 이주 배경의 인구수가 전체 인구의 5%가 넘으면 다문화국가로 분류된다는 기준'이다.

즉, 우리나라의 체류 외국인과 귀화인 등 이주배경의 인구가 200만 명을 넘어섰고, 이는 전체인구 5,000여 만 명의 4%가 넘으므로 이제 곧 공식적인 다문화국가가 된다는 것이다. 그러나 경제개발협력기구(OECD)의 이와 같은 기준이라는 것이 국제사회에서 공식적으로 공인된 기준인지 경제개발협력기구(OECD)에 속한 어느 개인의 견해인지도 분명치 않을 뿐더러, 설사 그것이 공식적인 기준이라고 할지라도 한 국가의 정체성은 그 국가의 주권자인 국민이 결정하는 것이지 이와 같은 국제기구가 결정하는 것은 아니라 할 것이다.

'다문화국가'라는 용어 자체가 부적절한 용어인데다가, 귀화한 외국출신 국민만이 아니라 볼일이 끝나면 돌아갈 체류 외국인까지 포함하여 5%가 넘으면 다문화국가로 분류한다는 것은 너무나 억지스럽다. 그럼에도 불구하고, '외국인, 귀화인 등 이주 배경의 인구수가 전체 인구의 5%가 넘으면 다문화 국가'라는 말도 안 되는 정의를 그것이 마치 불변의 진리라도 되는 듯 맹신하고 있는 사람들의 지적 수준과 정신상태가 참으로 한심하다는 생각이 든다.

유럽이나 인도양과 태평양의 섬나라 중에는 전 국민이 관광산업으로만 먹고 사는 작은 나라들이 많다. 이들 나라들은 모두 천혜의 아름다운 자연

경관과 그 나라 고유의 토착문화로 인한 매력 때문에 세계 각지에서 외국인 관광객들이 모여 든다. 이들 나라들은 인구가 적게는 수만 명에서 수십만 명에 불과한데 관광객을 포함한 체류 외국인의 연인원 수는 그 나라의 전체 인구수를 훨씬 상회하지만, 이들 국가들이 외국인에 대한 사회통합을 추진하는 다문화정책을 시행한다는 소리는 들어본 바가 없다.

인도 서쪽 인도양의 섬나라 몰디브공화국은 인구 약 40만명이 모두 몰디브인으로 구성되어 있고, 언어는 토착어인 디베히어와 영어를 공용어로 사용한다. 영어를 공용어로 병용하는 것은 몰디브 공화국이 1887년부터 영국의 보호령이었다가 1965년에 독립한 나라이기 때문이다.

이 나라에 외국인 관광객은 연인원으로 약80만명으로 추산되며, 스리랑카와 방글라데시로부터 일하러 들어온 외국인 노동자들과 기타 업무상 장기체류하는 외국인들을 합하면 연인원 기준으로 약 100만 명 가까운 외국인들이 체류하는 것으로 추산된다. 그럼에도 몰디브공화국은 국교가 이슬람이며 샤리아법이 시행되는 매우 보수적인 국가이다. 몰디브 정부가 체류 외국인이 전체 인구의 5%가 넘어섰다고 해서 다문화정책을 시행하고 있거나, 스스로를 다문화국가라고 하는 소리는 들어 본 바가 없다.

따라서 우리나라 언론이나 다문화 예찬론자들이 경제개발협력기구(OECD)에서 체류 외국인과 귀화인 등 이주배경 인구수가 전체인구 대비 5%가 넘으면 다문화국가라고 분류하고 있으므로 우리나라도 이제 곧 공식적인 다문화국가가 된다고 주장하는 것은, OECD의 견해를 왜곡, 과장한 선동질이거나 이러한 근거없는 가짜 논거를 맹신하여 하는 무책임한 말에 불과하다 할 것이다.

3. '다민족, 다인종 사회'란 오늘날의 국민국가체제하에서는 그 자체가 차별적이며 불필요한 개념

그렇다면 우리 대한민국이 '다민족, 다인종 사회'화 되는 것은 거스를 수 없는 필연적인 대세인가? 이 역시 터무니없는 소리다. 국제교류가 갈수록 활발해지고 그에 따라 국내체류 외국인도 증가하고, 국제결혼과 혼혈인이 많아지고 있는 것은 사실이나, 그렇다고 해서 우리 국가와 사회의 정체성을 다인종, 다민족국가라고 단정하거나 우리 사회가 다민족, 다인종화 되어간다고 말할 수 없으며, 더욱이 다민족, 다인종화되는 것이 거스를 수 없는 대세니 필연이니 하며 호들갑을 떨 필요가 전혀 없다.

법무부의 통계자료에 의하면, 2020년 말 기준 우리나라 총 인구수는 51,836,239명이며, 체류 외국인 수는 2,036.075명(장기체류 1,610,323명, 단기체류 425,752명)으로, 우리나라 총 인구수 대비 체류 외국인 수는 약 3.9%를 차지하고 있는데, 이 중 44%에 해당하는 894,906명이 중국 국적자들이고 이 중 72.4%에 해당하는 674,576명이 한국계 중국인인 조선족들이다. 그렇다면 한국계 중국국적자들이 전체 체류 외국인 수의 31.8%를 차지하는 셈이고, 한국계 중국 국적자를 포함한 전체 체류 외국국적 동포는 811,211명으로 전체 체류 외국인 수의 39.8%로 약 40%에 이른다.

체류 외국인 연도별·주요 국적별 현황

(단위 : 명)

구 분	2017년	2018년	2019년	2020년	2021년 9월
총 계	2,180,498	2,367,607	2,524,656	2,036,075	1,982,902
중 국98)	1,018,074	1,070,566	1,101,782	894,906	853,532
한국계	679,729	708,082	701,098	647,576	618,207
베트남	169,738	196,633	224,518	211,243	210,007
태국	153,259	197,764	209,909	181,386	173,978
미국	143,568	151,018	156,982	145,580	147,015
우즈베키스탄	62,870	68,433	75,320	65,205	66,659
러시아(연방)	44,851	54,064	61,427	50,410	48,534
필리핀	58,480	60,139	62,398	49,800	47,393
몽골	45,744	46,286	48,185	42,511	37,796
캄보디아	47,105	47,012	47,565	41,405	41,436
네팔	36,627	40,456	42,781	39,743	37,052
인도네시아	45,328	47,366	48,854	36,858	34,346
카자흐스탄	22,322	30,717	34,638	29,278	30,563
미얀마	24,902	28,074	29,294	26,412	25,770
일본	53,670	60,878	86,196	26,515	28,679
스리랑카	26,916	25,828	25,064	22,466	20,264
캐나다	25,692	25,934	26,789	21,794	22,217
(타 이 완)	36,168	41,306	42,767	19,444	18,894
방글라데시	16,066	16,641	18,340	16,823	16,311
파키스탄	12,697	13,275	13,990	12,842	12,604
인도	11,244	11,945	12,929	10,892	11,376
오스트레일리아	13,008	14,279	15,222	7,913	7,344
키르기즈	5,790	6,385	6,618	5,710	6,185
영국	6,727	6,972	7,550	5,871	6,412
기타	99,652	105,636	125,538	71,068	78,535

출처 : 법무부 출입국·외국인 정책 본부, 통계월보(2021.11)

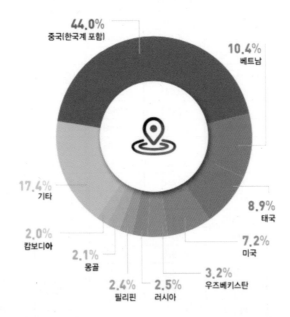

체류외국인 국적·지역별 구성 현황 [단위 : %]

44.0%
중국(한국계 포함)

10.4%
베트남

17.4%
기타

8.9%
태국

2.0%
캄보디아

7.2%
미국

2.1%
몽골

3.2%
우즈베키스탄

2.4%
필리핀

2.5%
러시아

[단위 : 천 명]

출처: 2020년도 법무부 출입국 외국인 정책 통계연보

구　　분	총 체류 외국인	합법 체류	불법체류	불법체류율
계	2,036,075	1,643,879	392,196	19.3%
사증면제(B-1)	179,332	7,527	171,805	95.8%
관광통과(B-2)	51,977	25,866	26,111	50.2%
단기방문(C-3)	114,261	35,327	78,934	69.1%
단기취업(C-4)	2,356	1,991	365	15.5%
유 학(D-2)	101,810	97,118	4,692	4.6%
기술연수(D-3)	1,634	392	1,242	76.0%
일반연수(D-4)	52,952	29,279	23,673	44.7%
종 교(D-6)	1,254	1,209	45	3.6%
상사주재(D-7)	1,057	1,039	18	1.7%
기업투자(D-8)	5,587	5,440	147	2.6%
무역경영(D-9)	2,136	2,098	38	1.8%
교 수(E-1)	2,053	2,050	3	0.1%
회화지도(E-2)	12,621	12,574	47	0.4%
연 구(E-3)	3,110	3,104	6	0.2%
기술지도(E-4)	199	198	1	0.5%
전문직업(E-5)	374	367	7	1.9%
예술흥행(E-6)	3,011	1,600	1,411	46.9%
특정활동(E-7)	19,534	17,229	2,305	11.8%
비전문취업(E-9)	236,950	189,828	47,122	19.9%
선원취업(E-10)	17,552	11,153	6,399	36.5%
방문동거(F-1)	105,382	101,610	3,772	3.6%
거 주(F-2)	43,666	41,533	2,133	4.9%
동 반(F-3)	20,050	19,488	562	2.8%
재외동포(F-4)	466,682	464,885	1,797	0.4%
영 주(F-5)	160,947	160,947	0	0.0%
결혼이민(F-6)	133,987	130,256	3,731	2.8%
방문취업(H-2)	154,537	151,641	2,896	1.9%
기 타	141,064	128,130	12,934	9.2%

출처: 법무부 출입국 외국인 정책 통계 연보(2020.12.31. 기준)

주요 체류자격별로 보면, 취업자격외국인 452,297명(전문인력 43,258명, 단순 기능인력 409,039명), 유학생 153,361명, 결혼이민자 168,594명, 영주자격자(F-5) 160,947명, 외국국적동포 811,211명, 난민인정자 794명(1994년~2020년까지 누적), 난민신청자 중 인도적 체류허가자 1,917명 등으로 나타나고 있다. 이 중 결혼이민자들은 출입국관리법상의 일정요건을 갖추면 영주자격 취득 후 국적법에 따라 국적을 부여하여 대한민국에 정주하게 할 대상이 되지만, 그 밖의 체류 외국인들은 특별한 사정이 없는 한 대한민국에서의 체류기간이 끝나면 출국할 사람들이다. 이들은 대한민국에 볼일 보러 입국하여 체류하다가 돌아갈 손님으로서 국제법과 조약이 정한 바에 의하여 우리 정부가 보호할 대상일 뿐, 이들이 우리 국가와 사회의 구성원이 될 수는 없다.

따라서 이들 체류 외국인들을 우리 사회의 일원으로 받아들여야 한다거나 이들을 사회통합의 대상으로 상정하고 있는 대한민국의 현 외국인 정책기조는 우리 대한민국 헌법정신에 반하고 국제법적인 상식에도 맞지 않는 감상적이며 일방적인 사해동포주의에 다름없다 할 것이다. 더구나 위 법무부 통계자료에서도 알 수 있듯이 체류 외국인 200여만 명 중 그 절반 가까운 81만여 명이 외국국적 동포임에도, 체류 외국인 200만 명 시대 운운하며 대한민국이 이미 다문화시회로 진입했다거나 다문화사회로 진입하는 것은 필연이라며 떠들어대는 정부와 언론, 학계 그리고 일부 시민사회단체들의 행태는 왜곡된 사실과 근거 없는 허구의 명제로 국민들을 선동하고 세뇌해 왔다고 비난받아 마땅하다.

국제화, 세계화 시대에 국제교류가 증대되고 외국인의 체류가 많아지는 것은 자연스러운 현상이라 할 수 있다. 그렇지만, 체류 외국인 수가 얼마이든 간에 그들로 인하여 국가의 정체성이 달라질 이유가 없다. 또한 사회 구성원이 다민족, 다인종화되는 것이 국가발전과 국력신장에 도움이 된다는 그 어떠한 근거도 없다.

오히려 제2차 세계대전 이후 이 지구상에서 인종 및 민족 간 갈등과 분쟁으로 참혹한 전쟁과 학살이 일어나고 있는 곳은 모두 아프리카와 중동 그리고 발칸반도, 미얀마 등의 다민족, 다인종국가들이었다. 최근 서방국가들과 러시아 간의 군사적 긴장을 고조시키고 있는 우크라이나-러시아 전쟁도 우크라이나 내부의 우크라이나계와 러시아계 간의 민족갈등이 그 근본원인이라 할 수 있다.

이와 같이 동서고금을 막론하고 다민족, 다인종국가에서 갈등과 분쟁으로 국가가 분열되고 궁극적으로 국가 자체가 해체되는 일들은 세계 도처에서 실제 일어나고 있는 일이므로, 다인종, 다민족국가로 국가의 정체성이 변화되는 것은 결코 바람직한 일은 아님을 알 수 있을 것이다. 따라서 사회구성이 다인종, 다민족으로 구성되었다고 하더라도 그들이 하나의 사회공동체와 국가의 일원으로 통합되려면 하나의 공통의 가치와 정체성을 중심으로 통합되어야 함은 너무나 당연하다. 출신 인종과 출신 민족이 다르더라도 그 나라에 귀화하여 그 나라 국민이 되었으면 그 나라의 국가 정체성과 가치를 받아들여야 한다.

민족이란 혈통보다는 문화적 단일성으로 이루어지는 공동체이고, 특히나 오늘날의 국민국가(nation state)라는 것은 혈연이나 종족보다는 집단적 동질감·소속감·연대감에 기반한 공동체(civic community)라 할 것이므로, 우리나라처럼 혈통적, 종족적 동질성에 기반한 민족주의(ethnic nationalism) 성향이 강한 국가에서 귀화인과 혼혈인이 늘어난다고 하더라도 이를 굳이 다인종, 다민족국가화 된다고 규정할 것이 아니라, 종전의 혈통적, 종족적 민족주의(ethnic nationalism)에 기초하여 법적, 정치적 공동체 개념의 시민적 민족주의(civic nationalism)로 진화되는 것이라고 규정하는 것이 오히려 더 타

당하다. 다인종 · 다민족 국가니 다인종 · 다민족 사회니 하는 용어는 인종
적 차별의식만 일깨울 뿐이므로, 오늘날의 국민국가에서는 하나의 법적,
정치적 공동체인 'civic nation'의 개념으로 통일하는 것이 합당하다고 생
각된다.

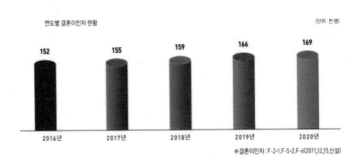

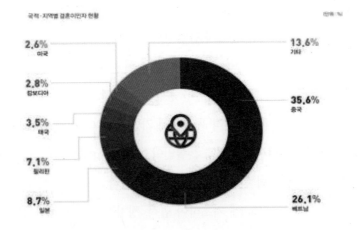

구 분	2016년	2017년	2018년	2019년	2020년
현 황	152,374	155,457	159,206	166,025	168,594
(전년대비)	(100.5%)	(102.0%)	(102.4%)	(104.3%)	(101.5%)

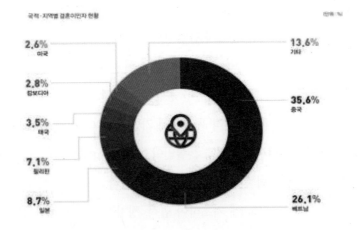

4. 외국인은 볼일 보고 돌아 갈 사람들, 이민자는 대한민국의 국민 정체성에 동화되어야 할 사람들 - 구분되어야 할 외국인정책과 이민정책

통계청 자료에 의하면, 결혼이주자나 한국 국적을 취득한 외국인으로 이루어진 가정을 말하는 이른바 다문화가구수는 2020년 말 기준으로 367,775 가구로서 2020년 12월 말 기준 전국 가구수인 23,093,108 가구 대비 1.59%로 나타고 있으며, 다문화가구의 인구수는 한국인 배우자 159,244명, 결혼이민자 및 귀화자 359,129명, 자녀 263,379명을 포함한 781,752명으로 전체 인구수 51,836,239명의 1.5%에 해당된다.

여기서 한국인 배우자 수인 159,244명을 제외하면 실제 귀화인 내지는 혼혈인 수는 622,508명으로서 전체인구수의 1.2%에 해당된다. 따라서 1% 남짓 되는 귀화인과 혼혈인이 우리 사회의 구성원으로 포함되어 있다고 해서 우리나라를 다문화국가 혹은 다인종, 다민족국가라고 할 수 없다.

외국인이 귀화하여 대한민국 국민이 된다는 것은 대한민국의 문화정체성을 받아들이는 것을 전제로 하는 것이다. 외국인의 귀화는 어디까지나 본인의 자유로운 선택과 결정으로 대한민국 정부에 신청하면 대한민국 정부가 국적법의 절차와 요건에 따라 허용하여 이루어지는 것이기 때문이다. 만일 그렇지 않고 대한민국에 귀화하여 대한민국 국민이 되었음에도 대한민국의 문화정체성을 받아들이지 않고 원래 출신 국가의 문화정체성을 고집하겠다면 대한민국에 귀화할 필요가 없이 원래의 출신국가로 돌아가든가 대한민국에서 체류 허가를 얻어 외국인으로 체류하여야 마땅할 것이다.

국제결혼이나 외국인의 귀화로 인하여 귀화인과 혼혈인이 계속 늘어나는 것은 자연스러운 현상이라 할 것이므로 '우리 사회가 궁극적으로 다인종, 다민족화가 되는 것은 결국 필연적이라 할 수 있지 않겠는가?'라고 생각할 수도 있겠으나, 단일민족이란 혈통적으로 단일한 것을 의미하는 것이 아니라 문화적으로 단일한 것을 의미하는 것이므로, 소수의 귀화인과 혼혈인들이 대한민국 국민으로서 대한민국의 문화적 정체성과 사회규범을 받아들이고 이에 융합된다면 굳이 이를 다인종·다민족이니, 다문화니 하면서 구분하는 것은 인종적 차별의식만 조장할 뿐 아무런 의미도 없고 전혀 필요하지도 않은 개념이라 할 것이다.

또한 진화생물학(evolutionary biology)이나 집단유전자학(population genetic)적 실험과 연구결과에 의하면, 특정집단에 있어서 다수집단의 유전자 수는 점점 더 많아지지만, 10% 이하의 소수집단의 유전자는 점점 적어져서 몇 세대(약 300년 이내)가 지나지 않아 완전히 소멸한다고 밝혀져 있다. 이는 자연 선택(natural selection)과 유전자 다양성(gene diversity)이라는 개념으로 설명되는 현상이다. 자연계에서 환경에 적합한 종이 더 잘 살아남아 번성하게 되는데, 여기에 더하여 다양한 유전자를 가진 개체나 집단이 그렇지 못한 개체나 집단보다 살아남아 번성할 확률이 훨씬 높으며, 이러한 현상은 시간이 지날수록 더욱 심화되어 결국 다양한 유전자를 가진 다수집단은 갈수록 더욱더 개체수가 증가되고, 그렇지 못한 소수집단은 다수집단이 가진 유전자와 비슷하게 변이를 일으켜 살아남으려 하거나 그 개체수가 점점 줄어들어 결국 소멸한다는 원리다.

자연선택(natural selection)에서 선택압(Selection Pressure)을 가하는 주체는 환경인데, 인간집단에 있어서 다수의 주류집단 속에 있는 소수집단의 입장에서는 다수의 주류집단의 존재 자체가 가장 직접적이고 영향력 있는 선택압이 될 수 있고, 다수의 주류집단이 가진 유전자와 비슷한 유전자로 변이를 일으켜 살아남거나 그렇지 못하면 도태된다는 것이다.

따라서 사회공동체 안에서 다수인 주류민족의 정체성이 건재하는 한, 소수민족의 정체성은 점차 주류민족의 정체성에 동화되어 살아남거나 그렇지 못하면 그 자체가 소멸되는 현상은 위와 같은 과학적 원리로 설명이 가능하다.

결론적으로, 다문화사회니 다문화국가니 하는 용어는 그 자체가 개념적, 논리적으로 성립될 수 없고 현실적으로 존재할 수 없는 공동체를 상정한 허구의 개념으로 심각한 혼란과 오해만 야기시키고 있으므로 이러한 용어는 사용하지 말아야 할 것이다.

또한 다인종사회니 다민족 사회니 하는 개념도 오늘날 국민국가 체제하에서는 무의미한 개념으로서 인종차별적 의식만 일깨우는 용어이므로 사용하지 않는 게 좋다고 생각한다. 그러므로 기존의 이민관련 정책은 개방적이면서도 국익과 주권과 우리 대한민국의 정체성을 우선하는 외국인 정책과 우리 국가의 국익과 발전에 기여할 수 있는 우수하고 능력 있는 외국인들을 엄격히 선별하여 귀화시키고 정착을 지원하는 이민정책으로 구분하여 이원화시키는 한편, 외국인과 귀화국민들에 대하여 그들 출신 국가의 문화정체성을 인정하고 그대로 유지하게 한다는 모순되고 비상식적인 개념의 다문화정책은 폐기해야 마땅하다.

VII. 다문화주의(multiculturalism)와 민족주의(nationalism) - 다문화주의 와 민족주의는 1948년 유엔헌장과 세계인권선언의 채택으 로 확립된 인류보편적 가치이며 가장 정의로운 이념

1. '다문화주의'와 탈민족 담론의 배경과 그 허구성

1) 국가 내에서의 문화공존 및 탈민족 주장은 대중기만과 선동을 위한 궤변

국제연합 헌장에 서명하고 있는 각국 대표들(미국, 캘리포니아, 샌프란시스코):1945년 6월 25일 연합국 50개국 대표들이 111개조항으로 구성된 국제연합 헌장에 합의하고 6월 26일 헌장에 서 명함으로써 10월 24일 국제연합이 창설되었다. 또한, 그로부터 3년 후인 1948년 12월 10일 제3 차 국제연합 총회에서 세계인권선언이 채택됨으로써, 제2차 세계대전 후 유엔헌장과 세계인권선 언을 근간으로 하는 문화다원주의와 내셔널리즘이라는 새로운 국제질서가 확립되었다.

'다문화주의'와 관련하여 함께 언급하지 않을 수 없는 것이 민족주의다. '다문화주의'는 흔히들 민족주의를 버리고 그것으로 대체해야만 하는 상반된 개념의 이데올로기로 잘못 인식되고 있으나, 그러한 인식 자체부터가 민족과 문화를 해체하려는 세력들의 대중기만과 선동의 결과라 할 수 있다. 다문화주의의 원래의 의미는 민족주의와 다르지 않다.

다문화주의(multiculturalism)와 민족주의(nationalism)는 제2차 세계대전 종전 후 유엔(United Nations)의 결성과 출범으로 보편적인 국제규범으로 확립되었다. 그래서 다문화주의와 민족주의는 인류보편적 가치이며 가장 정의로운 이념이라 할 수 있다. 국제규범의 기본 문건이라 할 수 있는 유엔헌장과 세계인권선언의 핵심가치가 바로 다문화주의와 민족주의다. 그런데, 인류보편적 가치이며 가장 정의로운 이념이라 할 수 있는 이 다문화주의와 민족주의가 교묘히 악용되거나 왜곡되어 있고, 그것이 갈수록 고착화되고 있는 것이 현실이다.

다문화주의는 (국가 간의) 문화평등과 공존이라는 그 원래의 의미를 교묘히 왜곡, 변용하여 하나의 독립적인 주권국가 안에서 이질적인 문화정체성을 가진 인간집단과의 평등과 공존을 획책함으로써 각 나라마다의 고유하고 독특한 문화정체성과 민족주의를 해체하는 논거로 이용되고 있다. 또한 오늘날 유엔(United Nations)을 중심으로 한 국제질서의 근간이며 인류보편적인 가치라 할 수 있는 내셔널리즘, 즉 민족주의는 온갖 부정적인 프레임을 덮어 씌워 마치 그것이 이 인류사회에서는 존재해서는 안 되는 악의 축으로 묘사되고 있는 것이 현실이다.

그러나 다문화주의와 민족주의는 오늘날의 문화다원주의와 자유민주주의를 근간으로 하는 국제질서와 원칙이며, 이는 국제질서의 기본규범이라 할 수 있는 유엔헌장과 세계인권선언의 핵심가치로 자리잡고 있다. 인간들이 혈연이나 문화적 정체성이 비슷한 부류끼리 집단을 이루고 산다는 것은 본능적인 현상이며, 자신이 속한 집단으로부터 자신의 정체성을 자각하고 타인과의 유대감과 공동체 의식을 갖게 되는 것은 자연스러운 것이다. 이러한 공동체의식, 즉 민족의식이란 자연스러운 것일 뿐 권력을 가진 자의 정치적 필요에 의해서 만들어지거나 대중선동으로 주입되거나 세뇌되는 것이 아니다.

이러한 민족의식을 정치적으로 악용하거나 대중선동에 이용하는 경우가 있을 수도 있겠지만, 그렇다고 이러한 자연스럽게 나타나는 민족의식을 정치적 목적이나 대중선동에 의해서 생겨난 것이라고 일반화시키는 것이야말로 민족의식의 본질을 왜곡, 선동하는 것이다.

이 지구상에서 수많은 독립적인 인간집단들이 각자 서로 다른 고유하고 독특한 문화정체성을 지키면서 공존하고 있는 것이 인간 세상의 자연스런 이치이며 질서다. 이러한 자연법적인 사유로부터 비롯되어 국제사회의 보편적인 가치와 질서로 자리잡은 이데올로기가 바로 다문화주의(multiculturalism)와 민족주의(nationalism)다. 민족주의를 다문화주의로 설명하면 그 의미가 더욱 분명해진다. 다문화주의란 이 지구상의 문화적 정체성이 서로 다른 수많은 인간집단들이 각자의 독특한 문화정체성을 지키면서 서로 존중해 주는 가운데 평화롭게 공존, 공영하자는 이데올로기다. 민족, 즉 nation이란 하나의 단일한 문화정체성으로 이루어진 독립적인 정치공동체를 말하고, 민족주의(nationalism)란 이러한 단일한 문화정체성으로 이루어진 독립적인 정치공동체들의 주권과 자결권 그리고 독립성을 최우선의 가치로 삼고 서로 교류, 협력함으로써 국제관계를 발전시켜 나가자는 이데올로기다. 즉, 오늘날의 국제질서의 기본규범이라 할 수 있는 유엔헌장과 세계인권선언의 기본 정신이 다문화주의와 민족주의다. 다문화주의와 민족주의는 결국 그 의미가 같은 이음동의어(異音同義語)라 할 수 있다.

따라서 다문화시대 운운하며 민족주의를 버려야 한다는 탈민족 담론이 얼마나 모순적이고 터무니없는 궤변인지 분별하는 것은 어렵지 않다. 탈민족 담론처럼 대중에 대한 기만적이고 선동적이며 공허한 담론은 이 지구상에서 찾아보기 어렵다 할 것이다.

앞서 언급했듯이 다문화주의와 민족주의는 자연법적 사유에서 비롯된 것이다. 즉, 다문화주의와 민족주의는 그 자체가 자연적인 질서와 인간의 본능에서 비롯된 것이므로 인간사회에서 그것을 버리거나 벗어날 수도 없고 또한 그렇게 되어서도 안 되는 것이다.

민족주의를 버려야 한다고 주장하는 이들 또한 민족주의가 만들어 놓은 경계와 울타리 안에서 태어나고 자라나 그 온갖 혜택을 누리며 살고 있지 않은가? 자신의 인간으로서의 정체성 또한 민족주의라는 잣대로 자각하고 있지 않은가? 그러면서도 민족주의를 부정하고 폄하하는 것은 자기부정의 모순이며 타인에 대한 기만과 선동에 불과한 것이다.

민족(nation)이란 용어가 근대에 생겼다고 하더라도 민족이라는 공동체에 대한 인식과 구분은 이미 고대에도 존재하였다는 것은 역사기록에 의해 얼마든지 확인할 수 있다. 다만 이 민족이라는 공동체의 구성이 처음에는 혈연이나 종족 중심의 공동체에서 점차 문화적, 정치적 공동체로 확장되어 왔을 뿐이다.

우리 한국인들이 단일민족이 아니라고 하는 주장은 그래서 틀린 주장이다. 우리나라에서는 영어의 'nation'을 '국민(國民)' 혹은 '민족(民族)'으로 번역하면서도, 'nation'에 해당되는 우리말이 민족이 아니라 국민에 더 가깝다거나 '민족국가'와 '국민국가'는 다르다고 하는 인식이 보편적이다. 이는 'nation'이라는 유럽의 근세에 출현한 개념을 번역하여 20세기에 우리나라에 도입된 민족(民族)이라는 용어를 이해함에 있어서 우리 한국인들의 유달리 강한 혈연적 유대의식이 반영된 탓이라고 보여진다.

즉, 우리 한국인들은 민족이라는 용어의 의미를 혈연적, 종족적 공동체로 인식하고 또한 그렇게 사용해 왔다는 것이다. 바로 이런 이유로 민족 내지는 민족주의가 탈민족을 주장하는 근대주의론자들이나 해체주의론자들의 비판과 공격에 속수무책으로 당하기만 한 결과, 지금은 민족 내지는 민족주의라는 용어 자체가 마치 그것이 무슨 금기어라도 되는 듯이 터부시되고 있는 실정이다.

민족이라는 용어는 우리나라에서도 근대 이전에는 존재하지 않던 용어다. '조선왕조실록'은 민족 대신 '아족류(我族類)'라는 용어를 사용한다. 이때의 '我族類(아족류)'는 '우리 민족', 또는 '우리 겨레'로 번역하면 정확하다. 이 용어는 왜인, 여진인 등 이민족(異民族)과 구분하는 의미로 주로 사용된다. 이에 비해 일가친척을 뜻하는 겨레붙이는 '族(족)', 또는 '族人(족인)'으로 표기된다.

'nation'을 번역한 '민족(民族)'은 백성을 뜻하는 '민(民)'과 겨레를 뜻하는 '족(族)'이 합쳐져 만들어진 조어(造語)다. '민(民)'은 국민, 시민, 구민, 주민 등과 같이 평등한 사회구성원을 뜻하는 의미로 쓰이고 있고, '족(族)'은 가족, 씨족, 부족, 종족 등과 같이 혈연적 공동체를 뜻하는 의미로 쓰이고 있다. 따라서 '민족(民族)'은 혈연적 공동체(ethnic community)와 시민적 공동체(civic community)가 합쳐진 개념으로서 인간의 집단들이 처음에는 혈연이나 종족

중심의 자연스러운 공동체에서 점차 문화적, 정치적 공동체로 확장되어 오다가 근대의 문화적, 정치적 필요에 의해 재구성된 nation의 개념에 딱 맞는 합성어라 할 수 있다.

정치적, 문화적 정체성으로 모인 구성원들이 혈연적 공동체와 같은 공고한 유대감으로 뭉친 공동체가 바로 민족인 것이다. 따라서 이러한 민족이라는 용어가 담고 있는 의미는 어느 한 시대의 정체되고 고착화된 폐쇄적인 개념이 아니라, 고대로부터 현대에 이르기까지 그리고 미래에도 국가 공동체의 정체성을 담아낼 수 있는 동태적이고 개방적이며 역사적인 개념의 용어라 할 수 있다. 민족을 혈연공동체 내지는 종족과 동일한 의미로만 인식하고 있는 고정관념을 벗어나야만 탈민족주의론자들과 해체주의론자들의 공격에 자유로워질 수 있을 것이다.

세계화 시대에 살아 남기 위해서는 민족주의를 버려야 한다느니, 민족주의는 이제 그 유효기간이 다 되었기 때문에 새로운 공동체 개념으로 대체되어야 한다느니 하는 탈민족주의의 담론은 민족(民族)의 개념을 여전히 혈연적, 종족적 개념에 고착시킨 오류에 빠져 있기 때문이라 생각된다. 민족(民族)을 평등한 사회구성원인 '민(民)'이 혈연적 공동체인 '족(族)'과 같은 공고한 유대감으로 만들어지는 역사적, 동태적 개념의 공동체로 이해하면 되는 것이다.

민족주의는 어느 한 시대, 한 지역의 고착시킨 고정된 이념의 틀이 아니라 역사를 통하여 정치사회적 환경의 변화에 따라 스스로를 변화시켜 가는 인간집단의 문화적 산물인 것이다. 민족주의가 근대의 산물이라는 고착적인 개념으로 전제하고는 지금과 같은 세계화 시대에는 버려야 하는 것이라는 주장은, 마치 사용법을 몰라서 작동시키지 못하는 멀쩡한 물건을 고장났다며 버려야 한다고 주장하는 무지한 작태라 할 것이다.

2) 한국인들은 단일 민족인가? – 한국인들은 단일민족 맞다

21세기 오늘날의 기준으로 볼 때 우리 한국인들은 단일한 언어와 풍습, 단일한 문화정체성을 가진 단일민족이 분명하다. 고대로부터 수많은 이민족들이 이 땅으로 유입되어 섞였다는 이유로 우리 한국인들은 단일민족이 아니라고 하는 주장은 민족의 개념을 혈연이나 종족에 기반한 공동체로 오해하였거나, 그러한 주장을 위해 대중을 기만하고 선동하고자 하는 주장에 불과한 것이다.

서로 다른 이민족이 우리 공동체에 유입되어 섞였다고 하더라도 오랜 역사를 통하여 하나의 문화정체성을 가진 공동체로 융합된 지금의 한국인들은 단일민족이며, 앞으로도 이 대한민국이 하나의 문화정체성을 가진 독립주권국가로서 지속되는 한 단일민족의 정체성은 지속될 것이다.

2000년대 중반 노무현 정부 시기 다문화정책이 법제화되고 본격적으로 추진되기 시작하던 그 무렵부터 대한민국에서의 민족과 민족주의라는 용어는 점차 정치권과 제도권 그리고 학계와 언론에서부터 밀려나기 시작했다. 민족과 민족주의라는 용어를 사용하는 자체가 금기시되기 시작한 것이다. 2007년 8월 유엔인종차별철폐위원회에서 대한민국의 민족주의를 순혈주의, 인종주의로 몰아붙이면서 '대한민국에서 단일민족 역사와 문화의 우수성을 강조하는 학교교육은 인종차별을 조장하는 것'이라며, 그러한 학교교육을 철폐하고 한국의 문화와 역사의 우수성을 연구하고 홍보하는 일들을 불법화해야 한다는 내정간섭이나 다름없는 터무니없는 권고를 한 바가 있었다. 이에 대해 우리나라 정치권과 언론과 학계에서는 이러한 주권침해와 같은 망언에 대하여, 우리가 유엔에서 이런 지적을 받은 것을 부끄럽게 여겨야 한다느니, 폐쇄적인 민족의식에 매몰된 국민의식을 성찰해야 한다느니 하는 사대주의 노예근성의 한심한 자아비판의 목소리만 넘쳐났다. 그 이후 언론과 학계를 중심으로 '대한민국, 단일민족 환상에서 깨어나야 한다', '단일민족이라는 위험한 신화', '단일민족 신화를 극복해야 한다', '신화와 허무의 민족주의 담론을 넘어서', '단일민족이라는 환상 이제는 버려야' 따위의 자기부정의 자아비판적 의제들이 봇물처럼 쏟아져 나왔다. 학교교육에서도 우리역사와 문화의 우수성을 가르치고 자긍심을 심어주는 교육은 사라지고 다문화교육, 인권교육, 민주시민교육, 세계시민교육 등 정체불명의 교육이 그 자리를 대신하고 있다.

3) 민족은 상상에 의한 허구의 공동체이며 민족주의는 반역인가?

한국사회에서 민족주의를 비난하고 폄하하는 이러한 주장들이 그 논거로 인용하고 있는 대표적인 저서가 베네딕트 앤더슨 교수(Benedict Anderson)[14]의 『상상의 공동체(부제: 민족주의의 기원과 전파에 관한 성찰)』와 임지현 교수(서양사, 1959~)의 『민족주의는 반역이다』이다.

특히, 본의 아니게 '상상의 공동체'라는 그 유별난 책 제목 때문에 전 세계적으로 민족주의에 대한 비판과 왜곡의 단초를 제공한 학자가 미국의 역사학자 베네딕트 앤더슨이다. 우리나라에서의 대표적인 탈민족주의론자들의 주장들을 열거해 보면 다음과 같다.

이영훈(李榮薰, 경제사) 전 서울대 교수는 '민족'이라는 말이 러-일전쟁 이후 일본에서 수입된 것이고 백두산을 '민족의 영산'으로 신격화한 것도 근대의 산물일 뿐이라며 '민족주의는 반(反)지성적 신화'라고 주장했다. 탈민족 담론의 고전으로 꼽히는 영국의 사학자 에릭 홉스봄의 『만들어진 전통』을 번역한 박지향(朴枝香·서양사) 전 서울대 교수는 민족주의를 절대적 가치로 내면화하라고 강요하는 것은 또 다른 폭력이라고 비판한다. 철학자 탁석산(卓石山) 박사는 『한국의 민족주의를 말한다』라는 저서에서 한국에서 '민족'은 구한말이나 일제강점기처럼 국가 건설이 불가능했던 시기 국가의 대체물로 만들어진 상상의 공동체였던 만큼 국가 수립 이후에는 '시민'으로 대체되어야 한다고 주장하였다.

　민족주의를 부정하고 폄하하면서 그 해체를 획책하고 있는 이러한 주장들은 위 두 사람의 저서에 붙여진 '상상'이니 '반역'이니 하는 도발적인 제목만으로 '민족이라는 것은 실재하지도 않으면서 상상되거나 조작된 허구이며, 민족주의란 마치 인류보편적 가치와 질서에 반역하는 악(惡)인 것처럼 왜곡하여 주장해 오고 있는 것이다. 그러나 실제는 위 두 사람의 저서의 내용은 그와는 정반대다.

베네딕트 앤더슨(Benedict Anderson; 1936.8.26.~ 2015.12.12.)과 그의 저서 '상상된 공동체' 번역본

베네딕트 앤더슨은 '민족(nation)'을 '특정한 시기에 사람들의 경험을 통해 구성되고 의미가 부여된 역사적 공동체'라고 정의하고 이를 '상상의 공동체(Imagined Communities)'라 이름 붙였다.

그러나 앤더슨은 그의 저서에서조차, 민족이 상상의 산물이라고 해서 실재하지 않는 허구라는 의미는 아니라고 강조하고 있다. 오히려 그 반대로 비교적 최근에 어떤 계기를 만나 개념으로 정립된 것을 지적하는 것일 뿐, 민족이라고 부를 만한 공동체의 공통의 역사적, 언어적 경험을 충분히 인정한다. 즉, 상상이라는 의미가 허구를 기반으로 한 날조나 조작이 아니라 문화적 기반 위에 만들어진 상상으로써 발명이나 창조와 같은 의미에 가깝다는 것이다. 그러니까 이러한 앤더슨의 주장에 의하면, 민족(nation)이라는 개념은 고대로부터의 자연스러운 공동체의식으로부터 출발하여 사회적, 정치적, 종교적 공동체의식으로 진화해 오다가 근대의 정치적, 문화적 산물로서 재구성된 것이라고 할 수 있다.

임지현의 『민족주의는 반역이다』는 민족주의 자체보다는 어떤 민족주의여야 하는가라는 문제를 주로 다루고 있다. 즉, 그는 "한반도에서의 민족주의가 저항 이데올로기로서의 건강성을 상실하고 체제 이데올로기로 변질되어 버렸다"면서 "민족주의는 더이상 체제를 옹호하는 권력과 이데올로기가 아니라, 건설을 기약하는 반역의 이데올로기로 재창조되어야 한다는 것이 나의 신념이다"라고 말하고 있다.

또한 그는 민족주의는 지배계층이 통치 이데올로기를 정당화하기 위한 수단으로 만들어낸 개념에 불과하다면서 민족주의가 자유로운 시민공동체, 시민사회의 발전을 저해하였다고 주장한다. 민족주의는 역사의 부산물이자 사상의 조합체로서 결국 민족주의도 탈역사적인 것이 아니라 인위적인 이념이라는 것이다.

따라서, 앤더슨의 '상상의 공동체'란 실재하지 않는 허구라는 의미가 아니라 근대 이전부터 실재하던 것을 근대의 정치적, 문화적 배경에 따라 'nation'이라고 관념화되었다는 의미이며, 임지현의 '민족주의는 반역'이라는 의미는 민족주의가 체제를 옹호하거나 체제에 이용당하는 이데올로기가 아니라 체제에 반역하여 새로운 건설을 기약하는 건강한 이데올로기가 되어야 한다는 의미인 것이다.

앤더슨은 민족이라는 공동체는 그것이 진짜냐 가짜냐가 아니라 어떠한 스타일로 상상되었는가를 기준으로 구별해야 한다고 하면서, 자신의 집필 의도는 민족주의가 유럽이 아니라 신세계인 아메리카 대륙에서 기원했음을 강조하는 것이었다고 말하고 있다. 민족주의라 하면 혈통, 언어, 문화 같은 걸 따져대는 유럽식 말고 다른 방식의 민족주의도 가능하며, 그게 바로 아메리카 신대륙에서 생겨났다는 얘기다.

즉, 앤더슨은 최초의 민족주의가 생겨난 곳은 대영제국의 식민통치를 받던 북미와 스페인제국의 탄압을 받던 남미에서 민족주의가 출현했다는 것이다. 이 지역에는 문자를 통한 공동체 형성을 촉진시킨 인쇄자본주의가 일정 정도 진행되고 있었고, 유럽 출신의 백인 토착민인 크리올(creole) 식자층도 있었다. 백인이지만 식민지에서 태어났기에 식민통치시스템의 상층부로의 진입은 철저하게 금지되어 있던 이들 크리올(creole)들이 식민 통치에 저항하면서 형성된 것이 최초의 민족주의이며 이것이 유럽으로 전파되었다는 것이 그의 주장이다. 따라서 앤더슨의 상상의 공동체론은 다분히 아메리카 대륙의 역사적, 문화적 특수성에 기반한 이론일 뿐, 그것이 한국의 민족주의를 설명할 수는 없다 할 것이다.

일본인 한국연구자 오타 타카코(大田高子)도 그의 논문 『한국 내셔널리즘에 대한 고찰–내셔널리즘 이론에서 본 한국 '민족주의'(2003)』에서, "한자문화권에서 내셔널리즘은 전근대로부터 국가와 구성원들의 인적·영역적인 연속성이 긴밀하기 때문에 앤더슨이나 겔너와 같은 근대주의자에 의한 근대적인 요소를 계기로 하는 네이션(nation)의 형성 이론만으로는 설명할 수 없다."라고 지적한 바 있다.

미국은 1776년 독립선언 이후 이어진 영국과의 독립전쟁에서 승리함으로써 1783년 파리조약으로 독립을 승인받았고, 라틴아메리카의 스페인에 대한 독립전쟁은 이미 1760년부터 일어나기 시작하여 1830년에 이르면 대부분의 국가수립이 완성되었다. 이 과정에서 미국과 라틴아메리카 국가들은 그들을 통치해 온 영국이나 스페인으로부터 독립하기 위해서는 유럽으로부터 건너온 백인 이주민 후손들과 원주민과 흑인 노예들까지 영국이나 스페인과는 다른 하나의 독립적인 국민으로 통합하기 위한 정체성이 필요하였고, 그것이 바로 민족(nation)이라는 상상된 공동체(Imagined Communities)였다는 것이다.

남아메리카의 독립운동의 지도자이자 페루 독립전쟁 영웅인 산 마르틴(San Martin;1778. 2. 25~ 1850. 8. 17.)의 다음과 같은 말은 아메리카 대륙에서의 민족의식(nation-ness)의 형성 배경을 명료하게 보여준다.

> "앞으로 원주민들(aborigines)을 인디언이나 토착민(natives)이라고 불러서는 안 된다. 그들은 페루의 자녀들이자 시민들이다. 그들은 모두 페루인으로 알려질 것이다"

임지현 교수는 이와 같은 베네딕트 앤더슨 교수의 '상상의 공동체론'에 대하여 "제국이 식민지를 통치하며 단순히 이식한 민족주의가 아니라 소외되고 억압받던 집단들을 작동시켜 형성했던 민족주의의 실체를 지적한 이론"이라며, "개인적으로는 앤더슨 교수가 아일랜드 출신으로서 가진 주변부적 상황도 이런 학문적 이해에 도움되었을 것"이라고 언급한 바 있다, 이는 민족주의가 반역의 이데올로기가 되어야 한다는 그의 주장이 어떤 의미인지 보다 명확히 해준다. 그런 의미에서 앤더슨의 '상상된 민족주의'와 임지현의 '반역의 민족주의'는 일맥상통한다 할 수 있다.

민족 내지는 민족주의가 근대의 정치적, 문화적 배경에서 관념화된 용어라는 소위 '근대주의론'은 수긍할 만하다. 그러나 이들 근대주의론은 민족 내지는 민족주의의 기원에 대하여 근대적 요인만을 지나치게 강조하느라고 종족, 혈통, 언어, 문화 등과 같은 오랜 역사를 통하여 형성된 이러한 정통성과 정체성이 민족형성의 주요 요인이라는 점은 도외시한 채, 민족 내지는 민족주의라는 것이 마치 근대에 이르러 전에는 존재하지 않던 것이 갑자기 하늘에서 뚝 떨어지기라도 한 것처럼 주장하는 오류를 범하고 있다. 민족을 고대로부터 자연스럽게 생겨난 실존적 집단이 아닌 근대 발전 과정에서 형성된 역사적 구성물로 보고 있는 상상의 공동체론은 18세기와 19세기에 걸쳐 새롭게 탄생한 아메리카 대륙의 신생국들에게나 부합되는 이론일 뿐이다.

그렇기 때문에 베네딕트 앤더슨이나 임지현 같은 학자들의 남다른 통찰력에 기반한 그들의 이론이 보편적으로 수긍할 수 있는 이론으로 인정받기는 어렵다. 또한 그러한 이유로 그들의 이론이 민족과 민족주의를 부정하고 해체하려는 세력들에 의해 왜곡, 악용되고 있다고 보여진다. 특히 임지현 교수는 우리 대한민국의 5천년 역사를 통하여 형성된 정체성과 정통성을 신화적 인식, 각질화된 민족주의 등으로 치부해 버리면서 이러한 신화적 인식은 규범적 인식을 낳았고, 이는 다시 신화적 이해를 사실로 규정하는 악순환을 낳았다고 단정한다. 그러나 이와 같은 견해는 매우 위험하고 경솔한 견해라 할 수 있다.

민족주의가 지배계층이 통치 이데올로기를 정당화하기 위한 수단으로 만들어낸 개념에 불과하다고 하는 주장은 지배계층이 그들 나라 구성원들의 이미 형성되어 있는 공동체 의식(민족의식)을 정치적으로 이용한 예외적인 사례를 일반화, 보편화시키고 있는 자의적인 주장에 불과한 것이다. 일부 역사학계의 그러한 행태를 함부로 일반화시켜 우리 역사학계 전체를 싸잡아 비난하는 중대한 오류를 범하고 있는 것이다.

또한 임지현 교수는 신화와 역사를 구분 못 하고 이를 동일시하거나 혼돈하고 있는 오류를 범하였다. 이 지구상의 어느 민족에게나 민족의 기원과 정체성에 관한 신화는 존재한다. 우리 민족의 건국신화를 그대로 건국의 역사와 동일시해서는 안 된다. 신화는 신화대로 그 상징성과 유래를 연구하고 해석할 가치가 있으며, 우리 민족의 기원과 역사에 관해서는 과학적 접근 방법으로 지속적으로 사료를 발굴하고 연구해 나가야 할 과제라 할 것이다.

신용하 서울대 명예교수는, 이러한 '상상의 공동체론'이나 '근대주의론'을 왜곡, 악용하여 민족주의를 부정하고 해체하려는 자들의 주장들에 대하여 '섣부르게 민족주의를 비판하고 폄하하는 것은 목욕물과 함께 아이까지 내다버리는 격'이라고 비판했다. 신용하 교수는 민족은 한 사회의 다수집단의 언어·지역·혈연·문화의 공동체로서 형성돼 발전되어 가는 동태적 문화공동체라고 정의한다.

그는 또한, 민족은 공통의 언어·혈연·문화공동체라는 객관적 요소에 민족의식이라는 주관적 요소가 더해져 공고해진 실체라면서, '상상의 공동체론'은 주관적 요소인 민족의식만 강조한 나머지 객관적 요소를 부인하고 있다고 비판했다. 또한 그는 '상상의 공동체론'은 '상상'이란 표현을 통해 민족을 허위의식, 허구, 실재하지 않는 것으로 몰고 갔다며 "'상상의 공동체론'을 약소민족의 해방 투쟁에 적용하면 실재하지도 않은 '상상물'을 해방시키기 위해 투쟁한 우스꽝스러운 것이 된다"고 지적했다.

베네딕트 앤더슨 교수는 2005년 4월 24일 한국을 처음 방문하였을 때 동아일보와의 인터뷰에서,

> "민족주의는 21세기에도 번성할 겁니다. 민족주의는 이제 우리 몸을 보호해주는 피부 같은 존재가 됐어요. 우리의 정체성을 규정하고 공동체를 유지해주니까요. 문제는 국내외 갈등상황만 발생하면 이 피부가 벌겋고 크게 부풀어 오른다는 데 있습니다. 민족주의는 모든 나라에 뿌리 깊게 잠복해 있습니다. 지금 민족주의적 성향이 가장 두드러진 나라가 바로 (다양한 민족과 인종으로 국민을 구성하고 있는) 세계 최강대국 미국이란 점도 이를 증명해요."

"19세기와 20세기에 민족주의가 정복과 팽창의 형태로 나타났다면, 21세기 민족주의는 오히려 분열과 해체, 응축의 양상을 보이고 있습니다"(2005. 6. 25. 동아일보)라고 지적했다.

임지현 교수는 민족주의를 고정된 이념 틀을 갖춘 이데올로기로써가 아니라, 사회적 관계 변화에 따라 스스로를 교정해 가는 운동으로 고찰하기를 권고한다. 그는 또한 전근대 한국 사학계의 논의가 민족을 '초역사적인 자연적 실재'라고 부당하게 전제함으로써 민족주의가 보수주의로 선회했다고 비판하고, 역사적 원근법에 철저한 민중중심의 민족주의 이해로 회

귀할 것을 촉구하면서 민족주의에 대한 정의가 충족적인 것에서 공공적인 것 혹은 시민적인 것으로 이동해야 한다고 주장한다.

이와 같이 베네딕트 앤더슨과 임지현의 민족 내지는 민족주의론은 탈민족주의나 해체주의와는 거리가 있다. 그들의 주장에 의하더라도, 민족 내지 민족주의는 상상에 의한 허구가 아니라 자연적 실재로서의 공동체가 시대와 지역에 따라 그리고 서로 다른 정치적, 문화적 배경에 따라 그 구성원에 의해 관념화된 역사적 실재라고 정의할 수 있겠다. 그렇다면 앤더슨이 표현한 'Imagined'는 'conceptualized' 혹은 'named'라고 표현했더라면 오해의 여지 없이 보다 적확하게 본인의 의도가 전달되지 않았을까 생각된다.

임지현 교수의 '민족주의는 반역이다'라는 표현도 좀 길긴 하지만, 오히려 '민족주의는 반(反)자유민주적 체제에 대한 저항운동이다' 라고 표현한다면 임지현 교수가 주장하고자 하는 논지에 딱 맞는 표현이라고 생각된다. 반역(反逆)이라는 말 자체가 갖는 부정적인 의미 때문에 민족주의를 반역이라고 표현한 것은 원래의 의도가 무엇이었던 간에 그 자체로 민족주의를 부당하게 왜곡, 폄하하였다는 지적을 받기에 충분하다.

2. 민족주의는 인종주의, 나치즘, 파시즘과는 아무 상관없는 그냥 민족주의일 뿐이다.

민족과 민족주의에 대한 논쟁이 이렇게 복잡하고 혼란스러운 것은 민족/민족주의에 대한 통일된 보편적 개념 정의가 없기 때문이다. 그래서 저마다 민족주의란 용어 앞에 갖가지 수식어를 붙여 자기 나름대로의 민족/

민족주의에 대한 개념정의를 주장하느라 그 의미를 왜곡, 선동하기까지 한다.

이를 테면, 폐쇄적 민족주의, 배타적 민족주의, 열린 민족주의, 편파적인 민족주의, 돌연변이 민족주의, 신화적 민족주의, 제국주의적 민족주의 민족 해방적 민족주의 등등과 같다. 그러나 민족주의는 민족주의일 뿐 그 앞에 위와 같은 수식어를 갖다 붙이는 자체부터가 민족주의의 개념을 자의적으로 왜곡하는 것이다. 베네딕트 앤더슨 교수와 임지현 교수의 이론과 그들의 이론을 비판한 신용하 교수의 논거를 종합하여 가장 보편적인 정의를 내려 본다면, 민족이란 원초적, 자연적으로 형성된 인간집단의 공동체에 근대의 역사적, 문화적 의미를 부여하여 관념화한 것이라고 정의할 수 있다.

민족이란 그 자체가 자연적, 원초적 집단인 혈연과 종족 중심의 공동체에서 문화적, 정치적 공동체, 시민적 공동체로 진화해 온 것이고 이러한 현상은 현재도 진행 중이고 미래에도 계속될 것이다. 민족, 민족주의를 버리거나 탈피한다는 것은 현실적으로 가능한 일도 아니며, 또한 그렇게 될 수도 그렇게 해서도 안 되는 것이다. 민족/민족주의는 배척하거나 극복할 대상이 아니라 그 자체가 우리와 떨어질 수 없는 우리의 정체성이며 우리가 살아가고 있는 자연법적인 삶의 질서이기 때문이다.

따라서 민족주의는 그냥 민족주의일 뿐인 것이다. 민족주의는 인종주의와 아무 상관없는 개념이며, 파시즘이나 나치즘과도 무관한 것이다. 그럼에도 불구하고 민족주의를 인종주의, 파시즘, 나치즘과 동일시하는 이러한 터무니없는 왜곡과 선동질을 그 누구도 나서서 지적하는 이 없이 이를 그대로 방임하거나 추종하고 있는 것이 현실이다. 이와 같이 민족주를 부정하고 폄하하는 자기부정의 모순에서 탈피하지 못하는 한, 국가와 우리 공동체의 정체성을 부정하고 해체하려는 '다문화주의자'들의 궤변과 선동을 극복하기는 어려울 것이다.

이스라엘의 역사학자 유발 하라리(Yuval Noah Harari; 1976. 2. 24.~)는 그의 저서 『사피엔스(Spiens)』에서 다른 종과는 달리 인간에게는 보이는 현상 이외의 추상적인 것을 상상해 낼 수 있는 능력이 생겨남으로써, 서로 협력을 할 수 있게 되고 이로써 집단을 이룰 수 있게 되었다고 지적하면서 이를 '인지혁명'이라 불렀다.

이 인지혁명을 통하여 인간은 언어를 습득하게 되었고 이로써 지구를 정복하여 인류문명을 창달하는 계기가 되었다는 것이다. 인간이 이루어 낸 인지력의 업적 중 가장 두드러진 것이 바로 국가라는 시스템을 발명하고 민족이라는 관념을 개념화한 일이 아닐까 한다. 국가와 민족이라는 관념을 발명함으로써 인류 역사상 그 유래가 없는 문명의 발전과 번영을 누리고 있는 것이다.

그러므로 국가주의나 민족주의는 극복하거나 배척할 대상이 아니라, 개인과 공동체를 보호해 주는 규범과 질서로서 그리고 인류문명의 소중한 유산이며 미래세대의 자산이자 발전의 원동력으로써 앞으로도 오래도록 지속되어야 하는 것이다.

VIII. '평등과 공존의 다문화사회'라는 것은 미래의 이상적인 사회모델이 아니라 비현실적인 망상이며 자연법과 국제규범에 반하는 불법 – 누가 왜 이를 획책하는가?

위와 같이 자연법과 국제법적 상식에 반하며, 논리적으로나 현실적으로 성립될 수 없는 '국가 내에서의 이질적 문화의 공존'을 획책하고 있는 배경은 무엇인가?

우선, 그 사상적 이론적 배경으로는 1, 2차 세계대전을 거치면서 유럽의 이탈리아에서 태동하고 독일에서 꽃피우다가 미국으로 건너가서 전 세계의 이른바 좌파운동권의 이론적 사상적 근간이 된 네오막시즘(Neo-Marxism; 신마르크스주의)과 1960년대에 프랑스와 미국을 중심으로 일어난 탈중심적 다원적(多元的) 사고, 탈이성적 사고의 포스트모더니즘(postmodernism; 탈근대주의)을 들 수 있다.

이 두 가지의 사조(思潮)는 18세기 이후 서구 유럽에서 꽃피운 합리주의와 이성주의 그리고 자유민주주의와 자본주의에 기반한 가치관과 사회질서를 비판하고 파괴하며, 탈중심과 주변적인 것의 중시, 주체 및 경계의 해체, 탈구조화를 추구한다는 면에서 공통점이 있다. 또한 기존 사회질서와 가치관의 불합리성을 비판하고 그 보편성을 강화시킴으로써, 사회약자와 소외계층에 대한 사회적 관심을 불러일으켜 그들의 권리를 향상시켰다는 면에서는 긍정적인 영향을 끼쳤다고 평가할 수 있다.

그러나 1968년 유럽과 미국을 휩쓸었던 이른바 68운동 이후, 이러한 사조를 전적으로 진보적이고 정의로운 것이며 정치, 사회, 문화 등 모든 면에서 새로운 트랜드라고 신봉하고 추종하는 경향이 각국의 정치인과 언론인과 학자 그리고 시민사회단체 활동가들로 확산되어 정치사회적으로 주류화(主流化; main streaming)되었고, 이로 인하여 국가의 국경과 문화정체성까지 함부로 부정하고 해체하려는 사조가 만연한 지 오래다.

이러한 사상적, 정치사회적 배경에 더하여 1970년~1980년대에 등장한 신자유주의 경제체제하에서 힘을 키워 온 거대 국제금융자본은 그 막강한 자본의 힘으로 각 국가의 정치와 언론, 정부관료 뿐만 아니라 국제연합을 비롯한 국제기구들에까지도 심대한 영향력을 행사하고 있는 것이 현실이다.

21세기 세계경제를 주무르고 있는 신자유주의 국제금융자본세력으로서는 그들이 투자하는 지역으로 어디든지 값싸고 풍부한 노동력의 자유로운 이동을 원하기 때문에, 각국의 국경과 문화적인 장벽이라는 장애물을 허물기를 원한다. 각국의 문화적인 차이와 특성을 없애고 보편화, 획일화시켜 거대한 시장을 단일화시킴으로써 시장에 대한 분석과 예측을 용이하게 할 수 있고, 마케팅 비용과 리스크를 최소화하여 결과적으로 이윤을 극대화함으로써 시장에 대한 지배력을 공고히 할 수 있기 때문이다.

따라서 이러한 신자유주의 국제금융자본의 세계지배 세력은 원래의 다문화주의가 갖고 있는 '다른 문화의 정체성을 포용하고 공존해야 한다'는 당위성을 앞세워, 이러한 낯선 이주자들을 받아들여야 하는 국가의 국민들로 하여금 이질적인 문화를 가진 이주자들의 대규모 유입에 대한 거부감과 경계심, 나아가 혐오감을 갖지 못하도록 선동하고 억압함으로써 그들의 의도대로 글로벌 이주를 추진하고 있다고 보여진다.

여기에 노동력의 수출이 절실히 필요한 제3세계 국가들과 이슬람의 세계화 전략으로서의 이주전략(Hegira)을 추구하고 있는 이슬람 국가들도 선진 자유민주주의 국가들의 국경과 문화정체성이라는 장벽을 허물기를 원한다. 그래서 글로벌 이주자들의 이주와 정착에 최상의 명분과 논리를 제공해 주는 이른바 왜곡, 변용된 다문화주의는 그 자체의 모순성과 비현실성에도 불구하고 마치 그것이 미래의 이상적인 사회모델인 양 회자되어 온 것이다.

즉, 이들 신자유주의 국제금융자본의 세계지배 세력이 시장지배와 이윤 극대화라는 그들의 목표를 위하여 경제분야 뿐만이 아니라 정치, 사회, 문화 등 모든 분야에서 이러한 시장경제 원리에 맞추어 변화시킨 파라다임이 바로 글로벌리즘이다. 이러한 글로벌리즘의 확장을 위하여 법적, 정치적, 사회적 정당성을 제공하는 논거로 활용하기 위하여 원래의 의미를 왜곡, 변용하여 활용하고 있는 것이 인권과 다문화주의라는 평등이념이라 할 수 있다.

그러나 자본과 시장의 힘으로 인간의 본성이며 자연질서인 이 지구상의 다양한 문화를 획일화시켜 이를 지배할 수 있다는 생각은 망상일 뿐이며, 자신들의 이익을 위하여 국민국가의 국경을 해체하고 문화정체성을 훼손시키는 것을 문화공존이라고 왜곡하는 것은 사악한 선동일 뿐이다.

2019년 9월 24일 제74차 유엔총회 기조연설에서 트럼프 전 미국 대통령은 글로벌리즘에 대하여 다음과 같은 신랄하고 주옥같은 명언을 남긴 바가 있다. 즉, 그는 "글로벌리즘은 과거의 많은 지도자들로 하여금 자신들의 국익을 무시하도록 종교와도 같은 영향력을 행사해 왔다."면서, "미래는 글로벌리스트에 달려 있는 것이 아니라 애국주의자들에게 달려 있으며, 자국의 시민들을 보호하고 이웃나라를 존중하며 각 나라들로 하여금 특별하고 독특한 정체성을 갖게 하는 그러한 차이를 존중하는 독립적인 주권국가들에게 우리의 미래가 달려 있다."고 강조한 바 있다.

트럼프 대통령은 마지막으로 아래처럼 그의 연설을 끝맺었다.

여러분의 국가를 발전시키고 여러분의 문화를 소중히 하며, 여러분의 역사를 공경하며, 여러분의 국가를 강하고 번영되게 그리고 공의롭게 만들며, 여러분의 국민들의 존엄함을 존중하십시오. 그리하면 그 무엇이든 여러분이 못 해낼 일이 없을 것입니다. 우리의 국가들이 위대해질 때 우리의 미래는 더 밝아질 것이고, 우리의 국민들은 더 행복해질 것이며, 우리의 파트너쉽도 더 강해질 것입니다.

자신이 태어나고 자라난 자신의 고향, 즉 자신의 조국을 사랑하고 그 국가의 주권을 지키고 그 역사와 문화정체성을 소중히 지키면서 자신의 조국을 강하고 위대하게 만드는 것, 그것이 이 인류 사회의 공동의 번영과 평화, 정의를 실현하는 길의 시작입니다.

모든 인류를 위한 평화와 발전과 자유와 정의와 새로운 세상으로 가는 길은 자국(自國)에서 시작되는 것입니다. (The path to peace and progress, and freedom and justice, and a better world for all humanity, begins at home.)

트럼프 대통령의 위와 같은 연설 내용은 유엔헌장과 세계인권선언의 핵심가치를 상기시키고 있는 것이며, 이는 이후 유럽의 각국의 정치권에서의 반이민, 반다문화주의와 애국주의 열풍에 커다란 영향을 미쳤다고 평가된다.

Ⅸ. 퇴조하는 글로벌리즘과 네오막시즘

2022년도 세계경제포럼(WEF 2022.; 2022 다보스 포럼)

2022년 5월 말 스위스 다보스에서 열린 세계경제포럼(WEF 2022 다보스 포럼)에서는 '탈세계화', '세계화의 종식', '디커플링(탈동조화)' 등이 주요 의제로 다루어졌다. 이곳에 모이는 세계의 기업인과 투자자들은 불과 2년 전까지만 해도 세계화와 신자유주의를 신봉하는 분위기였지만, 코로나19 팬데믹과 러시아. 우크라이나 전쟁, 전 세계 공급망 혼란을 겪은 뒤에 태도가 달라진 것이다. 지난 30년 간 신자유주의라는 이름으로 가속화되었던 공급망 글로벌화가 사실상 종결되고 지역주의, 국가주의에 기반한 새로운 형태의 공급망이 등장할 것이라는 분석이다.

즉, 지난 30년 간 이어진 세계화 시대는 이제 저물고 있다는 것이다. 이는 지난 3년 간 코로나 팬데믹으로 인한 국가별 상호봉쇄 조치로 글로벌 공급망의 붕괴라는 끔직한 경험을 한데다 현재 날로 악화되고 있는 서방과 반서방의 대립과 갈등으로 자원민족주의가 득세하면서 글로벌 공급망

이 완전히 마비될 가능성이 크다는 예측에 기인한다. 게다가 유럽 각국에서 확산되는 반이민 정서는 유럽 각국의 정치 판도를 뒤집어 놓고 있다. 68혁명 이후 서구 유럽 각국의 정치권력을 장악해 온 좌파세력과 글로벌리스트들이 '다문화주의'와 글로벌리즘에 염증을 느낀 국민 다수로부터 외면당하면서 반이민, 자국민 우선의 민족주의를 표방하는 정치세력이 유럽 각국에서 약진하고 있다.

지난 2022년 4월 프랑스 대선에서 돌풍을 일으켰던 에릭 제무르와 결선에서 마크롱에게 근소한 격차로 패배하였지만 차기집권이 유력해 보이는 국민연합(RN)의 마린 르펜에 이어, 지난 2022년 9월 25일 치러진 이탈리아 총선에서 소위 극우정당이라고 지칭되는 '이탈리아 형제들'을 중심으로 하는 범우파연합이 승리하면서 예상대로 '이탈리아 형제들'의 조르자 멜로니(Giorgia Meloni) 대표가 총리로 당선되어 유럽정국에 파장을 일으키고 있다.

올해 45세의 멜로니 총리는 총선과정에서 "우리는 강하고 국제사회에서 존경받는 이탈리아를 원합니다"라며 '강한 이탈리아'를 강조했다. 또한 그녀는 보건부 장관에게 "백신패스는 경제를 황폐화시켰다"며 즉시 폐지하라고 압박했다. 멜로니는 '하나님, 조국 그리고 가족' 이라는 슬로건을 내세우며 이탈리아 국민들의 민족주의와 애국심 그리고 이탈리아의 전통적인 문화정체성과 기독교적 가치관의 회복을 강조해 왔다. 그리고 동성애자들의 육아에 반대하는 집회에서 "나는 여자이고, 엄마이고, 이탈리아인이고, 크리스찬입니다. 당신들은 나에게서 그것을 빼앗지 못할 것입니다" 라고 일갈한 이 연설은 멜로니를 일약 스타덤에 올려놓았다.

"우리는 인간의 가치와 정체성을 지킬 것입니다. 우리는 글로벌 금융 투기꾼들이 만든 시스템의 숫자로 전락하여 그들의 소비노예가 되지 않을

조르자 멜로니(Giorgia
Meloni) 이탈리아 총리

이탈리아 우파연합: 왼쪽부터 마테오 실비니 '동맹(Lega)'
대표, 실비오 베를루스코니 '전진이탈리아(FI)' 대표,
조르자 멜로니 '이탈리아형제들(Fdi)' 대표

것입니다"라고 하는 그녀의 가치관과 시국관은 명확하게 '반동성애, 반글
로벌리즘, 반공산주의, 반이민, 반EU'로 일관되고 있어서 유로존 3위의 경
제대국 이탈리아가 앞으로 유럽연합의 미래에 어떤 영향을 미칠지 귀추가
주목된다. 멜로니는 지난 2022년 10월 2일 선거 승리 후 한 연설에서 세계
주의 엘리트들에게 경고하고 '신세계 권력'에서 국가를 되찾을 것이라고
말했다. 즉, 그들(세계주의 엘리트)의 모든 행태는 극복해야 할 악(惡)일 뿐이라
고 하면서 "공산주의를 새로운 국제질서로 대체하기 위해 투쟁하고 패배
시킬 것이 아니라, 독립된 민족국가들이 다시 한번 자국민의 자유와 정체
성, 자주권을 수호하도록 만들기 위해서 공산주의에 맞서 싸우고 패배시
켜야 하는데, 이것을 위해 마음을 단단히 잡읍시다"라고 덧붙였다.

2022년 9월 11일 치러진 스웨덴 총선에서도 우파연합(중도당, 스웨덴 민주당,
기독교사회당, 자유당)이 여권 좌파연합을 누르고 승리함으로써 8년 만에 정권
을 되찾았다. 그러나 중도당의 크리스테르손 신임총리가 이끄는 연립정부
에는 반이민과 자국민 우선주의를 내세우는 스웨덴 민주당은 포함되지 않

았다. 역사적으로 평등이념에 기반한 사회민주주의의 뿌리가 깊고 난민과 이주민에 관대했던 스웨덴에서 자국민우선주의와 반이민 등을 기치로 내건 민주당이 지난 총선에서 20.6%의 득표를 함으로써 스웨덴 정국에 돌풍과 파란을 일으켰다. 민주당이 연정에는 참여하지 않았지만, 위 연정에 참여한 3개 정당이 과반수 의석을 확보하지 못한 상황에서 민주당이 새 정부의 이민정책 등 다양한 현안에 관하여 적지 않은 영향력을 행사할 것으로 보인다. 극우정당이라는 언론의 프레임을 덮어쓰고 오랜 기간 비주류 소수정당으로 버텨오던 민주당이 정통 보수세력의 맏형격인 보수당을 제치고 의석수 73석의 원내 2위 정당으로 올라선 데다가, 여론조사에서는 한때 사민당을 제치고 1위를 차지하기도 하였고 실제 이번 총선 득표율도 사민당에 근소한 차이로 져서 2위로 밀린 것이어서 '난민 제로'를 핵심공약으로 내건 스웨덴 민주당의 약진이 단지 반(反)이민 정서에만 기인한 것이 아니라, 스웨덴 국민들의 기존 정당에 대한 불신감으로 민주당을 대안세력으로 지지했다는 분석이 지배적이다.

지난 2005년 26세의 나이로 당권을 잡은 지미 오케손 스웨덴 민주당 대표(43세)는 무슬림 이민자들을 향해 '제2차 세계대전 이후 최대의 위협'이라고 일갈하며 반이민 입장을 확고히 해 왔다. '스웨덴 최우선, 스웨덴의 안전, 스웨덴을 스웨덴답게 지키자'는 그의 슬로건이 그가 이끄는 민주당이 좌파의 위선과 선동정치에 신물난 국민들의 지지를 얻어 스웨덴 정치권의 변두리 소수 정당에서 주류정당으로 약진하는 원동력이 된 셈이다. 민주당 등 우파정당들의 지지가 절실히 필요한 새 정부는 정부출범과 동시에 우선, 전 정부의 외교정책을 대변하는 '페미니스트 외교정책'(Feminist foreign policy)을 사실상 폐기하는 수순에 돌입했다.

크리스 테르손 신임총리는 "페미니스트 외교정책은 어떤 사안에서는 본질을 흐리고 꼬리표로 작용될 수 있다"며 "따라서 페미니스트 외교정책이란 표현은 더이상 쓰지 않을 것"이라고 말했다. 페미니스트 외교정책이란 스웨덴의 국제관계에 있어서 성평등을 핵심가치로 둔다는 것을 의미한다. 스웨덴 이후 유럽의 다른 국가들도 유사한 개념의 정책을 채택하면서 스웨덴 외교를 상징하는 개념으로 자리잡았지만, 스웨덴 새 정부는 홈페이지 상으로도 페미니스트 외교정책에 관한 모든 내용을 삭제하고 관련 간행물도 신속히 없애는 작업을 진행 중이다.

지난 2022년 9월 1일 총선에서 대약진한 지미 오케손 스웨덴 민주당 대표가 총선 결과에 환호하고 있다.

울프 크리스테르손 스웨덴 신임총리

이 밖에도 스페인에서는 지난 2019년 4월 총선에서, '스페인을 다시 위대하게'라는 캐치프레이즈를 내걸고 '다문화'와 페미니즘 그리고 이민과 난민유입을 반대하는 우파 신생정당인 복스(vox)가 1975년 민주화 이후 처음으로 원내에 진출하는 돌풍을 일으켜 차기 총선 때 다수당으로의 약진이 기대되고 있다.

전통적으로 이민수용과 '다문화주의'를 반대해온 동유럽 국가들의 집권당들은 국민들의 변함없는 지지에 힘입어 여전히 정권을 굳건히 유지해

오고 있다. 헝가리의 오르반 총리가 지난 2022년 4월 총선을 승리로 이끌어 4선에 성공하였고, 폴란드의 야로슬라프 카친스키가 이끄는 집권당은 서구식 민주주의와 '다문화주의'의 가치보다는 카톨릭과 전통적 가치에 기반을 둔 사회로 개혁한다며 EU(유럽연합)와 대립각을 세우고 있다.

이탈리아와 스웨덴에 이어 앞으로 예정된 유럽과 서방세계 국가들의 선거에서 글로벌리즘 신봉자들이 차지하고 있는 국가 지도자 자리와 의회 의석수가 자국민 우선주의, 민족주의, 애국주의를 신봉하고 국제규범을 존중하는 정치인들로 대폭 물갈이될 것으로 예상되며 이러한 우파 민족주의 정치세력의 약진은 유럽을 넘어 이스라엘과 남미 등 전 세계로 확산되고 있다

필자가 이 글의 전반부에서 지적한 '다문화주의', 즉 국가 내에서의 문화 공존을 획책하는 두 부류의 세력인 네오막시즘과 신자유주의·글로벌리즘이 이제 힘을 잃고 역사의 뒤안길로 사라질 처지에 몰리고 있는 것이다. 이는 곧 제2차 세계대전 종식 후 문화다원주의와 자유민주주의의 국민국가(nation)를 중심으로 하는 세계질서, 즉 유엔헌장과 세계인권선언에 기반한 원래의 세계질서로 회복되는 반가운 조짐이라 여겨진다. 각 나라가 자국의 독립과 국경과 문화정체성을 굳건히 지키면서 서로의 주권을 존중해 주면서 협력하여 국제관계를 발전시켜 나가는 것, 그것이 바로 유엔헌장 제1조의 목적과 원칙에 명시된 국제질서이기 때문이다.

우리 대한민국도 이제 1986년의 소위 '민주화'로 권력을 장악해 온 좌파 586세대의 사이비 이념과 적폐를 청산하고 오로지 국제규범과 대한민국 헌법에 부합되는 정치와 사회질서를 온전히 회복해야 할 때가 되었다고 생각한다.

그러기 위해서는 지난 수십 년 간 우리 사회 각계각층 요소요소에 침투해 있는 좌파운동권 세력이 설 자리가 없도록 해야 하고, 이를 위해서는 중앙정부와 국회 및 법원, 지방자치단체와 지방의회, 각 교육위원회와 교육당국과 언론 등 우리 사회 전반에 걸쳐 대한민국 헌법과 국제규범이 제대로 작동되는 그런 사회로 되돌려야 한다.

　지금까지 좌파운동권 세력이 자신들의 주장을 정당화하기 위해 마치 자신들의 전유물인 양 함부로 왜곡하여 인용해 온 국제연합 헌장과 세계인권선언 등 국제규범과 우리 대한민국 헌법의 주요 내용을 대한민국 국민 누구나가 상식처럼 이해할 수 있게 된다면 더이상 저들의 사악한 위선을 지적(知的), 도덕적 우월성으로 잘못 아는 국민들은 없게 될 것이다.

나가면서
-대한민국 국가정체성 확립이 미래 국가 전략의 전제 조건

- 숫자가 아니라 정체성이 중요-

　우리 대한민국은 지난 70여년 간 서방 선진국들의 국가경영모델을 모방하고 빠르게 추종하는 소위 빠른 추격자(Fast follower) 전략으로 한강의 기적을 이루어 내었다고 자타가 공인하고 있다. 과거 후진국에서 중진국으로 넘어가는 추격자로서는 국가의 정체성은 중요하지 않았고 그것을 챙길 겨를도 없었다. 그러나 지금은 세계 5대 공업국가이면서 세계 10위권 이내의 경제규모를 자랑하는 경제강국 반열에 올라섰다. 이제 4차산업혁명 시대를 선도해 나갈 선진국으로서 과거의 추종자가 아닌 최초 개척자, 선도자(First Mover)가 되어야 할 입장에서 국가의 정체성 확립이 국가전략의 전제 조건이 되어야만 한다. 그러나 서방선진국들이 이미 쓰다버린 폐물이나 다름없는 다문화정책까지 맹목적으로 따라하느라 국가정체성까지 몰각하고 있는 한심한 대한민국 주류 정치인과 지식인들로서는 요원해 보인다.

　대한민국 정치권과 정부는 저출산으로 인한 인구격감과 노동력 부족을 이유로 세계 어느 나라 보다도 적극적, 개방적으로 주로 저개발 지역 후진

국의 빈민출신들을 대규모로 받아들이고 있다. 그러면서 우리 국민들에 대하여는 그들과 평화롭게 공존하기 위해서 그들의 문화정체성을 인정, 존중해 줄 것을 강요하고 있다. 또한 중앙정부와 전국의 지방 자치단체들은 이들 외국인들을 우리 사회의 구성원이라고 일방적으로 규정해 놓고는 이들에 대한 역차별적 지원정책을 다투어 쏟아내고 있다. 국가의 정체성이야 어찌되든 아랑곳없이 모자라는 인구와 노동력은 손쉽게 외국인으로 숫자만 채워 넣으면 된다는 식이다. 인구 부족 문제와 노동력 부족 문제를 외국인 수입 없이 우리 사회 내부적으로 해결해 보려는 생각은 아예 없는 것이다. 윤석열 정부 들어서는 한동훈 법무장관이 아예 이민청을 신설하여 대한민국을 본격적인 이민국가로 만들겠다고 밀어붙이고 있다. 이대로 가다가는 머지않아 대한민국은 대한민국이라 할 수 없는 이민자들의 나라가 될 것은 불을 보듯 뻔하다. 인구가 줄고 노동력이 부족하여 국가 경제규모와 활력이 위축될 수 있으나, 그렇다고 나라가 망하는 것은 아니다. 인구는 다시 회복될 수 있고 오히려 기계화와 자동화로 노동력을 대체하는 방향으로 산업구조도 변화되고 있다.

그러나 국민 구성의 다민족, 다인종화로 사라진 대한민국의 정체성은 다시 회복될 수 없는 것이다. 대한민국의 정체성이 사라지면 대한민국은 곧 망하는 것이다. 이민수용 확대와 다문화 정책은 다름 아닌 대한민국 망국정책인 것이다. 대한민국 헌법전문은 "유구한 역사와 전통에 빛나는 우리 대한국민은 ~중략~ 안으로 국민생활의 균등한 향상을 기하고 밖으로 인류공영에 이바지함으로써 우리들과 우리들 자손의 안전과 자유와 행복을 영원히 확보할 것"이라고 끝맺고 있다. 헌법 본문에는 여러 곳에서 대한민국의 국가 계속성과 동일성[15]을 강조하고 있다. 이민 수용 확대와 다문화

정책은 이유 막론하고 이와 같은 우리 헌법정신에 정면으로 위배된다. 헌법은 장식으로 만들어둔 것이 아니고 지켜야만 하는 것이다. 이민 수용 확대정책과 다문화정책은 단지 정책의 옳고 그름의 판단문제가 아니라 국가의 존망이 걸린 엄중한 문제로 다루어야만 한다.

문화다양성이라는 인류공동의 가치에 선도적으로 기여하는 길은 이질적인 다른 문화를 가진 인간집단들을 받아들여 그들의 문화정체성을 그대로 유지하는 전제로 공존함으로써 대한민국의 독창적인 문화정체성을 훼손하는 것이 아니라, 대한민국의 독립적이고 독창적인 문화를 더욱 창달하고 그것을 세계로 확장하는 것이다. 바로 그것이 국제규범과 대한민국 헌법이 명시하고 있는 바이기 때문이다.

서구 유럽국가들은 이미 반이민, 반다문화정책이 대세이고 국가정체성과 주권을 우선하는 정책으로 돌아서고 있는데도 대한민국은 아직도 여야 정치인, 고위공무원, 언론, 학계 할 것 없이 한목소리로 나라 바깥에서 외국인들을 수입해 들여와야 경제활력과 국가경쟁력을 제고할 수 있다는 무책임한 말이나 떠들어대고 있다. 그들은 외국인 계절근로자가 없으면 농어촌 산업이 안 돌아가고 외국인 노동자가 아니면 제조공장이 안 돌아간다는 말도 안 되는 거짓 선동을 앞세우며 외국인 수입을 더욱 확대해야 한다고 떠들어대고 있지만, 정작 대졸 취업자의 태반이 사실상 실업 상태이고 중장년과 노년층의 장기실업자와 구직포기자는 늘어만 가고 있는데, 왜 국내의 실업자들과 유휴인력을 활용하여 문제를 해결할 생각은 못 하고 무턱대고 외국인 수입에만 의존하려고 하는지 도무지 납득할 수가 없다. 외국인이 없으면 산업이 안 돌아간다면, 만일 그것이 사실이라면 그런 나라를 어떻게 정상적인 자주 독립국가라 할 수 있겠는가? 우리 한국인들이 농어촌이나 제조공장에서 일을 안 하려고 한다는 구태의연한 변명만 반복하고 있지 말고 우리 한국인들이 그런 일자리에서 기꺼이 일을 할 수 있도록 만드는 정책을 개발하고 시행해야 하는 것이 국회와 정부가 해야 할 일이다.

저출산으로 인한 인구격감 문제도 마찬가지다. 저출산의 원인을 파악하고 이를 제거하는 효과적인 정책을 연구개발하고 시행해야 하는데 지난 15년 간 약 300조 원의 재정을 쏟아붓고도 오히려 출산율은 가임여성 1명 당 0.8명으로 추락한 최악의 상황에 직면하고 있다. 이민정책, 다문화정책 지지하는 자들은 이를 빌미로 출산 장려책으로 출산율을 올리는 것은 한계가 있음을 확인했다며 외국으로부터의 이민을 확대하는 것이 유일한 대안이라고 떠들어댄다. 그러나 저출산 대책으로 집행한 위 사업과 예산들을 분석한 감사원의 감사 결과 위 300조 원의 예산은 각 가정에 직접 지원한 금액은 미미하고 그 대부분이 육아와 출산을 감당해야 하는 가정과 여성들이 아닌, 여성운동, 페미니즘 운동, 성평등 운동 등 출산과 직접 관련 없는 특정한 이념사업 추진에 배정되어 낭비되었고, 유치원, 어린이집, 유아원 등 사업자에게 수혜가 돌아가는 등 예산 갈라먹기 식의 부실과 불합리와 부패가 만연한 실상이 드러나 있다. 사람은 단순한 숫자가 아니라 정체성과 인권 그리고 욕구를 가진 존재이다. 국가의 국민(nation)이란 모자라면 머리 숫자만 채운다고 그들이 저절로 대한민국 국민이 되는 것이 아니다. 국민이란 오랜 세월에 걸쳐 형성되는 문화정체성과 공동체 의식이 있어야 하는 것이다.

한국 사람들이 떠나는 농어촌 지역에 외국인을 이주시켜 살게 하면 그들은 외국인이기 때문에 그러한 낙후된 지역도 마다않고 아무런 불만없이 거기에 정착하여 잘 살 수 있을 것이기에 농어촌 인구소멸로 지역이 공동화되는 문제가 해결될 것이라든지, 한국 사람들이 회피한다는 이른바 3D 업종에 외국인노동자들을 투입하면 그들은 외국인이기 때문에 그런 열악한 근무환경도 마다않고 직장 이탈 없이 열심히 일할 것이라든지 하는 발상 자체부터가 인종차별적이고 비인권적인 발상이며 비현실적인 미봉책이다. 지금 외국인 노동자든 계절근로자든 할 것 없이 그 태반이 직장과 지역을 이탈하여 불법체류하고 있는 실정이다. 무조건 외국인을 수입하여 임시방편으로 문제 해결하려 할 것이 아니라, 그러한 지역, 그러한 업종에 대하여 우리 한국인들이 최소한의 인간다운 삶을 누리며 살 수 있도록 그리고 기꺼이 일할 수 있도록 정책을 개발하고 적극적인 투자를 해야 하는 것이다. 사람과 국민을 숫자로만 보고 추진하는 외국인 정책, 다문화 정책, 이민 정책은 이제 그 무엇보다도 우리 대한민국과 우리 국민들의 국익과 정체성을 최우선으로 고려하는 정책으로 전환해야 한다.

외국인 이민을 받지 않고 우리 한국인들만으로는 우리 대한민국의 미래가 없고 외국인에 의존하지 않으면 아무것도 할 수 없다는 이러한 자기부정적, 자기비하적인 사고방식에 빠져 있는 정치인과 공무원들이 어떻게 4차산업 혁명시대를 선도적으로 이끌어 나가야 할 대한민국 국가경영을 감당할 수 있겠는가? 우리 문화정체성도 제대로 못 챙기면서 어떻게 다른 나라의 문화정체성을 존중하고 이 지구적인 문화다양성이라는 인류공동의 가치 구현에 기여할 수 있겠는가? 그러므로 이제 망설임 없이 우리 대한민국의 문화정체성을 파괴하고 국제질서를 혼란스럽게 만드는 다문화 정책은 당장 폐기하고 우리 대한민국 헌법과 국제규범을 따르는 본래의 다문화주의를 따르는 대한민국으로 바꾸어 놓아야 한다. 그 시작이 바로 우리 대한민국의 정체성 확립이고, 그리해야만 선도자(First Mover)로서의 미래국가 전략이 가능하게 될 것이다.

참고문헌

1. 김성환, 〈세계화론〉, 2010, 자문당

2. 김성주, 〈주권개념의 역사적 변천과 국제사회로의 투영〉, 2006, 한국정치외교사 논총 제27집 제2호, pp195=224

3. 최재훈, 〈주권개념에 대한 제 학설 개관〉,1958, 부산대학교 법학연구소 법학연구 제2권 2호, pp74-97

4. 전재성, 〈주권과 국제정치〉, 2022, 서울대학교 출판문화원

5. 신국원, 〈하나님의 절대주권과 문화의 영역주권〉, 2022. 월간디사이플, 2022년 1월호 (vol. 264),국제제자훈련원

6. 조영정, 〈민족주의와 내셔널리즘〉, 2021, 사회사상연구원

7. 조영정, 〈일본의 내셔널리즘〉, 2019, 사회사상연구원

8. 노인숙 외 5인, 〈다문화사회의 이해와 건강〉, 2018, 현문사

9. 크리스토퍼 래시, 〈진보의 착각; 원제 True and Only Heven, 이희재 역〉, 2014, 휴머니스트출판그룹

10. 론폴 외 4인, 〈문화막시즘– 미국의 타락, 김승규, 오태용 역〉 2020, 도서출판 이든북스

11. 송다니엘, 〈호크하이머와 아도르노의 계몽의 변증법적 해설〉, 2022, 토브북스

12. 더글러스 머리, 〈유럽의 죽음, 원제; The Strange Death of Europe, 유강은 역〉, 2020, 열린책들

13. 홍지수, 〈트럼프를 당선시킨 PC의 정체〉, 2017, 북앤피풀

14. 배종인, 〈헌법과 조약체결〉, 2009, 삼우사

15. 에릭 제무르, 〈프랑스의 자살, 이선우 역〉, 2023. 틈새책방

16. 성재호 〈국제기구와 국제법〉,2002, 한울아카데미

17. 베네딕트앤더슨, 서지원 역〈상상된 공동체〉, 2018, 도서출판 길

18. G.W.F 헤겔 〈자연법, 김준수 역〉 2022, 한길사

19. 박창열, 〈근대자연법 사상과 경제적 자유주의〉, 1999, 「경제학연구」 47권 3호, PP355=381

20. 홍기원, 〈자연법, 이성 그리고 권리〉, 2022, 터닝포인트

21. 김준석, 〈17세기 중반 유럽 국제관계의 변화에 관한 연구〉, 2012, 「국제정치논총」 52(3), PP111-139

22. 헨리 키신저, 〈세계질서; Word Oder, 이현주 역〉, 2016, 믿음사

23. 임지현, 〈민족주의는 반역이다〉, 1999, 도서출판 소나무

24. 조용석, 〈30년 전쟁과 베스트팔렌평화조약연구〉, 2019, 「신학사상」 vol no. 184, PP.323-349

25. 이영수, 〈베스트팔렌 체제의 탄생과 전개〉, 2017. 세계와 나

26. 전재성, 〈유럽의 국제정치적 근대 출현에 관한 이론적 연구〉, 2009, 「국제정치논총」, 제49집 제5호, PP 7-31

27. 박정선, 〈타고르의 문학과 사상 그리고 혁명성〉, 2020, 산지니

28. 조용진, 〈한국인의 얼굴. 몸. 뇌. 문화〉, 2019, 집문당

29. 존 H.릴리스포드, 〈유전자 인류학〉, 2003, 휴먼 앤 북스

30. 장우순, 〈유전자 분석으로 본 한국인 집단의 기원과 이동〉, 2009, 홍익재단

31. 이홍규, 〈한국인의 기원〉, 2010, 우리역사연구재단

32. 세키히로노, 〈글로벌리즘의 종언; 최연희 역〉, 2021, 유유

33. 김성구, 〈신자유주의와 공모자들〉, 2014, 나름북스

34. 정일권, 〈문화막시즘의 황혼〉, 2020, 기독교문서선교회

35. 잉그리트 길혀홀타이, 〈68혁명, 세계를 뒤흔든 상상력, 정대성 역〉, 2009, 창비

36. 정대성, 〈68혁명, 상상력이 빚은 저항의 역사〉, 2019, 당대

37. 차명식, 〈68혁명, 세계를 바꾸기 위한 세 가지 방법〉, 2022, 북튜브

38. 엔 S. 사쑨, 〈그람시와 혁명전략, 최우길 역〉, 1992, 서울녹두

39. 안토니오 그람시(리쳐드벨라미 엮음), 〈옥중수고 이전, 김현우 외 역〉, 2001, 갈무리

40. 이성철, 〈안토니오 그람시와 문화정치의 지형학〉, 2010, 호밀밭

41. 스티브존스, 〈안토니오그람시의 비범한 헤게모니, 최영석 역〉, 2022, 앨피

42. 김현우, 〈옥중수고와 혁명의 순교자〉, 2005, 살림출판사

43. 찰스 굿하트, 마노즈 프라단, 〈인구대역전, 백우진 옮김〉, 2021, 생각의힘

44. 이장희, 〈현대국제조약집〉, 2000, 아시아사회과학연구원

45. 김명기, 〈통일, 안보조약자료집〉, 1997, 국제문제연구소

참고사이트

1. https://m.blog. naver.com/근대 주권개념의 발전 과정

2. https://shyhis.tistory.com/m/17 근세유럽, 르네상스와 종교개혁 그리고 주권국가의 등장

3. https://m.blog. naver.com/ 국가이론(다원주의, 신우파)

4. https://m.blog. naver.com/ 지구화와 근대 국제질서

5. https://009448.tstory.com/m/16148854 한국인의 유전자 분석

6. https://v.daum.net/v/20100905202403526 독일인 20% 자라친이 창당하면 지지

7. https://v.daum.net/v/202110216103226458 파시스트 혹은 사회통합론자

8. https://v.daum.net/v/202170925090717846 독일정치 지각변동 일으킨 '독일을 위한 대안'은 어떤 정당?

9. www.sisain co.kr 프랑스는 똘레랑스를 던져버렸는가?

10. https://v.daum.net/v/20211206060943797 프랑스 극우대선후보, "EU와 불법이민자에게 뺏긴 프랑스를 되찾겠다."

11. https://v.daum.net/v/20211296151639604 프랑스 극우 대선 후보 제무르 첫 유세에서 헤드락 수모

12. https://v.daum.net/v/20220426000547995 마크롱 재선했지만 극우바람 드셌다.

13. Search Cases https://m.blog. naver.com/ 2022년 프랑스 대선결과와 쟁점

14. https://blog. naver.com/ 2022년 프랑스 대선결과 마크롱 대통령 재선 그리고 후폭풍

15. https://www.kyongbuk.co.kr/news/ 열린 책들, 영국언론인 더글러스머리 '유럽의 죽음' 한국어판 출간

16. https//m.blog. naver.com/ '유럽의 죽음', 더글러스머리

17. https://v.daum.net/v/20200320070437622 다문화사회는 유럽의 자살인가?

18. https://m.blog. naver.com/ 서양중심주의 철학이 아닌 '문화다원주의의 철학'이 필요

19. https//mnkids.tistory.com/m/76 상호문화주의 interculturalism 결속과 다양성의 새로운 시대

20. https://www.worldview.or.kr/library/articlw/2314 유럽의 상호문화주의의 비교

21. https//kiss.kstudy.com/thesis/비교문화의 방법, 문화상대주의와 반문화상대주의

22. https://m.blog. naver.com/ 고전명저선(01)/전쟁과 평화의 법- 그로티우스

23. https//m.blog. naver.com/ 신성로마제국 정의

24. https//m.blog. naver.com/ 유럽의 30년 전쟁(1618-1648)

25. https://m.cafe.daum.net/ 30년 전쟁, 오늘의 근대유럽을 낳은 최초의 영토전쟁, 유럽 최후의 종교전쟁

26. https://www.gospeltoday.co.kr/news/(위클리교회사) 10월 24일 베스트팔렌조약 체결

27. https//m.blog. naver.com/ (세계질서) 베스트팔렌체제의 보편성

28. https://blog. naver.com/ 베스트팔렌조약 1648

29. https//m.blog. naver.com/ 유럽을 꽃피운 종교개혁 그리고 르네상스

30. https://m. search.daum.net/ 휴고그로티우스

31. https//m.blog. naver.com/ 모든 권리, 즉 자연법은 인간의 본성에서 시작된다- 휴고그 로티우스

32. https//m.blog. naver.com/ 고전명저선(01)/전쟁과 평화의 법- 그로티우스

33. https://search.daum.net/ 타고르의 사상, https//m.blog. naver.com/ 신에게, 키탄잘리/ 인도의 시성 타고르

34. https://www.segye.com/newsView/20120722021271/[NIE(신문활용교육)] 베네딕트 앤더슨의 '상상의 공동체'

35. https://blog.naver.com/saiculture/222579980377/ 하이데거와 류영모

36. https://news.mt.co.kr/mtview.php?no=2015121413355769116&outlink/'상상의 공동 체' 저자 베네딕트앤더슨 타계

37. https://apkpotato.tstory.com/3 유럽의 근대형성과정과 포스트모더니즘과의 관계

38. https://humanities-society-webzin.tstory.com/m/22 모더니즘과 포스트모더니즘 - 하 지민

39. https://m. cafe .daum.net/(유해석 칼럼) 무슬림 증가로 인하여 변해가는 영국(크리스 천투데이)

40. https://v.daum.net/v/20211216183007823 '이민자는 가라', 시험대에 오른 유럽 다문 화주의

41. https//m.blog.naver.com/ 서구의 성윤리와 도덕, 종교관을 무너뜨린 68혁명과 그 후폭 풍, 신자유주의

42. https//m.blog.naver.com/ (서울신문) 프랑스 68혁명 40돌, https//m.blog.naver.com/ 프랑스 68혁명 40돌

43. https://100.daum.net/encyclopedia/view/47xxxxxxxb47 5월 혁명,

44. adipo.tstory.com 68운동. 프랑스 5월혁명 금지함을 금지하라

45. https://v.daum.net/v/202110215214710727 조화롭게 살자더니, 우리의 가치가 싫으면 떠나라

46. https://v.daum.net/v/20211302114139095 사르코지, 다문화주의 실패선언

47. https://v.daum.net/v/20110207030920295 영국, 캐머런 총리 다문화주의 실패선언

48. https://v.daum.net/v/20110213074204631 유럽, 다문화주의 실패논란 가열

49. http://japan114.tistory.com/14382/ 상상된 공동체

50. 1.https//www. donga.com/news/inter/article/all/20220523/113563200/1 다보스 포럼, 세계화 30년 끝났다.

51. https://blog.naver.com/sonamoopub1/222001445849/ 임지현, 민족주의는 반역이다.

52. https://www.hankookilbo.com/News/Read/201601211116019179/ 탈민족주의는 틀렸다

53. https://www.youtube.com/watch?v=T6FQ23cYx_c/〈인구대역전〉 북리뷰

1) 국민국가(nation state)란 하나의 문화적 정체성으로 통합된 인간집단인 국민공동체가 만든 완전한 독립 주권국가로서 근대 국가의 한 부류를 말한다. 1648년 유럽에서의 베스트팔렌 평화조약으로 유럽의 모든 나라들이 각자의 정통성과 정체성에 따라 평등하고 완전한 주권을 갖는 국민국가로 분리 독립하여 비록 유럽에 국한된 것이기는 하지만, 서로의 주권을 인정하고 존중하는 오늘날과 같은 다원주의의 국제질서가 태동되었다. 그러나 그 당시는 국가의 주인인 군주의 정체성에 따라 나라의 정체성이 결정되었기에 오늘날과 같은 국민주권에 기반한 각 국가의 국민정체성은 1789년의 프랑스 시민혁명을 통하여 국민주권주의가 유럽 전역으로 확산됨으로써 완성되었다고 볼 수 있다. 국민국가의 역사는 근대의 시작과 결을 같이 하며, 주권을 매개로 한 국민(nation)과 국가(state)의 통합과정으로 규정할 수 있다. 오늘날 국제사회를 구성하는 단위가 완전하고 절대적인 주권에 기반한 국민국가다.

2) 글로벌리즘(자구주의; globalism)은 지구를 하나의 공동체로 상정하고 세계화를 진행시키는 사상이다. 현대에는 다국적기업이 국경을 넘어 지구규모로 경제활동을 전개하는 행위나, 자유무역 및 시장주의 경제를 전 지구상에 확대시키는 사상 등을 일컫는 말로 많이 쓰이고 있다. 그러나 글로벌리즘, 세계화주의는 국제사회를 구성하는 기본 단위인 개별국가들의 독립과 정체성 그리고 주권의 존중을 전제로 하는 국제화주의(인터내셔널리즘; internationalism)와는 확연히 구분된다. 글로벌리즘은 국가와 국경 그리고 개별국가들의 문화정체성은 무시하고 지구 전체를 하나의 공간으로 인식하고 있기 때문이다. 글로벌리즘은 그 역동성과 효율성으로 오늘날 21세기를 인류역사상 유례없는 경제적 번영의 시대로 이끌었다고 평가되고 있지만, 글로벌리즘을 사실상 지배하는 국제금융자본의 그 탐욕적인 속성으로 인하여 오랜 역사를 통하여 자연스럽게 형성된 인간집단들의 질서와 원칙 그리고 문화정체성을 인위적으로 획일화시키고 파괴시킴으로서 인류문명에 있어서 악으로 작용되고 있다는 문제점이 대두되고 있다.

3) 타고르(R. Tagore)는 인도의 시인이자 철학자, 교육자이며 힌두교 사상가이다. 영국 런던 대학교 유니버시티 칼리지 런던에서 법학과 문학을 공부했다. 무엇보다도 그는 식민지 인도를 위하여 분투한 민족주의자였고 국제주의자 였으며 위대한 시인이었다. 그가 쓴 시는 지금의 인도와 방글라데시의 국가로 사용되고 있다. 1913년 그의 심미주의적인 시집 '기탄잘리(Gitanjali; 신에게 바치는 노래, 1912년 간행)'로써 동양인으로서는 최초로 노벨상을 수상하였다. 타고르는 1916년과 1917년 그리고 1929년 3차례 일본을 방문했는데 1916년과 1929년 방문 때 만난 한국유학생들의 부탁을 받고 써 준 시가 '패자의 노래'와 '동방의 등불'이다 '패자의 노래'는 당시 최남선이 발행하던 잡지 '청춘'(1917년 11월호)에 번역되어 실렸고, '동방의 등불'은 1929년 4월 2일 동아일보에 게재된다. 둘 다 한국민에 대한 각별한 애정과 격려를 담은 격려 축시로서 당시 일본의 강점 하에 있던 한국민들에게 큰 격려와 위안을 주었다. 신을 대상으로 아이처럼 선하고 여성처럼 부드러운 유미주의 시를 쓴 그였지만, 그가 전 세계를 순회하면서 "인간의 평등한 자유와 권리를 억압하고 지배하는 그 어떠한 기구와 제도도 반대한다"는 그의 메시지는 강경했다. 그것은 제국주의 아래 약소국들이 상실한 자유와 희망을 외친 혁명적 메시지였다. 인도의 시성(詩聖)이자 국부(國父)로 추앙받고 있다.

4) 신성로마제국(the Holy Roman Empire)은 중세 초기에 형성되어 1806년 해체될 때까지 중부유럽에 존재했던 다민족 국가 체제로서 사실상 요즘의 연방국가 체제와 같은 제국이었다. 교황청과 함께 중세유럽 정치권력의 최상위에 위치하면서 유럽질서의 중심에 있었다. 신성로마제국 가운데 가장 큰 국가는 독일왕국이었고, 그 외 왕국으로 보헤미아 왕국, 부르군트 왕국, 이탈리아 왕국, 버건디 왕국, 두시실리 왕국 등이 있었다. 800년 프랑크 왕국의 카를루스 1세가 교황 레오 3세로부터 명목상의 '서로마제국황제' 대관을 받은 것을 시작으로, 924년 황제 베렝가리오 1세의 사망 이후 제위계승이 중단되다가, 962년 독일왕국의 오토 1세가 이탈리아 왕국을 통합하고 교황 요한 12세로부터 황제 대관을 받으면서 제위가 부활하여 본격적으로 신성로마제국이 시작되었다. 이후 이탈리아와 프로방스의 아를왕국에서 신성로마제국의 영향력이 상실되었고, 사실상 독일과 체코, 네덜란드(베네룩스)로 영역이 축소되었다. 이후 1442년 합스부르크 왕조 때 '독일국민의 로마제국'이라는 명칭을 사용했고, 1474년 '독일민족의 신성로마제국(Heiliges Römisches Reich Deutscher Nation)'이라는 국호가 처음 공식적으로 사용되었다. 이 국호는 1485년부터 프리드리히 3세가 본격적으로 사용했으며, 그의 아들인 막시밀리안 1세에 의해 1512년 쾰른 제국의회에서 최종적으로 확정되어 제국이 멸망할 때까지 공식국호로 사용되었다. 1512년의 칙령반포에서는 정식명칭을 독일민족의 신성로마제국(Heiliges Römisches Reich Deutscher Nation)이라 했지만, 정작 이 명칭은 잘 사용되지 않고 그냥 신성로마제국, 혹은 독일제국(Deutches Reich)이라 불린다. 1648년의 베스트팔렌조약으로 황제의 권위는 상실된 채 명목만 유지하다가 1806년 8월 프랑스 황제 나폴레옹 1세가 독일을 침공하여 오스트리아와 프러시아를 제외한 거의 모든 신성로마제국 국가들로써 라인동맹을 결성하자, 황제 프란츠 2세가 퇴위하면서 신성로마제국은 해체되었다. 그 후 프란츠 2세는 오스트리아 제국을 세워 신성로마제국의 마지막 왕가인 합스부르크 왕가는 1918년까지 지속된다. 신성로마제국이라는 명칭은 세속적으로는 로마제국 황제의 법통계승과 종교적으로는 유럽 기독교 제국으로서의 정체성을 표방하고 있는 것이라 할 수 있다.

5) '30년 전쟁'은 신성로마제국 황제 페르디난트 2세의 개신교 탄압으로 비롯됐다. 보헤미아(체코)의 루터파 교회 2곳을 폐쇄한 데서 시작된 분란은 제국 내부를 거쳐 네덜란드, 덴마크, 스웨덴, 스페인, 프랑스 등 거의 전 유럽 국가가 직·간접적으로 개입한 국제전쟁으로 비화했다. 그 전쟁은 북유럽 중심 신교(新敎)국가 및 제후들의 프로테스탄트 연합과 신성로마제국 수백

개 영방(領邦)의 가톨릭 영주들, 스페인 등 남부 유럽의 가톨릭연맹 국가 간 전쟁이었으나, 옛 십자군 전쟁이 그러했듯 금세 정치·이권 전쟁으로 비화했다. 조약의 최대 수혜국으로 프로테스탄트 연합을 이끈 프랑스는 가톨릭 국가였다. 이 30년 전쟁에서 가장 큰 실익을 챙긴 스페인과 스웨덴은 이후 유럽의 강대국으로 부상했다.

6) 문화막시즘(신新마르크스주의; neo-Marxism)은 초기 마르크스주의의 이론적 한계점을 보완한 새로운 공산주의 사상이다. 초기마르크스주의가 자본주의 사회의 하부구조인 노동과 경제문제만을 다루었기에 상부구조인 정치, 사회, 문화에 대한 이론이 없다는 한계를 극복하기 위해 자본주의 사회에 나타나는 불합리성, 비인간성과 소외 등의 문제점을 중점적으로 파고들어 이를 비판하고 도덕적, 윤리적 우위를 확보함으로써 점진적으로 대중의 지지를 확보하는 방법으로 민주적 절차를 통하여 자본주의 사회를 붕괴시키고 공산주의 사회를 건설하고자 하는 사상이다.

7) PC주의(political correctness; 정치적 올바름)는 말의 표현이나 용어의 사용에서 인종·민족·언어·종교·성차별 등의 편견이 포함되지 않도록 하자는 주장을 나타낼 때 쓰는 말이다. 특히 다민족국가인 미국 등에서 정치적 관점에서 차별과 편견을 없애는 것이 올바르다고 하는 의미에서 사용하게 된 용어이다. 그러나 이 PC주의는 갈수록 법앞의 평등이라는 상대적 평등의 이념을 절대적 평등으로 왜곡하여 개인의 자유와 권리, 국가의 주권과 공동체의 정체성을 부정하고 억압하는 전체주의적 행태를 나타내고 있다.

8) 안토니오 그람시(Antonio Gramsci): 이탈리아 공산당 창립자이자 철학자이며 정치지도자. 1960년대부터 전 세계 진보 좌파, 특히 대한민국의 좌파 운동권에 지대한 영향을 끼치고 있는 인물. 독일의 프랑크푸르트학파, 프랑스의 구조주의 철학자들과 함께 정통 마르크시즘에서 탈피해 제2의 反자본주의, 자유민주주의 체제 전복을 위한 인간의 의식개조를 통한 정치혁명을 추구하는 사상인 네오마르크시즘(Neo-Marxism), 문화마르크시즘(Cultural Marxism)의 대표적인 인물이다.

9) 68혁명: 1968년 봄, 프랑스 파리에서 학생들을 중심으로 시작되어 5월까지 지속되면서 프랑스 사회의 혁명적 변화를 가져왔던 학생운동을 말한다. 처음에는 프랑스 드골정부에 대한 저항운동과 노동자 총파업으로 나타났으나, 내면에는 누적된 구시대의 압박을 일거에 붕괴시키려는 혁명적 성격을 띠고 있었다. 그러나 학생시위와 노동자의 총파업이 공권력에 의해 진압되었고, 결과적으로 정권이 바뀌지도 않았다는 점에서는 실패한 혁명이지만, 사회 전반에 걸친 권위주의적 폐습을 소멸시켰다는 점에서는 성공한 혁명으로 평가받고 있다. 5월에 본격적인 학생운동으로 발전해서 '5월혁명'이라고도 하고, 1968년에 일어났다고 해서 '68혁명'이라고도 불린다. 구 체제에 대한 신세대의 이러한 항거는 사실 1960년대 전 세계적인 현상이었다. 1968년의 미국의 인종차별 반대운동과 반전운동에 이어 영국과 벨기에서는 베트남전과 인종차별에 항의하는 시위가 계속되었으며, 브라질과 멕시코, 일본, 이탈리아, 스페인 등에서도 유사한 학생운동이 전개되었다. 그런 의미에서 프랑스 5월 혁명은 전 세계를 통털어 한 시대의 상징적인 혁명이었다고 할 수 있다.

10) 1989년 소설가 살만 루쉬디 살해 경고, 2004년 마드리드열차 폭탄테러, 2005년 런던 7.7. 지하철 테러, 2011년 샤를리 에브도 테러, 2015년 파리 동시다발 테러, 2017년 웨스터민스터 테러, 2017년 맨체스터 경기장 테러 등 무슬림들이 일으킨 테러사건들과 2015년 독일 쾰른시 집단폭동 사건을 비롯한 각종 성폭행 및 강간 사건 등을 들 수 있다.

11) 제프리 블레이니(Geoffrey Blainey; 1930. 3. 11~): 오스트레일리아의 역사학자, 교수, 작가이다. 특히, 경제사, 사회사에 관한 권위 있는 저서로 유명하다. 저서로 《전쟁의 원인,1973》, 《유목민의 승리, 1975》, 《반만 얻은 땅, 1980》, 《아주 짧은 세계사; 2012, 박중서 역, 휴머니스트》 등이 있다. 1984년도에 그는, 다문화주의가 다수의 호주인을 희생시키면서 소수민족의 권리를 과도하게 강조함에 따라 불필요하게 분열을 촉진하고 사회통합을 위협한다며 비판을 제기했다. 1988년도에는 다문화주의 완전 철폐를 주장하며 다문화주의가 호주의 문화, 정체성 그리고 공유가치에 대한 위협이라 강조하며 '호주의 아시아화'를 경고했다.

12) 3D 업종: 더럽고(Dirty), 힘들고(Difficult), 위험한(Dangerous) 직업의 머리글자로 1980년대 이후 소득수준 및 생활수준이 대폭 향상됨에 따라 근로자들이 일하기를 꺼려한다는 업종을 지칭하는 용어이다. 주로 노동집약적이고, 복지후생이 낮은 중소기업 등이 많이 포함된다. 그러나 이 용어는 언론과 학계에서 만들어 낸 조어(造語)로서, 대규모의 외국인 노동자들을 지속적으로 유입시키는 정당성의 논거로 이용되고 있다. "한국인들은 3D 업종에서 일을 안 한다"는 것은 사실이 아니라 무분별한 외국인 노동자 유입을 정당화하기 위한 거짓 선동에 불과한 것이다. 한국인들은 3D업종이라는 이유로 일을 안 하는 것이 아니라 그런 업종에서 제공되는 임금과 근로조건으로서는 최소한의 인간다운 삶을 살 수 없기 때문이다. 즉, 일을 안 하는 것이 아니라 못 하는 것이다.

13) 헌법 제6조 2항: "외국인은 국제법과 조약이 정하는 바에 의하여 그 지위가 보장된다" 외국인의 지위는 포괄적, 보편적으로 보장되는 것이 아니라 국제법과 개별조약이 정하는 바대로 사안별, 개별적, 제한적으로 보장된다는 것이다. 즉, 외국인의 법적 지위는 국민과 동등하지가 않다는 것이다.

14) 베네딕트 리처드 오고먼 앤더슨(Benedict Richard O'Gorman Anderson, 1936.8.26.~2015.12.12.)은 코넬 대학교 국제학과 명예교수이다. 그의 대표작인 《상상의 공동체》에서 그는 지난 3세기 간 세계에 내셔널리즘(nationalism)이 출현하게 된 요인들을 유물사관 혹은 마르크스주의 사관으로 접근하여 분석하였다. 여기서 '상상의 공동체(imagined community)'란 국민을 의미한다. 앤더슨은 중국 쿤밍에서 영국계 아일랜드인 아버지와 잉글랜드인 어머니 사이에서 태어났다. 미국 캘리포니

아에서 성장기 대부분을 보내고 케임브리지 대학교에서 공부하였다. 마르크스주의 지식인인 페리 앤더슨은 그의 친동생이다.

15) 국가의 계속성과 동일성: 대한민국 헌법은 과거 일본의 침략과 강점으로 국가가 소멸될 뻔한 아픈 역사로 인하여 특히, 헌법 전문과 본문에 국가의 계속성과 동일성을 강조하고 있다. 즉, 헌법전문에 '유구한 역사와 전통에 빛나는 우리 대한국민은 3.1 운동으로 건립된 대한민국 임시정부의 법통과 -중략- 을 계승하고', '우리들과 우리들 자손의 안전과 자유를 영원히 확보할 것'이라고 한 부분과 본문 제3조, 제4조, 제66조 제2항, 제3항, 제69조의 규정이 그것이다.

편집

–

후기

주요셉 편집장(시인/소설가, 국민주권행동 공동상임대표)

『다문화주의는 국가 자살이다』를 펴내는 과정이 쉽지 않았다. 이미 지난해에 출판이 됐어야 했음에도 공동 저술이다 보니 원고 분량을 맞추는 게 쉽지 않았다. 맨 처음 류병균, 신만섭, 오세라비, 주요셉 4인의 공동 저서로 출판하려고 했지만, 원고 분량이 너무 많아 부득이 「평등법·차별금지법」의 가장 위험한 요소인 '성혁명·젠더이데올로기'와 '다문화주의'를 통합적으로 아우른 주요셉의 원고는 별도로 출판하기로 결정했다. 그랬음에도 3인 저자의 원고 분량을 맞추기가 쉽지 않아 긴 시간을 기다려야 했다. 그 과정에서 포기하지 않고 인내해준 신만섭, 오세라비 두 작가에게 감사한 마음을 전하며, 끝까지 좋은 글을 쓰기 위해 퇴고를 거듭한 류병균 대표의 노고에 박수를 보낸다. 아무튼 긴 산고 끝에 세 저자가 심혈을 기울여 탈고한 원고를 출판하게 돼 기쁘기 그지없다.

본서를 출간함에 있어 기준을 삼은 건 일반대중이 쉽게 읽을 수 있는 책을 만드는 것이었다. 그리고 일반대중은 물론 언론방송인, 지식인, 학자, 교사, 시민운동가, 정부기관 공무원들, 정치인 모두 우리나라에서 일방적으로 미화되고 있는 '다문화주의'의 본질을 보다 객관적으로 파악하여 그 위험성을 깨닫도록 만드는 것이었다. 그 기준에서 보면 3인 저자의 글은 다문화주의를 비판하면서도 각기 다른 시각에서 매우 중요한 점을 짚으면서 유익한 정보를 제공하고 있다.

　아울러 본서를 출간함에 있어서 어떤 형식을 취할 것이냐에 대해 막바지에 의견 차이가 있었으나, 하나의 통일된 주제에 맞춰 다시 편집하기엔 현실적 난관이 있어 '다문화주의 비판'이라는 큰 틀에서 각 저자의 논지를 그대로 살리는 옴니버스 형식으로 출간하기로 결정하였다. 물론 이러한 결정에 류병균 대표는 분량적으로나 통일되지 않은 구성에 아쉬움을 표했지만, 차후 별도의 단행본으로 출간 시 마음껏 소신을 피력하길 권하며 양해를 구했다.

프랑스에서 정치학 박사학위를 받은 신만섭 박사의 '다문화 국가? 순진함과 어설픔'은 글이 무거울 거라는 선입견과 달리 실제 프랑스에서 살면서 경험했던 체험을 바탕으로 독자들이 부담 없이 읽고 쉽게 이해할 수 있도록 쓴 에세이 형식의 글이라 수월하게 읽힌다. 저자가 가장 우려하는 건 무비판적으로 수용하는 한국 상황이다. 한국에서 개념정리도 없이 아무데나 갖다 붙이기식으로 쓰이고 있는 다문화나 다민족화 · 다문화에 대한 한국 다문화주의자들의 나이브한 감성자극적 접근 방식에 대한 우려, 세계적으로 (이민, 난민 유입 등) 다문화 현상이 끝물을 타고 있는 시점에서 한국이 이를 역류하며 오히려 열을 올리고 있는 현실에 대한 것이며 이를 개탄하고 있다. 전반부는 다민족다문화에 대한 개념 이해와 한국의 사례, 중반부는 유럽의 사례, 그리고 후반부는 제3세계의 사례 순으로 글을 전개했다.

오세라비 작가 · 평론가 · 사회운동가는 남녀 성대결을 심화시키는 페미니즘 비판으로 잘 알려져 있지만, 다문화주의의 위험성에 대해서도 깊은 우려를 하고 있는 인물이다. 저자는 '다문화주의 실패 선언 – 대한민국이 사라지고 있다'에서 서유럽에서 실패한 다문화주의를 무비판적으로 수용하는 한국 상황을 크게 우려하고 있다.

저자는 노무현 정부 이래 국가 주도하에 일방적인 다문화주의 찬미론이 득세하지만, 유럽은 유럽 문명에 동화되지도 않는 이주민들, 대규모 이민 행렬과 누적된 난민 사태가 야기한 온갖 문제로 다문화주의에 대해 실패를 선언을 하고 있음을 지적한다. 한국의 정치계, 특히 좌파진영의 다문화 정책 미화, 지난 10여 년에 걸쳐 좌·우 가릴 것 없이 정치계와 학계, 인권단체, 여성가족부 등이 PC주의(정치적 올바름)와 결합한 다문화 담론이 글로벌화된 세계시민 양성을 위한 바람직한 사회변화, 즉 '공공선'인 양 포장해온 잘못을 지적한다.

저자는 노골적인 문제제기가 본격적으로 필요한 시점이며, 2022년 5월 17일 취임한 한동훈 법무부장관의 '이민청 설립 검토'와 더불어민주당의 이민청 설립 필요성과 추진 방향에 대한 3차례 토론회에 깊은 우려를 표한다. 이런 온정주의적 인도주의를 내세운 외국인정책은 초저출산문제나 고령화문제 해결은커녕 이민·난민들의 고령화 문제 대두로 유럽처럼 엄청난 복지 부담 및 외국인 마약·불법도박사범 급증 문제를 초래할 뿐이라는 것이다.

우리문화사랑국민연대 류병균 상임대표는 시민단체 활동을 해오면서 축적한 연구노하우를 이번 저서에 집약해 논문 수준의 성과를 보여주면서도 일반인들이 읽기 쉽게 서술하고 있다. 저자는 다른 두 공저자와 달리 '다문화주의'의 본질과 그것이 왜곡, 변용되고 있는 배경에 대하여 역사적, 국제법적 고찰을 통하여 밝혀 보려는 취지로 원고를 집필하였음을 밝혔다. 즉, 나라와 나라 사이의 평등과 공존이라는 국제관계의 원칙과 이념으로 확립되어 온 다문화주의가 나라 안에서 이질적인 타문화와 공존할 수 있어야 한다는 주장으로 왜곡, 변용된 연원과 그 배경에 대한 해설을 원고의 핵심내용으로 다루면서, 대한민국의 다문화정책의 실체가 되는 외국인 정책의 불합리성과 위헌성을 국제규범과 헌법규정에 근거하여 설명하였음을 강조하였다.

그는 대한민국의 다문화정책이 1991년도부터 시작된 '외국인산업연수생 제도', 2004년 8월 17일부터 시행된 '외국인 고용허가제', 2019년 12월부터 농어촌의 수확기에 인력부족 문제를 해소한다며 외국인에 대한 단기 취업비자를 발급하는 '외국인 계절근로자 제도'를 거쳐 본격적으로 외국인 노동력이 유입되기 시작했음을 지적한다.

2007년 1월 1일부로 폐지된 산업연수생 제도 이후 고용허가제와 함께 외국인이 장기체류와 정주를 할 수 있는 가장 흔한 통로가 돼온 것이 국제결혼, 대부분 난민신청제도를 악용하여 편법으로 일자리를 구하기 위해 입국한 난민신청자들, 상당수가 노동시장으로 유입된 가짜 외국인 유학생 문제 또한 지적한다.

저자는 이러한 외국인 노동자 수입정책은 저임금에 의존하는 구태의연한 방식의 경영관리를 고수하는 고용주들이 한국인 노동자들에 대하여 임금을 현실화시켜 주거나 근로환경을 개선해주는 대신 외국인 노동자들을 대거 수입하여 한국인 노동자들을 배제하고 외국인 노동자들로 대체할 수 있도록 허용한 반인권적이며 비민주적인 정책, 대한민국 헌법 전문에 천명하고 있는 '국민생활의 균등한 향상'이라는 헌법적 가치를 몰각한 탓이라고 강하게 비판하고 있으며, 저출산 위기를 해소하겠다고 이민청을 밀어붙이는 정부 관료와 정치인들, 지식인들, 다문화주의 맹신자들을 비판하고 있다.

아울러 본서에 추천사를 써준 4인의 추천인들(박한수 목사, 이용희 교수, 조배숙 변호사, 정일권 교수)께 깊은 감사를 드린다. 바쁜 일정 가운데도 본서의 중요성에 공감하여 정성스런 추천사를 써줘 편집자로 깊은 감동을 받았다.

이제 산고 끝에 '이민수용 확대론'과 '다문화주의'를 비판 · 반대하는 출판물이 전무한 대한민국에서 『다문화주의는 국가 자살이다』를 세상에 내놓는다. 이 책이 독자의 손에 들려져 큰 울림이 있길 바라며, 대한민국이 잘못된 다문화주의 미화 일변도에서 벗어나 균형 잡히고 올바른 방향으로 나아가길 기대한다. 류병균 대표를 비롯한 3인 저자의 바람대로 이 책의 출판을 계기로 더욱 수준 높고 알찬 내용의 '다문화주의' 비판서가 쏟아져 나오기를 기대하면서 편집후기를 끝맺는다.